BARUCH DE SPINOZA
in sieben Bänden und

1

Kurze Abhandlung von Gott, dem Menschen und
seinem Glück (PhB 91)

2

Die Ethik (PhB 92)

3

Theologisch-Politischer Traktat (PhB 93)

4

Descartes' Prinzipien der Philosophie (PhB 94)

5

Abhandlung über die Verbesserung des Verstandes
Abhandlung vom Staate
(PhB 95)

6

Briefwechsel (PhB 96 a)

7

Lebensbeschreibungen und Dokumente (PhB 96 b)

Ergänzungsband (PhB 350)
Algebraische Berechnung des Regenbogens
Berechnung von Wahrscheinlichkeiten

BARUCH DE SPINOZA

Sämtliche Werke in sieben Bänden

und einem Ergänzungsband

In Verbindung mit Otto Baensch und Artur Buchenau
herausgegeben und mit Einleitungen, Anmerkungen
und Registern versehen von

CARL GEBHARDT

FELIX MEINER VERLAG
HAMBURG

BARUCH DE SPINOZA

Descartes' Prinzipien der Philosophie auf geometrische Weise begründet mit dem „Anhang, enthaltend metaphysische Gedanken"

Übersetzung von

ARTUR BUCHENAU

Einleitung und Anmerkungen von

WOLFGANG BARTUSCHAT

FELIX MEINER VERLAG
HAMBURG

PHILOSOPHISCHE BIBLIOTHEK BAND 94

1871 1. Auflage, übersetzt und erläutert von J. H. v. Kirchmann
1888 2. durchgesehene Auflage
1907 3. Auflage, übersetzt und eingeleitet von A. Buchenau
1922 4. Auflage
1978 5. Auflage, übersetzt von A. Buchenau, eingeleitet von Wolfgang Bartuschat
1987 6. Auflage, mit erweiterter Bibliographie

CIP-Kurztitelaufnahme der Deutschen Bibliothek

Spinoza, Benedictus de:
Sämtliche Werke : in 7 Bd. u. 1 Erg.-Bd. /
Baruch de Spinoza. In Verbindung mit Otto
Baensch u. Artur Buchenau hrsg. u. mit Einl.,
Anm. u. Reg. vers. von Carl Gebhardt. —
Hamburg : Meiner
NE: Gebhardt, Carl [Hrsg.]; Spinoza, Benedictus
de: [Sammlung ⟨dt.⟩]

4. Descartes Prinzipien der Philosophie auf
geometrische Weise begründet. Mit d. „Anhang,
enthaltend metaphysische Gedanken" / Übers.
von Artur Buchenau. — 6. Aufl. / Einl. u. Anm.
u. erw. Bibliographie von Wolfgang Bartuschat.
— 1987.
   (Philosophische Bibliothek ; Bd. 94)
   ISBN 3-7873-0736-2
NE: GT

© Felix Meiner Verlag GmbH, Hamburg 1987. Alle Rechte, auch die des auszugsweisen Nachdrucks, der fotomechanischen Wiedergabe und der Übersetzung, vorbehalten. Dies betrifft auch die Vervielfältigung und Übertragung einzelner Textabschnitte durch alle Verfahren wie Speicherung und Übertragung auf Papier, Transparente, Filme, Bänder, Platten und andere Medien, soweit es nicht §§ 53 und 54 URG ausdrücklich gestatten. Einband: Himmelheber, Hamburg. Printed in Germany.

INHALTSÜBERSICHT

der in den „Prinzipien der Philosophie Descartes'" und in den „Metaphysischen Gedanken" enthaltenen Definitionen, Grundsätze, Lehrsätze und Lehnsätze.

Einleitung von Wolfgang Bartuschat XVII
Auswahl-Bibliographie XXXVII
Vorrede von Ludwig Meyer 1

Baruch de Spinoza
**Die Prinzipien der Philosophie auf geometrische
Weise begründet. Erster Teil** 11

Einleitung 11
Definitionen 20
Grundsätze 22
Lehrs. I. Wir können über nichts unbedingt gewiß sein, solange wir nicht wissen, ob wir existieren . 23
Lehrs. II. Das Ich bin muß durch sich selbst bekannt sein 23
Lehrs. III. Der Satz: „Ich, als ein aus einem Körper bestehendes Ding, bin", ist nicht das Erste und nicht durch sich selbst bekannt 23
Lehrs. IV. Der Satz: „Ich bin", kann nur insofern ein zuerst Erkanntes sein, als wir denken . . . 24
Die von Descartes übernommenen Grundsätze 26
Lehrs. V. Das Dasein Gottes wird aus der bloßen Betrachtung seiner Natur erkannt 30
Lehrs. VI. Das Dasein Gottes wird schon allein daraus, daß die Idee Gottes in uns ist, a posteriori bewiesen 31
Lehrs. VII. Das Dasein Gottes ergibt sich auch daraus, daß wir selbst, die wir seine Idee haben, existieren 33
    Lehns. I. Je vollkommener eine Sache ihrer Natur nach ist, ein um so größeres und notwendigeres Dasein schließt sie ein; und umgekehrt, ein um so notwendigeres Dasein eine Sache ihrer Natur nach einschließt, desto vollkommener ist sie 37
    Lehns. II. Wer die Macht hat, sich zu erhalten, dessen Natur enthält das notwendige Dasein 38
Der Beweis für den siebenten Lehrsatz 38

Lehrs. VIII. Geist und Körper sind wirklich verschieden 39
Lehrs. IX. Gott ist allwissend 40
Lehrs. X. Alle Vollkommenheit, die in Gott angetroffen wird, stammt von Gott 41
Lehrs. XI. Es gibt nicht mehrere Götter 41
Lehrs. XII. Alles Existierende wird nur durch die Kraft Gottes erhalten 42
Lehrs. XIII. Gott ist höchst wahrhaft und kann unmöglich ein Betrüger sein 43
Lehrs. XIV. Alles, was man klar und deutlich auffaßt, ist wahr 44
Lehrs. XV. Der Irrtum ist nichts Positives . . . 44
Lehrs. XVI. Gott ist unkörperlich 49
Lehrs. XVII. Gott ist das einfachste Wesen . . . 49
Lehrs. XVIII. Gott ist unveränderlich 50
Lehrs. XIX. Gott ist ewig 50
Lehrs. XX. Gott hat von Ewigkeit her alles im voraus geordnet 50
Lehrs. XXI. Es existiert in Wahrheit eine Substanz, die in die Länge, Breite und Tiefe ausgedehnt ist, und wir sind mit einem Teil derselben vereint . . 51

Die Prinzipien der Philosophie auf geometrische Weise begründet. Zweiter Teil 53

Postulat 53
Definitionen 53
Grundsätze 56
    Lehns. I. Wo es eine Ausdehnung oder einen Raum gibt, da gibt es auch notwendig eine Substanz 58
    Lehns. II. Verdünnung und Verdichtung werden klar und deutlich von uns vorgestellt, obgleich wir nicht einräumen, daß die Körper im Zustande der Verdünnung einen größeren Raum einnehmen als bei ihrer Vedichtung 58
Lehrs. I. Wenn auch die Härte, das Gewicht und die übrigen sinnlichen Eigenschaften von einem Körper abgetrennt werden, so wird doch die Natur des Körpers trotzdem unversehrt bleiben 59
Lehrs. II. Die Natur des Körpers oder der Materie besteht bloß in der Ausdehnung 59
Lehrs. III. Das Leere ist ein in sich widerspruchsvoller Begriff 60
Lehrs. IV. Ein Körperteil nimmt das eine Mal nicht mehr Raum ein als das andere Mal, und umgekehrt enthält derselbe Raum das eine Mal nicht mehr an Körpern als das andere Mal 61

Inhaltsübersicht. VII

Lehrs. V. Es gibt keine Atome 62
Lehrs. VI. Der Stoff ist ohne Ende (indefinite) ausgedehnt, und der Stoff des Himmels und der Erde ist ein und derselbe 63
Lehrs. VII. Kein Körper tritt an die Stelle eines anderen, wenn nicht zugleich dieser an die Stelle wieder eines anderen Körpers tritt 68
Lehrs. VIII. Wenn ein Körper an die Stelle eines anderen tritt, so wird gleichzeitig seine von ihm verlassene Stelle von einem anderen Körper eingenommen, der ihn unmittelbar berührt 69
Lehrs. IX. Wenn der Kanal ABC mit Wasser angefüllt ist und er bei A viermal breiter als bei B ist, so wird zu derselben Zeit, wo jenes Wasser (oder eine andere Flüssigkeit), was bei A ist, sich nach B zu bewegen beginnt, das bei B befindliche Wasser sich viermal schneller bewegen 70
Lehns. Wenn zwei Halbkreise um denselben Mittelpunkt beschrieben werden, wie A und B, so bleibt der Raum zwischen beiden Peripherien sich überall gleich; werden sie aber um verschiedene Mittelpunkte beschrieben, wie C und D, so ist dieser Raum zwischen beiden Peripherien überall ungleich 71
Lehrs. X. Eine Flüssigkeit, die sich durch den Kanal ABC bewegt, nimmt unendlich viele verschiedene Geschwindigkeitsgrade an 71
Lehrs. XI. In dem durch den Kanal ABC fließenden Stoffe gibt es eine Teilung in unendlich viele Teile 72
Lehrs. XII. Gott ist die Grundursache (causa principalis) der Bewegung 72
Lehrs. XIII. Dieselbe Menge (quantitas) von Bewegung und Ruhe, die Gott dem Stoffe einmal verliehen hat, erhält Gott auch durch seinen Beistand . . 73
Lehrs. XIV. Jedes Ding, sofern es einfach und ungeteilt ist und an sich allein betrachtet wird, verharrt, sofern an ihm liegt, immer in demselben Zustande 73
Lehrs. XV. Jeder bewegte Körper hat an sich das Bestreben, sich in gerader Linie und nicht in einer Kurve zu bewegen 74
Lehrs. XVI. Jeder Körper, der sich im Kreise bewegt, wie z. B. der Stein in der Schleuder, wird fortwährend bestimmt, sich in der Richtung der Tangente fortzubewegen 75
Lehrs. XVII. Jeder im Kreise bewegte Körper strebt danach, sich von dem Mittelpunkt des Kreises, den er beschreibt, zu entfernen 78

Lehrs. XVIII. Wenn sich ein Körper, etwa A, gegen
einen ruhenden Körper B bewegt, und B trotz
des Stoßes durch A nichts von seiner Ruhe verliert,
so wird auch A nichts von seiner Bewegung verlieren, sondern dieselbe Bewegungsquantität (quantitas motus), die er früher hatte, ganz behalten . . 79

Lehrs. XIX. Die Bewegung ist, an und für sich betrachtet, von ihrer Richtung nach einem bestimmten
Ort hin verschieden, und es ist nicht nötig, daß
ein Körper deshalb, weil er in der entgegengesetzten
Richtung sich bewegen oder zurückgestoßen werden
soll, eine Zeitlang ruht 80

Lehrs. XX. Wenn der Körper A dem Körper B begegnet und ihn mit sich führt, so wird A so viel
von seiner Bewegung verlieren, als B bei dieser
Begegnung mit A von diesem erhält 80

Lehrs. XXI. Ist A doppelt so groß als B und bewegt es sich ebenso schnell, so wird A auch noch
einmal so viel Bewegung als B haben oder noch
einmal so viel Kraft, um die gleiche Geschwindigkeit mit B einzuhalten 81

Lehrs. XXII. Ist der Körper A dem Körper B gleich
und bewegt sich A noch einmal so schnell als B,
so ist die Kraft oder Bewegung in A noch einmal
so groß als die in B 81

Lehrs. XXIII. Wenn die Zustände (modi) eines Körpers
eine Veränderung zu erleiden genötigt werden, so wird
diese Veränderung immer die kleinstmögliche sein 83

Lehrs. XXIV. Erste Regel. Wenn zwei Körper, z. B.
A und B einander vollständig gleich sind und
sich gegen einander genau gleich schnell bewegen,
so wird bei ihrer Begegnung jeder ohne Verlust an
seiner Geschwindigkeit nach der entgegengesetzten
Richtung zurückprallen 83

Lehrs. XXV. Zweite Regel. Wenn die beiden Körper
in ihrer Masse ungleich sind, nämlich B größer als
A, im übrigen alles andere so wie früher angenommen wird, so wird A allein zurückprallen, und
beide Körper werden mit derselben Geschwindigkeit
sich zu bewegen fortfahren 84

Lehrs. XXVI. Sind die Körper sowohl ihrer Masse
wie ihrer Geschindigkeit nach verschieden, nämlich
B noch einmal so groß als A, die Bewegung von
A noch einmal so schnell als die von B, im übrigen
aber alles wie vorher, so werden beide Körper in
entgegengesetzter Richtung zurückprallen und jeder
die Geschwindigkeit, die er hatte, beibehalten . . 84

Lehrs. XXVII. Dritte Regel. Sind beide Körper der Masse nach einander gleich, aber bewegt sich B ein wenig schneller als A, so wird nicht allein A in der entgegengesetzten Richtung zurückweichen, sondern B wird auch die Hälfte seines Mehr an Geschwindigkeit auf A übertragen, und beide werden dann mit gleicher Geschwindigkeit sich in der gleichen Richtung fortbewegen 85

Lehrs. XXVIII. Vierte Regel. Wenn der Körper A ganz ruht und etwas größer ist als B, so wird B, mag seine Geschwindigkeit so groß sein, als sie will, doch den Körper A nie in Bewegung setzen, sondern B wird von ihm in der entgegengesetzten Richtung zurückgetrieben werden und dabei seine Bewegung unverändert beibehalten 88

Lehrs. XXIX. Fünfte Regel. Wenn der ruhende Körper A kleiner als B ist, so wird B, mag es sich auch noch so langsam gegen A bewegen, A mit sich nehmen, indem es einen Teil seiner Bewegung auf A überträgt, und zwar so viel, daß beide nachher sich gleich schnell bewegen. (Man sehe § 50, T. II der Prinzipien) 90

Lehrs. XXX. Sechste Regel. Ist der ruhende Körper A dem sich gegen ihn bewegenden Körper B genau gleich, so wird er teils von ihm fortgestoßen werden, teils wird B von A in der entgegengesetzten Richtung zurückgestoßen werden 90

Lehrs. XXXI. Siebente Regel. Wenn sich B und A nach einer Richtung bewegen, A langsamer und B ihm nachfolgend und schneller, sodaß der Körper B A zuletzt einholt, und wenn dabei A größer als B ist, aber der Überschuß an Geschwindigkeit in B größer ist als der Überschuß der Größe in A, so wird dann B so viel von seiner Bewegung auf A übertragen, daß beide darauf gleich schnell und in derselben Richtung sich bewegen. Wäre aber das Mehr an Größe in A größer als das Mehr an Geschwindigkeit in B, so würde B nach der entgegengesetzten Richtung von A zurückgestoßen werden, aber B dabei seine Bewegung ganz behalten . . 91

Lehrs. XXXII. Wenn der Körper B ringsum von kleinen sich bewegenden Körpern umgeben ist, die ihn nach allen Richtungen mit gleicher Kraft stoßen, so wird er solange unbewegt an ein und derselben Stelle bleiben, als nicht noch eine andere Ursache hinzukommt 92

Lehrs. XXXIII. Der Körper B kann unter solchen Umständen durch die geringste hinzukommende Kraft in jeder beliebigen Richtung bewegt werden . . . 93

Lehrs. XXXIV. Der Körper B kann sich unter diesen Umständen nicht schneller bewegen, als er von der äußeren Kraft getrieben wird, wenn auch die ihn umgebenden Körperteilchen sich viel schneller bewegen . . . 93

Lehrs. XXXV. Wenn der Körper B in dieser angegebenen Weise von einem äußeren Anstoß bewegt wird, so erhält er den größten Teil seiner Bewegung von den ihn stets umgebenden Körperchen und nicht von der äußeren Kraft 94

Lehrs. XXXVI. Wenn ein Körper, z. B. unsere Hand, sich nach jeder Richtung mit gleicher Bewegung bewegen könnte, ohne anderen Körpern irgendwie zu widerstehen, und ohne daß andere Körper ihr widerstehen, so werden notwendig in dem Raume, durch den sie sich bewegt, ebensoviele Körper sich nach der einen Richtung wie nach jeder beliebigen anderen mit gleicher Kraft der Geschwindigkeit unter sich wie mit der Hand bewegen . 95

Lehrs. XXXVII. Wenn ein Körper, etwa A, von jeder noch so kleinen Kraft in jeder Richtung bewegt werden kann, so muß er notwendig von Körpern umgeben sein, die sich mit gleicher gegenseitiger Geschwindigkeit bewegen 97

Die Prinzipien der Philosophie auf geometrische Weise begründet. Dritter Teil 99

Postulat 101
Definitionen 102
Grundsätze 103

Lehrs. I. Die Teile der Materie, in die sie zuerst geteilt war, waren nicht rund, sondern eckig . . 103

Lehrs. II. Diejenige Kraft, welche bewirkte, daß die materiellen Teilchen sich um ihre eigenen Mittelpunkte drehten, bewirkte auch, daß die Ecken der einzelnen Teilchen bei ihrer gegenseitigen Begegnung sich abrieben 103

Anhang, enthaltend metaphysische Gedanken. Sie erörtern in Kürze die schwierigeren Fragen, die in den metaphysischen Schriften, sowohl im allgemeinen wie im speziellen Teile, in Betreff des Seins und seiner Bestimmungen, Gottes und seiner Attribute, sowie des Menschengeistes, sich finden. Verfaßt von Benedict von Spinoza aus Amsterdam 105

Inhaltsübersicht.

Des Anhanges metaphysischer Gedanken erster
Teil, in dem die wichtigsten Punkte des allgemeinen Teils der Metaphysik in Betreff des Seienden
und seiner Bestimmungen (affectiones) kurz erläutert werden 107

Erstes Kapitel. Über die wirklichen, die eingebildeten und die Gedankendinge 107

Die Definition des Dinges 107
Die Chimäre, das erdichtete Ding und das Gedankending sind keine seienden Dinge . . 107
Durch welche Zustände des Denkens man die Dinge im Gedächtnis behält 108
Durch welche Zustände des Denkens man die Dinge erklärt 108
Durch welche Zustände des Denkens man sich die Dinge in der Einbildung vorstellt 108
Weshalb die Gedanken-Dinge keine Ideen wirklicher Dinge sind und doch dafür gehalten werden 109
Die Einteilung in wirkliche und Gedanken-Dinge ist schlecht 109
Inwiefern das Gedanken-Ding ein reines Nichts und inwiefern es ein wirkliches Ding genannt werden kann 109
Bei der Erforschung der Dinge dürfen die wirklichen Dinge nicht mit den Gedanken-Dingen vermengt werden 110
Wie sich das Gedanken-Ding von dem erdichteten Dinge unterscheidet 111
Die Einteilung der Dinge 111

Zweites Kapitel. Was unter dem Sein des Wesens,
dem Sein des Daseins, dem Sein der Idee und dem
Sein der Möglichkeit zu verstehen ist 112

Die Geschöpfe sind in eminenter Weise in Gott 112
Was unter dem Sein des Wesens, des Daseins, der Idee und der Möglichkeit zu verstehen ist . 113
Diese vier Bestimmungen unterscheiden sich nur in den geschaffenen Dingen von einander . 113
Antwort auf einige Fragen in Betreff des Wesens 114
Weshalb der Verfasser bei der Definition des Wesens auf die Attribute Gottes zurückgeht 115
Weshalb der Verfasser die Definition von anderen hier nicht aufführt 115
Wie der Unterschied zwischen Wesen und Dasein leicht zu fassen ist 115

Drittes Kapitel. Über das, was notwendig, unmöglich, möglich und zufällig ist 115
    Was unter diesen Bestimmungen zu verstehen ist 115
    Definition der Bestimmungen 116
    Auf wie viele Weisen ein Gegenstand notwendig
       und unmöglich genannt werden kann . . . 116
    Chimären können sehr wohl Wort-Dinge genannt
       werden 117
    Die erschaffenen Dinge hängen ihrem Wesen wie
       ihrem Dasein nach von Gott ab 117
    Die Notwendigkeit, die bei den geschaffenen Dingen
       von der Ursache kommt, bezieht sich entweder
       auf ihr Wesen oder auf ihr Dasein; aber bei
       Gott ist dies beides nicht verschieden . . . 117
    Das Mögliche und Zufällige sind keine Bestim-
       mungen der Dinge 118
    Was das Mögliche und das Zufällige ist . . . 118
    Das Mögliche und das Zufällige ist nur ein Mangel
       unserer Einsicht 118
    Die Vereinigung unseres freien Willens mit der
       Vorherbestimmung Gottes überschreitet den
       menschlichen Verstand 119

Viertes Kapitel. Über die Ewigkeit, die Dauer und
die Zeit 120
    Was die Ewigkeit, was die Dauer und die Zeit ist 120

Fünftes Kapitel. Von dem Gegensatz, der Ordnung
u. s. w. 121
    Was der Gegensatz, die Ordnung, die Überein-
       stimmung, der Unterschied, das Subjekt, das
       Prädikat u. s. w. ist 121

Sechstes Kapitel. Über das Eine, Wahre und Gute 122
    Die Einheit 122
    Die Vielheit. Inwiefern Gott als einer (unus) und
       inwiefern er als einzig (unicus) bezeichnet
       werden kann 122
    Die Bedeutung der Ausdrücke ‚wahr' und ‚falsch'
       bei der gemeinen Menge und bei den Philo-
       sophen 123
    Das ‚Wahre' ist kein transscendentaler Ausdruck 123
    Über den Unterschied der Wahrheit von der
       wahren Idee 124
    Über die Eigenschaften der Wahrheit. Die Ge-
       wißheit liegt nicht in den Gegenständen . . 124
    ‚Gut' und ‚böse' sind relative Begriffe 124
    Weshalb einige ein metaphysisches Gute verlangt
       haben 125

Wie sich die Dinge und das Bestreben derselben,
sich in ihrem Zustande zu erhalten, von
einander unterscheiden 125
Ob Gott vor der Schöpfung der Dinge gut genannt werden kann 126
In welchem Sinne das Vollkommene relativ und
in welchem es absolut ausgesagt wird . . . 126
Des Anhanges metaphysischer Gedanken zweiter Teil, in dem hauptsächlich das kurz erläutert
wird, was in dem besonderen Teile der Meta-
physik über Gott, seine Attribute und den
menschlichen Geist gewöhnlich gelehrt wird . . 127
Erstes Kapitel. Über die Ewigkeit Gottes . . . 127
Einteilung der Substanzen 127
Gott kommt keine Dauer zu 128
Die Gründe, aus denen man Gott Dauer zuge-
schrieben hat 129
Der Begriff der Ewigkeit 129
Zweites Kapitel. Über die Einheit Gottes . . . 130
Gott ist einzig 131
Drittes Kapitel. Über die Unermeßlichkeit Gottes 131
Inwiefern Gott als unendlich, inwiefern er als un-
ermeßlich bezeichnet wird 131
Was man insgemein unter Gottes Unermeßlichkeit
versteht 132
Der Beweis, daß Gott überall ist 133
Die Allgegenwart Gottes kann nicht erklärt werden 133
Mit Unrecht wird bisweilen eine dreifache Uner-
meßlichkeit Gottes angenommen 133
Gottes Macht ist von seinem Wesen nicht ver-
schieden 133
Dies gilt auch von seiner Allgegenwart 133
Viertes Kapitel. Über die Unveränderlichkeit
Gottes 134
Die Begriffe der Veränderung und der Um-
wandlung (transformatio) 134
In Gott finden solche Umwandlungen nicht statt 134
Über die Ursachen der Veränderungen 134
Gott erfährt keine äußere Veränderung 135
Ebensowenig eine innere (a se ipso) 135
Fünftes Kapitel. Über die Einfachheit Gottes . . 136
Es gibt einen dreifachen Unterschied unter den
Dingen, nämlich der Wirklichkeit, dem Zu-
stande und dem bloßen Denken nach . . . 136
Woraus alle Verbindung entsteht und wievielfach
sie ist 137

Gott ist das allereinfachste Wesen	137
Gottes Attribute sind nur dem Gesichtspunkt des Denkens nach verschieden	138

Sechstes Kapitel. Von dem Leben Gottes … 138

Was insgemein von den Philosophen unter „Leben" verstanden wird	138
Welchen Dingen man Leben zuschreiben kann	139
Was das Leben ist und inwiefern es in Gott vorhanden ist	139

Siebentes Kapitel. Über den Verstand (intellectus) Gottes … 140

Gott ist allwissend	140
Der Gegenstand von Gottes Wissen sind nicht die Dinge außerhalb Gottes	140
Gott ist sich selbst Gegenstand des Wissens	141
Wieso Gott ein Wissen von der Sünde, den bloßen Vernunft-Dingen u. dgl. hat	141
Inwiefern Gott die Einzeldinge und die Allgemeindinge kennt	142
In Gott gibt es nur eine einzige (una) und zwar eine einfache Idee	142
Über Gottes Wissen von den geschaffenen Dingen	143

Achtes Kapitel. Über den Willen Gottes … 144

Wir wissen nicht, wie Gottes Wesen und sein Verstand, womit er sich erkennt und sein Wille, womit er sich liebt, sich unterscheiden	144
Der Wille und die Macht Gottes unterscheiden sich in Bezug auf das Äußere nicht von seinem Verstande	144
Nur uneigentlich kann man sagen, daß Gott Einiges haßt, anderes liebt	144
Warum Gott die Menschen ermahnt, warum er sie nicht ohne Ermahnung rettet, und warum die Ruchlosen bestraft werden	145
Die Heilige Schrift lehrt nichts, was der natürlichen Vernunft widerspricht	146

Neuntes Kapitel. Über die Macht Gottes … 146

Wie die Allmacht Gottes zu verstehen ist	146
Alles ist notwendig mit Bezug auf den Beschluß Gottes, nicht aber einiges an sich, anderes mit Bezug auf seinen Beschluß	147
Hätte Gott eine andere Natur der Dinge gemacht, so hätte er uns auch einen anderen Verstand geben müssen	147
Wievielfach Gottes Macht ist	148

Inhaltsübersicht.

Was unter dem Unbedingten und unter dem Geordneten, was unter der ordentlichen und unter der außerordentlichen Macht zu verstehen ist	148
Zehntes Kapitel. Über die Schöpfung	149
Was die Schöpfung ist	149
Die gewöhnliche Definition der Schöpfung wird zurückgewiesen	149
Welches die richtige ist	149
Accidenzien und Zustände (modi) werden nicht geschaffen	150
Vor der Schöpfung hat es weder Zeit noch Dauer gegeben	150
Dieselbe Wirksamkeit Gottes ist bei der Erschaffung wie bei der Erhaltung der Welt vorhanden	150
Über die geschaffenen Dinge	151
Inwiefern Gottes Art zu denken (cogitatio) von der unseren abweicht	151
Außerhalb Gottes gibt es nichts, das in gleicher Weise wie er ewig ware	151
Was unter dem Ausdruck: ‚von Ewigkeit‘ zu verstehen ist	151
Beweis, daß nichts von Ewigkeit geschaffen werden kann	152
Daraus, daß Gott ewig ist, folgt nicht, daß auch seine Wirkungen von Ewigkeit her sein können	153
Wenn Gott aus Notwendigkeit handelte, so besäße er keine unendliche Tugend	153
Woher wir den Begriff einer größeren Dauer, als die unserer Welt, haben	154
Elftes Kapitel. Über die Mitwirkung Gottes	155
Wie es mit der Erhaltung durch Gott steht, um die Dinge zur Tätigkeit zu bestimmen	156
Die gewöhnliche Einteilung der Attribute Gottes ist mehr eine Wort- als eine Sach-Einteilung	156
Die Einteilung des Verfassers	157
Zwölftes Kapitel. Über den menschlichen Geist	157
Die Engel gehören nicht ins Gebiet der Metaphysik, sondern in das der Theologie	157
Der menschliche Geist entsteht nicht durch Abzweigung, sondern ist von Gott geschaffen, und niemand weiß, wann er geschaffen wird	158
In welchem Sinne die menschliche Seele (anima) sterblich ist	158
In welchem Sinne unsterblich	158
Ihre Unsterblichkeit wird bewiesen	159

Gott handelt nicht gegen die Natur, sondern ist über sie erhaben; was darunter nach unserem Verfasser zu verstehen ist	159
Warum manche die Freiheit des Willens bestreiten	160
Was der Wille ist	160
Es gibt einen Willen	160
Der Wille ist frei	160
Der Wille ist nicht mit dem Begehren zu verwechseln	161
Es ist nichts anderes, als der Verstand selbst (mens ipsa)	162
Warum die Philosophen den Geist mit den körperlichen Dingen vermengt haben	164
Anmerkungen	165

EINLEITUNG

Die vorliegende Schrift ist die einzige, die Spinoza zu Lebzeiten unter seinem Namen veröffentlicht hat. Sie ist 1663 bei Jan Rieuwertsz in Amsterdam erschienen unter dem Titel „Renati Des Cartes Principiorum Philosophiae Pars I et II, More Geometrico demonstratae per Benedictum de Spinoza Amstelodamensem. Accesserunt Ejusdem Cogitata Metaphysica, In quibus difficiliores, quae tam in parte Metaphysices generali, quam speciali occurrunt, quaestiones breviter explicantur". Entstanden ist die Schrift aus einem Unterricht, den Spinoza dem jungen Casearius, mit dem er in Rijnsburg zusammenlebte, gegeben hat. Casearius, geboren 1642, wünschte Belehrung in der neuen Philosophie. Spinoza hielt den jungen Mann „noch zu wenig in sich gefestigt und mehr nach Neuheit als nach Wahrheit strebend" (9. Brief vom Frühjahr 1663; vgl. Briefwechsel, Phil. Bibl. Bd. 96a); er wollte ihm deshalb seine eigenen Ansichten nicht offen lehren (13. Brief vom 17.7.1663). So hat er ihn in der damals herrschenden Philosophie unterrichtet und zwar in der Naturphilosophie und Metaphysik. Für die Naturphilosophie gab er eine Darlegung nach geometrischer Methode des 2. Teils der im Jahre 1644 erschienenen „Prinzipien der Philosophie" des Descartes (der 3. Teil ist nur fragmentarisch behandelt), für die Metaphysik eine Zusammenstellung der Hauptlehren der allgemeinen und der speziellen Metaphysik, wie sie in der spätscholastischen Philosophie, die neben der aufkommenden cartesischen Philosophie fortwirkte, insbesondere an der Universität Leiden gelehrt wurden. Spinoza hat seine Darlegungen seinem Schüler diktiert.

Freunde in Amsterdam baten Spinoza um eine Abschrift dieses Diktates und darüber hinaus um eine Bearbeitung nach derselben Methode auch des 1. Teils .der cartesischen Prinzipien, der von den Prinzipien der menschlichen Erkenntnis handelt. „Um meinen Freunden nicht entgegen zu sein, habe ich mich gleich an diese Arbeit gemacht und sie innerhalb zweier Wochen vollendet und den Freunden übergeben. Sie baten mich schließlich um die Erlaubnis, das alles veröffentlichen zu dürfen" (13. Brief). Spinoza kam auch dieser Bitte nach, machte allerdings zur Bedingung, „daß einer von ihnen in meiner Gegenwart den Stil verbessern und eine kleine Vorrede hinzufügen solle, um dem Leser mitzuteilen, daß ich nicht alles in diesem Traktat Enthaltene als meine eigene Meinung anerkenne" (ebd.). Diese Aufgabe hat der Amsterdamer Arzt Lodewijk Meyer übernommen. Er hat die Schrift herausgebracht und mit der von Spinoza verlangten Vorrede versehen.

Ein Jahr später, 1664, ist bei demselben Verleger eine niederländische Übersetzung erschienen, besorgt von Pieter Balling. Diese Übersetzung ist nicht wortgetreu, sondern eine offensichtliche Überarbeitung der 1. Auflage. Carl Gebhardt, der Editor von Spinozas kritischer Gesamtausgabe (Opera, im Auftrag der Heidelberger Akademie der Wissenschaften, Heidelberg 1925), hat darauf hingewiesen, daß es sich hierbei um eine 2., von Spinoza revidierte Auflage handelt. Die Briefstelle vom 28.1.1665 (21. Brief), an der Spinoza schreibt, er habe sich um das Werk über Descartes nicht weiter gekümmert, nachdem es in niederländischer Sprache herausgekommen sei, zeige gerade, daß Spinoza an die niederländische Übersetzung Mühe gewandt habe, nämlich in Form der Revision, Änderung und Erweiterung[1]. Demnach hat Spinoza seine Darstellung der cartesischen Philosophie nicht nur als eine Gelegenheitsarbeit angesehen.

---

1 Opera I, S. 611.

Spinoza hat die Schrift, wie er an Oldenburg schreibt
(13. Brief), veröffentlichen lassen, weil er hoffte, daß „bei
dieser Gelegenheit ... sich vielleicht einige Männer, die in
meinem Vaterlande die obersten Stellen einnehmen, finden
(werden), die das übrige, was ich geschrieben habe und als
meine Anschauung anerkenne, zu sehen wünschen und darum dafür Sorge tragen, daß ich es veröffentlichen kann,
ohne eine Unannehmlichkeit befürchten zu müssen". Die
Veröffentlichung entsprach also nicht nur einem Wunsch
der Freunde, sondern geschah auch unter publizitätsstrate-
gischen Gesichtspunkten. Mit ihr wollte sich Spinoza einen
Boden bereiten für die Veröffentlichung anderer Arbeiten.
Die Schrift über Descartes schien ihm hierfür geeignet, weil
er sich in ihr als ein kenntnisreicher Interpret der gegenwärtigen Philosophie ausweisen konnte. Seine eigene Philosophie, die er zu publizieren wünschte, setzte sich kritisch mit
der Tradition einschließlich des Cartesianismus auseinander.
Sie mußte darin als ein Bruch der Tradition erscheinen, als
ein revolutionäres geistiges Unterfangen, das bestehende
philosophische Lehrinhalte destruierte. Dem wollte Spinoza
vorbeugen. Er wollte der Öffentlichkeit darlegen, daß seine
neuartige Philosophie bei aller Revolution der Gedanken
doch in der Kontinuität einer anerkannten Tradition stand.
Spinoza mußte also zeigen, daß er mit dem Problembestand
der überlieferten Philosophie durchaus vertraut war. Nur so
konnte deutlich werden, woran Spinoza besonders gelegen
war, daß seine Philosophie auf nichts anderes aus ist, worauf alle Menschen, die guten Willens sind, aus sind und
worauf insofern auch die traditionelle Philosophie aus gewesen ist, nämlich die Wahrheit zu finden. Von der über-
kommenen Philosophie galt es lediglich zu zeigen, daß die
von ihr unterbreiteten Lösungsvorschläge unzureichend und
deshalb zu verbessern waren. Das Vertrautsein mit dieser
Philosophie sollte der Öffentlichkeit klarmachen, daß
Spinoza in seiner eigenen Philosophie Antworten auf die
dort entwickelten Probleme zu geben hatte, daß also seine

Philosophie Lösungen bot für Probleme, die mit den in der Tradition angewandten Verfahrensweisen ungelöst blieben. So bittet Spinoza den Herausgeber Meyer dringend, in der Vorrede die Polemik gegen einen potentiellen Kritiker der Darlegung der Cartesischen Prinzipien der Philosophie zu streichen, weil er möchte, „daß alle sich leicht davon überzeugen können, daß die Veröffentlichung der Schrift allen zum Danke ist und daß Sie bei der Herausgabe des Büchleins allein von dem Wunsch geleitet werden, die Wahrheit zu verbreiten, daß Ihnen nichts mehr am Herzen liegt, als daß dieses Werkchen allen willkommen sein möge, und daß Sie die Menschen freundlich und gütig zum Studium der wahren Philosophie auffordern und das allgemeine Interesse im Auge haben. Das wird jeder gerne glauben, wenn er sieht, daß niemand verletzt wird und daß nichts vorgetragen wird, woran jemand Anstoß nehmen könnte" (15. Brief vom 3. August 1663). Eine Schrift, von der Spinoza selber sagt, daß er in ihr manches geschrieben hat, von dem er gerade das Gegenteil behauptet (13. Brief), in der also Spinoza seine eigene Ansicht, die ihm die wahre ist, teilweise zurückhält, wird als Aufforderung zum Studium der wahren Philosophie verstanden. Sie ist dazu geeignet, weil sie mit der Darlegung der cartesischen Philosophie eine Philosophie präsentiert, die sich um die Wahrheit bemüht und darin Probleme exponiert, die bei aller Kritik nicht polemisch als unsinnig beiseite geschoben werden dürfen. Daß, wie Spinoza selber sagt, dabei seine eigene Position nicht deutlich zu Tage tritt, d. h. Spinoza teilweise unkritisch referieren muß, hat seinen Grund in jener Strategie, sich als verständnisvoller Kenner einer anerkannten philosophischen Autorität präsentieren zu wollen, deren Konturen sich durch das Hineininterpretieren der eigenen Philosophie allzuleicht verwischt hätten.

Der eigentümliche Reiz dieser Frühschrift besteht darin, daß sie eine Auseinandersetzung Spinozas mit Descartes auf dem Boden der cartesischen Philosophie (bzw. in den Cogitata Metaphysica mit der überlieferten Spätscholastik in deren Begrifflichkeit) beinhaltet. Sie vermag an den Systemen, die sie referiert, ihnen immanente Probleme aufzuzeigen, die nach einer andersartigen Bearbeitung verlangen und darin auf Spinozas eigene Position verweisen. Der kritische Gehalt dieser frühen Schrift erschließt sich allerdings nicht aus ihr allein, sondern nur unter Hinzunahme von Spinozas Philosophie, die in der 1677 veröffentlichten „Ethik" ihre abgeschlossene Gestalt gefunden hat. Sie eröffnet Interpretationsperspektiven, die in der Frühschrift mehr erkennen lassen als ein bloßes Referat eines Spinoza fremden Theorems. Solange diese Philosphie noch unbekannt war, konnte Spinoza als ein Cartesianer unter anderen angesehen werden, der nichts anderes tue, als seinen Meister zu paraphrasieren, wie es Leibniz in einem Brief an Thomasius im April 1669 formulierte[2]. Wer seine Philosophie verdammte, konnte bedauern, daß Spinoza nicht bei den Cartesischen Prinzipien der Philosophie stehengeblieben war, denn „dann hätte man ihn noch für einen ordentlichen Philosophen passieren lassen können"[3].

Die Hoffnung, mit der Veröffentlichung der Cartesischen Prinzipien der Philosophie den Boden für eigene Publikationen bereiten zu können, war trügerisch. Spinoza hat es vorgezogen, unter seinem Namen nichts weiter herauszugeben, zunächst, weil die Abhandlungen in seinen Augen noch verbesserungsbedürftig waren, dann, nach den Erfahrungen der Reaktion auf seinen 1670 anonym publizierten „Theologisch-Politischen Traktat", weil ihm eine Veröffentlichung unratsam erschien. Zur Zeit der Abfassung der vorliegenden Schrift hatte Spinoza den sogenannten „Kurzen Traktat" (Korte Verhandeling van God, de Mensch en

---

[2] Philosoph. Schriften, ed. Gerhardt, Bd. I. S. 16.
[3] Johannes Colerus, Lebensbeschreibung Spinozas (1705), Kap. 11. Vgl. Spinoza – Lebensbeschreibungen und Gespräche, Phil. Bibl. Bd. 96b, S. 75.

deszelfs Weltstand), der in niederländischer Version erst im 19. Jahrhundert, und die „Abhandlung über die Verbesserung des Verstandes" (Tractatus de intellectus emendatione), die in den nachgelassenen Schriften 1677 publiziert wurde, verfaßt und den 1. Teil der „Ethik" bereits konzipiert, wenn auch sicher noch nicht in seiner endgültigen Gestalt. Eine eigenständige Position gegenüber der cartesischen Philosophie hatte Spinoza gewiß schon eingenommen. Sie ist im wesentlichen eine Kritik an dem methodischen Vorgehen, zu einem Punkt letzter Gewißheit zu gelangen, von der her eine klare und zweifelsfreie Erkenntnis der Dinge begründet werden kann, eine Kritik also daran, wie sich das Programm des Rationalismus verwirklichen läßt.

Descartes hat diesen Punkt, das nicht bezweifelbare fundamentum inconcussum, im „Ich denke" gefunden, und zwar in einer Reflexion auf das Verfahren des Zweifelns, der sich das Subjekt des Zweifelns als unbezweifelbar und darin als erste Gewißheit darbietet. In seinen „Meditationes de prima philosophia" aus dem Jahre 1641 hat er dieses Verfahren beschrieben (1. und 2. Meditation). Sein systematisches Hauptwerk, die „Principia philosophiae", will diesen Gedanken fruchtbar machen, indem es sich die Aufgabe stellt, die Möglichkeit eines „vollkommenen Wissens all der Dinge, die der Mensch erkennen kann" (Schreiben Descartes' an Picot, den Übersetzer der „Prinzipien" ins Französische, Phil. Bibl. Bd. 28, S. XXXII), darzulegen. Erfüllt ist das Programm nur dann, wenn sich dieses Wissen als ein aus ersten Ursachen und das heißt aus Prinzipien abgeleitetes erweist. Hierfür müssen an die Prinzipien zwei Bedingungen gestellt werden können: „erstlich, daß sie so klar und evident sind, daß der menschliche Geist, solange er sie aufmerksam betrachtet, an ihrer Wahrheit nicht zweifeln kann, zweitens, daß die Erkenntnis der anderen Dinge von ihnen derart abhängt, daß die Prinzipien zwar, ohne daß jene bekannt sind, erkannt werden können, die anderen Dinge aber nicht anders als durch die Prinzipien, und daß man demnach versuchen muß, aus diesen Prinzipien die Erkenntnis der davon abhängenden Dinge derart abzuleiten, daß es in der ganzen Kette der Deduktionen nichts gibt, das nicht sehr klar wäre" (ebd.). Aufgezeigt werden muß also zweierlei: 1. daß die Prinzipien unbezweifelbar sind, d. h. nicht von undurchschauten Voraussetzungen, durch die sie ihrerseits bedingt wären, abhängen, und 2. daß sie zugleich tauglich sind, die Erkenntnis von anderen Dingen und das heißt all der Dinge, die der Mensch überhaupt erkennen kann, zu begründen. Beide Forderungen sieht Descartes dann erfüllt und miteinander verknüpft, wenn die abzuleitende Erkenntnis der Dinge einer Deduktionskette unterliegt, in der jedes Glied klar und deutlich erkannt ist und darin sich als aus den ersten Prinzipien deduziert erweist. Das „Ich denke" kann nun als oberstes Prinzip auftreten, weil es dem Kriterium der Klarheit und Deutlichkeit genügt. Die Weise, in der es aufgefunden wird, demonstriert die verlangte Klarheit, „indem ich nämlich alle Dinge zurückgewiesen habe, in denen ich die geringste Veranlassung zum Zweifel finden konnte; denn es ist sicher, daß diejenigen, welche auf diese Weise nicht zurückgewiesen werden konnten, wenn sie aufmerksam betrachtet wurden, die allerevidentesten und klarsten sind, die der menschliche Geist erkennen kann. Indem ich nun erwog, daß derjenige, welcher sich bemüht, an allem zu zweifeln, trotzdem nicht daran zweifeln kann, daß er selbst existiert, solange er zweifelt, und daß dasjenige, was so denkt und nicht an sich selbst zweifeln kann, wenngleich es an allen übrigen Dingen zweifelt, nicht dasjenige sein kann, was wir als unseren Körper bezeichnen, sondern was wir unsere Seele oder unser denkendes Bewußtsein nennen, so habe ich die Existenz dieses denkenden Bewußtseins als erstes Prinzip angenommen, aus welchem ich alles Folgende in der evidentesten Weise abgeleitet habe" (XXXVIIf.). Damit ist freilich nur *ein* oberstes Prinzip gewonnen, nicht aber eine Mehrheit von Prinzipien, von denen der Titel der cartesischen Hauptschrift spricht, eine Mehrzahl, die erforderlich ist, um die Mannigfaltigkeit der Welt erkennen zu können. Dieser Sachverhalt, der das Verhältnis des denkenden Ich zu seinen gedachten Inhalten betrifft, kann nun aus dem Prinzip „Ich denke", wie es Descartes gewonnen hat, nicht verständlich gemacht werden. Daß ich ein von mir Verschiedenes denke und darin eine Mannigfaltigkeit klar und deutlich erkenne, läßt sich aus der klaren und deutlichen Gewißheit meiner selbst im Denkvollzug nicht begründen. Es setzt die Kontinuität des Ich in der Zeit, in der es Mehreres, von sich Verschiedenes erkennt, voraus. Diese Kontinuität hat in der Momentaneität des Denkvollzuges, dessen das Ich gewiß ist, kein hinreichendes Prinzip. Deshalb sieht sich Descartes genötigt, hierfür eine Instanz anzunehmen, die die Erhaltung des Ich in der Zeit garantiert (3. Meditation). Dieser Garant ist Gott, dessen Vollkommenheit dem Ich zu der Erkenntnis verhilft, die es aus sich selbst nicht zustandezubringen vermag.

So ist Descartes' rationalistisches Programm der Begründung einer in sich ausgewiesenen Erkenntnis mit einem deutlichen Mangel behaftet, nämlich als oberstes Prinzip, aus dem die Erkenntnis der Dinge soll abgeleitet werden können, etwas anzunehmen, das Ich des cogitare, das gerade nicht oberstes Prinzip sein kann, weil es auf ein anderes verweist, Gott, durch das es erst ist. Gott aber, der das Ich erhält, damit es überhaupt erkennen kann, entzieht sich der rationalen Einsicht. Er wird zu einer in seinem Handeln als Schöpfergott unerklärbaren und uneinsichtigen Instanz, die angenommen wird, um das, was uns nicht gelingt, uns gleichwohl zu ermöglichen. Die Zuflucht zur Unwissenheit, das asylum ignorantiae, wird zu einem Hilfsmittel, an dem sich für Spinoza nur das Versagen der Philosophie dokumentiert. Die niederländische Fassung der vorliegenden Schrift (Cogitata Metaphysica II, 7; vgl. Anm. 140,14) hebt diesen die Philosophie Spinozas bestimmenden Gedanken bereits hervor. Gott wird im Hinblick auf uns, die wir begrenzt sind, konzipiert, womit notwendigerweise, so argumentiert Spinoza, in ihn der begrenzte Standpunkt, von dem wir den Ausgang nehmen, hineingetragen wird. In dieser Weise kann kein erstes unbedingtes Prinzip des Systems gefunden werden, das zu formulieren das Programm einer vollkommen durchsichtigen Einsicht verlangt. So ist es ein verfehltes methodisches Verfahren, wenn Descartes vom Ich zu Gott gelangen will. In seiner „Ethik" hat Spinoza daraus die Konsequenz gezogen, die Darlegungen mit Gott begonnen und zugleich dem Ich den Charakter, Substanz zu sein, genommen, dieses vielmehr als Modus der einen göttlichen Substanz gefaßt.

Diese kritische Position, die eine grundlegende Differenz Spinozas zu Descartes markiert und die durch den gemeinsamen Namen des Rationalismus, unter den man Descartes und Spinoza zu stellen pflegt, allzuleicht verdeckt wird, kommt freilich in der vorliegenden Schrift nicht in aller Deutlichkeit und schon gar nicht in wünschenswerter Klarheit zum Ausdruck. Sie läßt sich allerdings auch nicht übersehen. Gerade indem Spinoza sich weitgehend auf Descartes einläßt, teilweise dessen Formulierungen einfach referiert, wird deutlich, welche Differenzierungen innerhalb des Rationalismus möglich sind. Das Sicheinlassen auf den von Descartes erhobenen Anspruch einer rationalen Wissensbegründung und das Ernstnehmen dieses Anspruchs ermöglicht eine Kritik, die nicht von außen an das cartesische System herangetragen wird, sondern gerade weiterführende Antwort sein will auf die mit diesem Anspruch verbundenen Fragen. Diese Kritik ist in der Regel nicht explizit durchgeführt, sondern zeigt sich in der Akzentuierung dessen, was Spinoza von den Cartesischen Prinzipien der Philosophie zur Darstellung bringt.

Zunächst ist die Darstellungsform grundlegend anders als die Weise, in der Descartes seine „Prinzipien" dargelegt hat. Spinoza stellt die „Prinzipien" nach geometrischer Methode dar und bedient sich damit der Form, die er später seinem

Hauptwerk, der „Ethica more geometrico demonstrata" geben wird und auf deren grundlegende methodologische Bedeutsamkeit er schon in der 1661 verfaßten und unvollendet gebliebenen „Abhandlung über die Verbesserung des Verstandes" reflektiert hat. 1661 schreibt er .auch an Oldenburg (Brief 2), daß er, um Auskunft über die Struktur Gottes geben zu können, nichts Besseres habe finden können, „als es auf geometrische Art darzutun". Der Rückgriff auf die geometrische Methode war keineswegs neu, sondern mehrfach geübt worden[4]. Insbesondere die Euklid-Ausgabe des Mathematikers Clavius „Euclidis Elementorum Libri XV"[5] war von großem Einfluß. Das Haupt der neuen Oxforder Mathematiker-Schule, Henry Savile, hat in seinen „Praelectiones tres decim in Principium Elementorum Euclidis"[6] die Euklidische Geometrie in verschiedenen Punkten zu verbessern versucht. In der Auseinandersetzung mit ihm hat Thomas Hobbes in den „Six lessons for the Savilian Professors of the Mathematics" (1656)[7] und insbesondere in der ein Jahr vor Spinozas Abfassung der Abhandlung über die Verbesserung des Verstandes erschienenen „Examinatio et emendatio mathematicae hodiernae" (1660)[8] die Tauglichkeit der geometrischen Methode für die Darlegung philosophischer Sachverhalte darin gesehen, daß sie genetisch verfährt (demonstratio per generationem). In seinem philosophischen Hauptwerk, den „Elementa philosophiae" (1642–1658), hat Hobbes diesen Gedanken fruchtbar gemacht und die Methode philosophischen Erkennens am Paradigma der geometrischen Methode erläutert. Für Hobbes ist die Philosophie die rationale Erkenntnis der

---

[4] Vgl. Enrico de Angelis, Il metodo geometrico nelle filosofia del Seicento, Pisa 1964.
[5] 1574, 4. Auflage Frankfurt 1607.
[6] Oxford 1621.
[7] Engl. Works Bd. VII, S. 191–356.
[8] Opera latina Bd. IV, S. 1–132.

Wirkungen aus ihren erkannten Ursachen und das heißt ihren erzeugenden Gründen. Dieses Verfahren läßt sich an einem geometrischen Gebilde vorzüglich demonstrieren. „Wie die Erkenntnis der Wirkung aus der Erkenntnis des erzeugenden Grundes gewonnen werden kann, ist leicht an dem Beispiel eines Kreises einzusehen. Gesetzt, man sähe eine ebene Figur, die der Figur des Kreises so nahe wie möglich kommt, dann läßt sich durch bloße Wahrnehmung nicht erkennen, ob sie in Wahrheit ein Kreis ist oder nicht; wohl aber, wenn man die Entstehung (generatio) der in Frage stehenden Figur kennt"[9].

Spinoza, beeinflußt von Hobbes, bedient sich derselben Methode, weil sie eine klare Einsicht in die Dinge durch die Einsicht in deren Genese ermöglicht. Die Abhandlung über die Verbesserung des Verstandes nimmt Hobbes' Beispiel der deutlichen Erkenntnis der Kreisfigur auf und exemplifiziert an ihm, was die vollständige Erkenntnis einer Sache enthalten müsse: den Aufweis des nächsten Grundes (causa proxima), aus dem die Sache entstanden ist (Phil. Bibl. Bd. 95, S. 45). Noch am Ende seines Lebens ist die Definition des Kreises für Spinoza das Exempel dafür, was jegliche Definition zu leisten habe. Indem sie die bewirkende Ursache zum Ausdruck bringt, erlaubt sie alle Eigenschaften der zu bestimmenden Sache herzuleiten und darin diese Sache vollständig zu erkennen, schreibt er 1675 an Tschirnhaus (60. Brief).

Descartes freilich, der große Mathematiker, hat seine „Prinzipien der Philosophie" nicht in geometrischer Form dargestellt. In der Diskussion seiner „Meditationen" durch die Zeitgenossen ist Descartes aufgefordert worden (2. Einwände gegen die Meditationen), „daß Du am Ende Deiner Lösungen nach Vorausnahme einiger Definitionen, Postu-

---

[9] de corpore I, 1 (Opera latina Bd. I, S. 5; deutsch Phil. Bibl. Bd. 157, S. 8).

late und Axiome, die ganze Sache nach der Methode der Geometer (more geometrico), in der Du so gut bewandert bist, beschließt, damit ein jeder Leser gleichsam mit einem einzigen Blick Dein ganzes Werk überschaut" (Phil. Bibl. Bd. 27, S. 116). Descartes ist dieser Bitte gefolgt und hat seinen Erwiderungen auf die zweiten Einwände einen Anhang, überschrieben „Gedanken zum Beweise des Daseins Gottes und der Unterschiedenheit der Seele vom Körper, nach geometrischer Methode geordnet (Rationes Dei existentiam et animae a corpore distinctionem probantes more geometrico dispositae)", hinzugefügt. Auf diesen Anhang vor allem bezieht sich Spinoza bei der Interpretation des ersten Teils der cartesischen Prinzipien.

Aus den dem Anhang vorangehenden Überlegungen Descartes' zur Funktion des geometrischen Verfahrens (S. 140 ff.) ist zu entnehmen, daß Descartes in ihm eine bloße Darstellungsart gesehen hat, die selber nichts beweist und die deshalb schwächer ist als die, deren er sich in den Meditationen bedient hat. Von den zwei Beweisarten (rationes demonstrandi), nämlich vermittels der Analysis und vermittels der Synthesis, bevorzugt Descartes den analytischen Weg im Unterschied zum Verfahren der Geometer, das synthetisch ist. Analytisch ist der Weg, in dem gezeigt wird, wie eine Sache, im Falle der Metaphysik die ersten Prinzipien, a priori gefunden werden kann, synthetisch der entgegengesetzte Weg, der aus einer Reihe von Definitionen, Postulaten und Axiomen, von ihnen fortschreitend, zu Konsequenzen, aus ihnen gefolgerten Sätzen, gelangt. Die unterschiedliche Brauchbarkeit der beiden Methoden zeigt sich vor allem in psychologischer Hinsicht, d. h. als Darstellungsform für den Leser. Der analytische Weg verlangt beim Leser hartnäckige Aufmerksamkeit beim Verfolgen aller Schritte, so daß die Darlegungen deshalb bei einem Mangel der Aufmerksamkeit leicht ihre Überzeugungskraft verlieren; der synthetische Weg erlangt durch den Verweis auf die Vordersätze auch beim widerstrebenden Leser die Zustimmung, erfüllt den wißbegierigen Leser jedoch nicht mit Befriedigung, weil er nicht die Art und Weise, wie die ersten Sätze gefunden werden, lehrt. Deshalb wird der Weg der Analysis, d. h. aber das Verfahren des meditierenden Überlegens, das zu der Sache hinführt, von Descartes aus methodischen Gründen vorgezogen. Das bedeutet, daß für Descartes die Darstellungsform der darzustellenden Sache äußerlich ist, daß sie bloß eine Weise der Ordnung unserer Gedankenschritte ist, um beim Leser die Eindringlichkeit eines Mitvollzuges zu erreichen. Deshalb redet er im Anhang zu den zweiten Erwiderungen von Gründen, die nach geometrischer Weise geordnet sind (rationes more geometrico dispositae).

Dies nun wird von Spinoza in seiner Darstellung der cartesischen Philosophie geändert, aus dem „disposita" wird ein „demonstrata", aus dem „geordnet" ein „bewiesen". Spinoza spricht damit der geometrischen Methode eine viel stärkere Kraft zu, nämlich die des Beweisens, des Demonstrierens der Sache. Ihm ist die geometrische Methode nicht nur Mittel der eindringlichen Darstellung einer Sache, die auf andere Weise zu beweisen ist; sie ist das Verfahren des Beweisens selber und damit auch des Auffindens der ersten Prinzipien. Descartes hat die geometrische Methode in der Metaphysik als nicht beweiskräftig angesehen, weil die ersten Prinzipien, anders als in der Geometrie, nicht vorausgesetzt werden können, sondern in einem Prozeß des Meditierens erst zu finden sind. Für Spinoza hingegen ist auch das meditierende Ich bedingt durch die Kausalität eines obersten Prinzips, nämlich Gottes, in dem das Ich seine es hervorbringende Ursache hat. Von daher ist der mos geometricus nicht eine beliebige Darstellungsform, sondern die Darstellungsform, die dem zu entwickelnden Sachverhalt im höchsten Maße angemessen ist; denn sie bringt das zum Ausdruck, was ist: daß die Dinge in der Kausalität Gottes ihren Entstehungsgrund haben und deshalb nur aus dieser genetisch zu begreifen sind. Der Herausgeber Lodewijk

Meyer hebt dies in seiner Vorrede hervor, „daß die mathematische Methode ... bei der Erforschung und Überlieferung der Wissenschaften der beste und sicherste Weg zur Auffindung und Mitteilung der Wahrheit ist", also das Verfahren, das Descartes nicht angewendet hat. Die von Spinoza vorgenommene „Umarbeitung" dessen, was in analytischer Weise dargestellt worden ist, in eine synthetische ist deshalb das Desiderat derer, die nicht nur ein schon als wahr erwiesenes noch anders darstellen, sondern vielmehr das rechte Auffinden der Wahrheit bewerkstelligen wollen. Daher ist Spinozas Referat der Cartesischen Prinzipien der Philosophie gemäß der andersartigen Einschätzung der Leistungskraft der geometrischen Methode eine Umarbeitung der cartesischen Philosophie nicht nur der Form, sondern der Sache nach. Das zeigt sich allerdings entsprechend Spinozas Bemühen, Descartes' Philosophie zu Wort kommen zu lassen, nicht in aller Deutlichkeit. Neben der kritischen Umarbeitung zeigen sich Reste eines unkritischen Hinnehmens nicht haltbarer cartesischer Lehrinhalte. So hat die Schrift etwas Zwitterhaftes an sich.

Auf Oldenburgs Frage, welche Irrtümer er in der Philosophie Descartes' und Bacons erblicke, antwortet Spinoza 1661: „Der erste und größte Irrtum besteht darin, daß sie so weit von der Erkenntnis der ersten Ursache und des Ursprungs aller Dinge abgeirrt sind. Der zweite, daß sie die wahre Natur des menschlichen Geistes nicht erkannt haben. Der dritte, daß sie die wahre Ursache des Irrtums nicht getroffen haben" (2. Brief). Die Punkte 1 und 2 der Kritik haben in der vorliegenden Schrift ihren Niederschlag gefunden. Sie hängen eng miteinander zusammen. Die mangelnde Erkenntnis der ersten Ursache ist zugleich eine mangelnde Bestimmung des Ursprungs *aller* Dinge, d. h. auch des Ich.

So ist in bezug auf Descartes die wichtigste Konsequenz aus der veränderten Bewertung der geometrischen Methode, derzufolge in ihr die genetische Dependenz der Dinge aus dem göttlichen Grund darzutun ist, die veränderte Stellung des Ich innerhalb des Systems, das nicht mehr als oberstes Prinzip fungiert. Spinoza zeigt (1. Teil, Lehrs. I—IV)[10], daß die Existenz des Ich nicht aus der Selbstgewißheit des Ich denke folgt, sondern vorausgesetzt sein muß, damit das Ich seiner selbst und darin zugleich des Grundes seiner Existenz gewiß werden kann. Das meditierende Verfahren, in dem bei Descartes das Ich zur Gewißheit seiner selbst gelangt, wird von Spinoza eingangs erläuternd referiert, nicht aber nach geometrischer Methode demonstriert. Die Erörterung dessen, wie wir Gewißheit haben können, nach geometrischer Methode dargetan, müßte dartun, daß das cartesische Verfahren nicht zu dem angestrebten Ziel gelangte. Sie könnte das Spezifische des methodischen Vorgehens Descartes' gar nicht zur Geltung bringen. Die zweite Konsequenz ist eine über Descartes hinausgehende Vermehrung der Lehrsätze (insbesondere 1. Teil, Lehrs. IX—XII), die die Struktur Gottes explizieren. Spinoza versucht wenigstens ansatzweise den Begriff Gottes so durch Merkmale zu charakterisieren, daß die These von der Deduzierbarkeit der Dinge aus Gott verständlich gemacht werden kann. Von daher wäre erst die wahre Natur des menschlichen Geistes rational einsehbar. Hierfür müssen Gründe im Wesen Gottes angegeben werden, die unabhängig von der Analyse des denkenden Ich gewonnen worden sind.

Inkonsequent und hinter der von Spinoza exponierten Sache zurückbleibend ist, wie auch der Herausgeber Lodewijk Meyer in seinem Vorwort herausstellt, Spinozas Interpretation der cartesischen Theorie der Möglichkeit des Irrtums. Descartes' Theorie des Auseinanderfallens von Wille und Verstand, derzufolge wir, vom Willen verführt, vorschnell urteilen, d. h. ohne hinreichende Klarheit und Deutlichkeit, und darin irren, setzt die Freiheit des Willens

---

10 Vgl. Martial Gueroult, Le Cogito et l'ordre des axiomes métaphysiques dans les Principia philosophiae cartesianae de Spinoza. In: Etudes sur Descartes, Spinoza, Malebranche et Leibniz, Hildesheim 1970.

voraus, d. h. aber .die Independenz des urteilenden Subjekts von einer es bestimmenden göttlichen Kausalität. Das Verfahren des mos geometricus bringt jedoch nach Spinoza eine genetische Dependenz der Dinge zum Ausdruck, also — bezogen auf das Denken — dies, daß das denkende Subjekt, in Spinozas Terminologie der „Ethik", nicht selber Substanz, sondern Modus der einen göttlichen Substanz ist und darin bedingt durch deren Kausalität, dergegenüber ein freies Sichverhalten in Form eines vom Denken verschiedenen Willens eine Illusion ist. Irrtum kann nicht aus einer dunkel bleibenden Form des menschlichen Willens erklärt werden, sondern allein aus der Spannung des Denkens zu der diesem Denken schon zugrundeliegenden wahren gegebenen Idee Gottes, worüber Spinoza sich schon zur Zeit der Abfassung des „Traktates über die Verbesserung des Verstandes" im klaren war. Die Exposition dieses Gedankens hätte aber den seine Philosophie auszeichnenden Determinismus ausdrücklich gemacht, wovor Spinoza bei der Darstellung der Cartesischen Prinzipien der Philosophie offensichtlich zurückschreckte.

Die Darstellung des 2. Teils der Prinzipien, der von den Prinzipien der körperlichen Dinge handelt, ist ein ganz an Descartes orientiertes Referat und enthält kaum weiterführende Gedanken. Spinoza stellt ihm ein Postulat voran, das den cartesischen Gedanken der klaren und deutlichen Erkenntnis als des Garanten für eine zweifelsfreie Erkenntnis der körperlichen Dinge aufnimmt, also ein gnoseologisches Prinzip. Der anticartesische Grundgedanke der „Ethik", der auch schon in der Erläuterung zum 9. Lehrsatz des 1. Teils der Cartesischen Prinzipien der Philosophie anklingt, zielt hingegen darauf ab, das Sein der körperlichen Dinge aus einer essentiellen Bestimmung Gottes begreifbar zu machen, nämlich aus der Ausdehnung als einem Attribut Gottes, dem bezüglich der konkreten Modi der körperlichen Welt hervorbringende Kausalität zukommt. Allerdings ist es Spinoza auch in der „Ethik" nicht gelungen, von daher eine

Physik zu begründen, die durch die Aufnahme des in dieser Konzeption gelegenen dynamischen Moments auf einem Begriff der Kraft als des Grundes von Ruhe und Bewegung basiert und darin die cartesische Physik grundlegend korrigiert hätte. So bleibt Spinoza hier ganz in cartesischen Bahnen.

Die den Prinzipien als Anhang beigegebenen Cogitata Metaphysica erörtern Grundprobleme der Metaphysik in der Orientierung an der tradierten Begrifflichkeit. Mit ihnen kommt Spinoza dem Informationsbedürfnis des Unterweisung in der neueren Philosophie verlangenden Studenten nach, denn neben der aufkommenden und sich ausbreitenden Philosophie des Descartes hatte eine an der tradierten mittelalterlichen Metaphysik festhaltende sogenannte Spätscholastik in der öffentlichen Diskussion Geltung behalten, zumal im universitären Bereich und hier auch besonders an der die akademische Auseinandersetzung in den Niederlanden bestimmenden Universität Leiden. Die Werke der in Leiden lehrenden Philosophen Franco Burgersdijk (Institutiones Metaphysicae, 1640) und Aadriaan Heereboord (Meletemata philosophica, 1665) hat Spinoza bestens gekannt, wie insbesondere Freudenthal nachgewiesen hat.[11]

Die Cogitata Metaphysica ergänzen einmal die Darstellung der cartesischen Philosophie, indem sie für Descartes' Philosophie zentrale Termini wie Gott und Seele in einem anderen Argumentationszusammenhang erörtern, zum anderen — und dies ist wichtiger — können sie einen guten Einblick in die Genesis von Spinozas Philosophie geben, die in der „Ethik" ihre endgültige Ausformung gefunden hat. Im Jahre 1663 hatte Spinoza schon ein Grundkonzept seiner späteren „Ethik" entworfen, wie dem Briefwechsel zu entnehmen ist, aber gewiß noch nicht in der durchge-

---

11 Jacob Freudenthal, Spinoza und die Scholastik (1887). In: Philosophische Aufsätze. Eduard Zeller zu seinem fünfzigjährigen Doctor-Jubiläum gewidmet, Nachdruck Leipzig 1962.

führten Form, die uns aus der „Ethik" bekannt ist, wie die annähernd gleichzeitig verfaßten Abhandlungen (Kurzer Traktat, über die Verbesserung des Verstandes) zeigen. Die Cogitata Metaphysica bleiben hinter dem metaphysischen Gehalt der ausgearbeiteten „Ethik" zurück, gewiß weil Spinoza in ihnen nicht seine eigene Philosophie exponieren wollte, aber gewiß auch deshalb, weil ihm seine eigene Position noch nicht hinreichend klar gewesen ist. So läßt sich das Eigentümliche der spinozanischen Philosophie in der Abhebung gegen eine frühe Erörterung zentraler metaphysischer Probleme gut verdeutlichen. Spinozas Exposition der tradierten Metaphysik, die ihn als einen vorzüglichen Kenner der Überlieferung ausweist, läßt eine Fülle von Problemen erkennen, deren noch unzureichende Bearbeitung gut auf die Problematik vorbereitet, der sich die „Ethik" gegenübersieht. Sie macht klar, in welchem Maße Spinoza die tradierten Bestimmungen des Begriffes Gottes aufgeben muß, wenn er sein rationales Programm einer klaren Einsicht in die Beschaffenheit der Dinge der Welt realisieren will. Er muß einen Begriff Gottes konzipieren, aus dem das Folgen der Dinge, einschließlich des menschlichen Subjektes, rational einsehbar ist, und von dem deshalb alle die subjektive Fassungskraft übersteigenden Merkmale, die traditionell ja gerade Gottes Wesen konstituieren, fernzuhalten sind.

Nachdem nicht nur Ausgaben von Spinozas Frühschrift in englischer und französischer Übersetzung vorliegen, sondern in jüngerer Zeit auch solche in ungarischer[12] und polnischer[13] Sprache, steht jetzt auch wieder die deutsche Übersetzung einer Schrift zur Verfügung, die nicht nur in entwicklungsgeschichtlicher Hinsicht für das Studium Spinozas von Interesse ist, sondern auch in hermeneutischer Hinsicht. Sie ist das Beispiel einer Textexegese, die von einem fortge-

---

[12] Besorgt von György Nádor, Budapest 1956.
[13] Besorgt von Leszek Kolakowski, Warszawa 1969.

schrittenen Standpunkt aus an einem gegebenen Text Implikationen aufweist, die über die im Text enthaltene Sache auf einen höheren Standpunkt hinausweisen, der, nicht von außen in die Sache hineingetragen, sich als Fortentwicklung der Sache selbst erweist.

Diese Ausgabe übernimmt Arthur Buchenaus Übersetzung aus dem Jahre 1906. Buchenau hat sich im wesentlichen auf den lateinischen Text der Principia Philosophiae Cartesianae in der Ausgabe von Vloten und Land gestützt[14]. Die seither erschienene kritische Ausgabe Gebhardts hat den Text, der Buchenau vorgelegen hat, nur unwesentlich zu verbessern brauchen, da es sich bei dieser Schrift um einen von Lodewijk Meyer und offenbar auch von Spinoza sorgfältig durchgesehenen Text handelt, der im Gegensatz zu den zu Lebzeiten Spinozas nicht erschienenen Werken (also allen anderen mit Ausnahme des anonym erschienenen Tractatus Theologico-Politicus) keine Probleme der Textgestaltung bietet. Buchenaus Übersetzung wurde am Text der Gebhardtschen Ausgabe geprüft und an den wenigen Stellen, wo es erforderlich war, korrigiert. Soweit es sich um zu verbessernde Ziffern (beim Verweis auf vorhergehende Lehrsätze) handelt, ist die Korrektur im übersetzten Text selbst geschehen. Die übrigen Verbesserungen sind in den Anmerkungen aufgeführt worden. Sie beziehen sich nur auf den verbesserten lateinischen Text der kritischen Ausgabe. In die Übersetzung selber wurde nicht eingegriffen.

Der lateinische Text ist zu Recht die Grundlage der Übersetzung. Wenn auch angenommen werden darf, daß die veränderte niederländische Fassung nicht ohne Mitwirkung Spinozas zustandegekommen ist, so ist doch unklar, wieweit alle Abweichungen von Spinoza autorisiert sind und

---

14   Opera, ed. Vloten et Land, 2. Aufl., 3. Band, Den Haag 1895.

nicht der Willkür des Übersetzers Balling entspringen. Wesentliche Ergänzungen der niederländischen Ausgabe sind im Rückgriff auf die Gebhardtsche Edition in die Anmerkungen gebracht worden. Sie erscheinen hier erstmals in deutscher Übersetzung. Der Herausgeber dankt Frau Dr. Annemarie Hübner (Universität Hamburg) für die Hilfe bei der Übersetzung dieser Textvarianten.

Buchenaus Anmerkungen wurden durch neue ersetzt, auf die durch Sternchen am Rand der Textseiten verwiesen wird. An die Stelle eines Sachregisters tritt die ausführliche Inhaltsübersicht, die Spinoza den „Principia" unter der Überschrift „Index Propositionum, Lemmatum et Corollariorum" (Index der Lehrsätze, Lehnsätze und Folgesätze) und den „Cogitata Metaphysica" unter der Überschrift „Index Capitum et Materierum" (Index der Kapitel und Themata) vorausgestellt hat[15].

---

[15] Diese Arbeit hat offenbar der Herausgeber Meyer übernommen, von dem auch die Inhaltsangaben am Rande der Cogitata Metaphysica stammen, wie der neu gefundene Brief Spinozas an L. Meyer vom 26.7.1663 zeigt (Vgl. Brief 12A in Phil. Bibl. Bd. 96a, S. 391).

AUSWAHL-BIBLIOGRAPHIE

Die kritische Edition des Textes gibt: Spinoza, Opera. Im Auftrag der Heidelberger Akademie der Wissenschaften, hrsg. von Carl Gebhardt, Heidelberg 1925 (Nachdruck 1973) Bd. I, S. 125–281.

Die neuesten Gesamt-Bibliographien sind die von J. Préposiet, Bibliographie Spinoziste, Paris 1973, und von Th. van der Werf / H. Siebrand / C. Westerveen, A Spinoza Bibliography 1971–1983, Leiden 1984. Eine gute Auswahl enthält F. Mignini, Introduzione a Spinoza, Roma 1983, S. 207–259.

Sekundär-Literatur

Freudenthal, J.: Spinoza und die Scholastik (1887). In: Philosophische Aufsätze. Eduard Zeller zu seinem fünfzigjährigen Doctor-Jubiläum gewidmet. Nachdruck Leipzig 1962, S. 85–138.

Gilson, E.: Spinoza interprète de Descartes. In: Chronicon Spinozanum III, Den Haag 1923, S. 66–87.

Caillois, R.: Anmerkungen in: Spinoza, Oeuvres complètes, Paris 1954, S. 1405–1416.

Vanni Rovighi, Sofia: L'ontologia spinoziana nei "Cogitata Metaphysica". In: Rivista di Filosofia neoscolastica 1960, S. 399–412.

Gueroult, M.: Le Cogito et l'ordre des axiomes métaphysiques dans les "Principia philosophiae cartesianae" de Spinoza (1960). In: Gueroult, Etudes sur Descartes, Spinoza, Malebranche et Leibniz, Hildesheim 1970, S. 64–78.

Bidney, D.: Einleitung in: Spinoza, Earlier philosophical Writings, translated by F. A. Hayes, Indianapolis 1963, S. I–XXXI.

Gallego Salvadores, J.J.: Aproximaciones al concepto de ente en Spinoza. Principia philosophiae y Cogitata metaphysica. In: Angelicum 53 (1976), S. 56—90.

Lécrivain, A.: Spinoza et la physique cartésienne. In: Cahiers Spinoza 1 (1977), S. 235—265 und 2 (1978), S. 93—206.

Curley, E.M.: Spinoza as an expositor of Descartes. In: Speculum spinozanum 1677—1977, London 1978, S. 133 bis 142.

Hubbeling, H.G.: Spinoza comme précurseur du reconstructivisme logique dans son livre sur Descartes. In: Studia Leibnitiana 12 (1980), S. 88—95.

Kennington, R.: Analytic and synthetic methods in Spinoza's Ethics (Abschn. III). In: Kennington (Hrsg.), The philosophy of Baruch Spinoza, Washington 1980, S. 293—318.

Collins, J.: Spinoza on Nature (Kap. 1), Carbondale and Edwardsville 1984, S. 3—19.

Den geneigten Leser

grüßt

Ludwig Meyer.

Daß die mathematische Methode, bei der aus Definitionen, Postulaten und Grundsätzen die Schlußfolgen abgeleitet werden, bei der Erforschung und Überlieferung der Wissenschaften der beste und sicherste Weg zur Auffindung und Mitteilung der Wahrheit ist, gilt als die einstimmige Ansicht all derer, die mit ihrem Wissen über der großen Menge stehen wollen. Und zwar mit vollem Recht; denn da alle sichere und feste Kenntnis eines unbekannten Gegenstandes nur aus etwas zuvor sicher Erkanntem geschöpft und abgeleitet werden kann, so wird dieses notwendig vorher von unten her als unerschütterliche Grundlage zu legen sein, damit dann das ganze Gebäude der menschlichen Erkenntnis darauf so aufgebaut werde, daß es nicht von selbst zusammenbricht, noch auch durch den geringsten Anstoß zugrunde geht. Daß nun das, was insgemein die Mathematiker als Definitionen, Postulate und Axiome zu bezeichnen pflegen, derart beschaffen ist, wird niemandem zweifelhaft erscheinen, wenn er auch die edle Wissenschaft der Mathematik nur flüchtig kennen gelernt hat. Denn die Definitionen sind nichts anderes als die möglichst deutlichen Erklärungen der Zeichen und Namen, mit denen die betreffenden Gegenstände belegt werden; die Postulate aber und die Grundsätze, oder die Allgemeinbegriffe des Geistes sind derart klare und deutliche Aussagen, daß niemand, der nur den Sinn der

Worte richtig versteht, ihnen seine Zustimmung überhaupt verweigern kann.

Wenngleich indessen sich dies so verhält, so findet man doch, mit Ausnahme der Mathematik, fast keine andere Wissenschaft nach dieser Methode behandelt, sondern nach einer himmelweit verschiedenen, wenn man sie mit derjenigen vergleicht, wobei durch Definitionen und Einteilungen, die unter sich stetig verknüpft und hie und da mit Aufgaben und Erklärungen untermischt sind, das ganze Geschäft erledigt wird. Denn früher waren beinahe alle, und jetzt sind noch viele von denen, die Wissenschaften aufzustellen und darzustellen unternahmen, der Ansicht, jene Methode sei eine Eigentümlichkeit der mathematischen Wissenschaften, derart, daß sie bei allen anderen Wissenschaften abzuweisen und zu verachten sei. Daher kommt es, daß sie ihre Behauptungen durch keine schlagenden Gründe beweisen, sondern nur versuchen, sie durch wahrscheinliche und scheinbare Gründe zu unterstützen. So bringen sie einen Haufen dicker Bücher zustande, in denen nichts Festgegründetes und Gewisses zu finden ist, die vielmehr von Streit und Zwiespalt voll sind. Was von dem einen mit schwachen Gründen halbwegs befestigt worden, wird bald darauf von dem anderen widerlegt und mit denselben Waffen umgestürzt und weggefegt. So sieht der nach der unabänderlichen Wahrheit verlangende Geist, statt für sein Streben ein ruhiges Fahrwasser zu finden, wo er sicher und glücklich überfahren und demnächst in den erwünschten Hafen der Erkenntnis gelangen kann, sich schwankend und ohne Ende in dem stürmischen Meere der Meinungen umhergeschleudert, umgeben von den Stürmen der Streitigkeiten und überspült von den Wellen der Ungewißheit, ohne Hoffnung, ihnen jemals entkommen zu können.

Es gab wohl Männer, die hierüber anders dachten und aus Mitleid über dieses elende Schicksal der Philosophie jenen gemeinen und von allen ausgetretenen Weg der Behandlung der Wissenschaften verließen und einen neuen, allerdings steilen und mit vielen Schwierigkeiten erfüllten Weg betraten, um neben der

Mathematik der Nachwelt auch die übrigen Teile der
Philosophie in mathematischer Weise und Sicherheit
begründet zu hinterlassen. Einige von diesen behandelten in dieser Weise die geltende und in den Schulen
gelehrte Philosophie, andere eine neue, durch eigne
Kraft gefundene Philosophie und übergaben sie der
wissenschaftlichen Welt. Lange wurde diese Arbeit
von vielen ohne Erfolg verhöhnt, bis endlich jenes
glänzendste Licht unseres Jahrhunderts, René Descartes, sich erhob, der, zunächst in der Mathematik,
das, was die Alten nie hatten erreichen können, und
was seine Zeitgenossen nur verlangen konnten, durch
eine neue Methode aus der Finsternis an das Licht
zog und sodann die unerschütterlichen Grundlagen der
Philosophie ermittelte und durch seine eigne Tat zeigte,
daß eine Reihe von Wahrheiten mit mathematischer
Ordnung und Gewißheit darauf errichtet werden kann,
was allen so klar wie die Sonne einleuchtete, die sich
seinen nie genug zu rühmenden Schriften mit Fleiß
zuwandten.

Indes befolgen die philosophischen Schriften dieses
edlen und unvergleichlichen Mannes zwar die in der
Mathematik übliche Beweisart und Ordnung, aber sie
sind doch nicht in jener, in den Elementen des Euklid
und der übrigen Geometer gebräuchlichen Methode
ausgearbeitet, wobei die Definitionen, Postulate und
Grundsätze vorausgeschickt werden, und dann die Lehrsätze mit ihren Beweisen folgen; vielmehr ist seine
Methode davon sehr verschieden, die er selbst als den
wahren und besten Weg für die Mitteilung bezeichnet
und die er die analytische nennt. Denn am Ende seiner
„Erwiderung auf die zweite Reihe von Einwürfen"
erkennt er an, daß es zwei Arten des überzeugenden
Beweises gebe; eine analytische, „die den wahren Weg
zeigt, auf dem der Gegenstand methodisch und gleichsam a priori gefunden worden ist," die andere sei
die synthetische, „die sich einer langen Reihe von
Definitionen, Postulaten, Axiomen, Theoremen und
Problemen bedient, sodaß sie, wenn man ihr irgend-
welche Konsequenzen bestreitet, sogleich zu zeigen
vermag, daß diese im Vorhergehenden enthalten sind,
wodurch sie von dem Leser trotz seines Wider-

strebens und seiner Hartnäckigkeit die Zustimmung
★ erpreßt."
Indes wenn auch in diesen beiden Arten der
Begründung die über allen Zweifel erhobene Gewißheit enthalten ist, so sind sie doch nicht für jedermann
gleich zweckmäßig und passend. Den meisten sind
die mathematischen Wissenschaften fremd, und sie
kennen daher weder die synthetische Methode, in der
sie dargestellt werden, noch die analytische, durch die
10 sie entdeckt worden sind; deshalb können sie die in
diesen Büchern behandelten und überzeugend bewiesenen Dinge weder selbst verstehn, noch auch anderen
mitteilen. Daher kommt es, daß viele, von blindem Eifer
getrieben oder durch das Ansehen anderer bestimmt,
sich an den Namen von Descartes gehalten und seine
Ansichten und Lehren nur dem Gedächtnis eingeprägt
haben, aber, wenn darauf die Rede kommt, nur reden
und mancherlei schwatzen, ohne imstande zu sein,
etwas zu beweisen; gerade so, wie das ehedem geschah,
20 und wie es noch heute bei den Anhängern der peri-
patetischen Philosophie üblich ist. Um diesen Leuten
etwas zu Hilfe zu kommen, habe ich oft gewünscht,
ein Mann, der in der analytischen und synthetischen
Methode erfahren und in den Schriften des Descartes bewandert und mit seiner Philosophie vertraut
wäre, möchte die Hand ans Werk legen und das, was
jener in analytischer Weise dargestellt, in die synthetische umarbeiten und in der gebräuchlichen geometrischen Art begründen. Ich selbst habe, obgleich ich
30 meine Unfähigkeit kannte und wußte, daß ich einem
solchen Unternehmen nicht gewachsen war, doch die
Absicht gehabt, diese Arbeit zu unternehmen und
sogar damit einen Anfang gemacht; indessen haben
andere zerstreuende Geschäfte mich an der Fort-
setzung dieses Unternehmens gehindert.
Es war mir deshalb erfreulich, als ich hörte, daß
★ unser Verfasser einem seiner Schüler , als er diesen
in der Philosophie des Descartes unterrichtete, den
ganzen zweiten und einiges von dem dritten Teile der
40 Prinzipien in der Form geometrischer Beweise und
ebenso einige der wichtigsten und schwierigsten Fragen
der Metaphysik, die Descartes noch nicht erledigt

hatte, diktiert habe, und daß er auf Bitten und Drängen seiner Freunde gestattet habe, diese Diktate mit seinen Verbesserungen und Zusätzen zu veröffentlichen. Deshalb stimmte auch ich bei und bot gern meine Hilfe an, soweit es deren bei der Herausgabe bedürfen sollte. Auch redete ich dem Verfasser zu und bat ihn, den ersten Teil der Prinzipien ebenso zu behandeln und voranzustellen, damit das Ganze von Anfang an, so geordnet, besser verstanden werden und mehr Gefallen finden möchte. Da er das Triftige dieser Gründe einsah, so wollte er den Bitten der Freunde wie dem Vorteil der Leser nicht entgegentreten und übergab mir die Sorge für den Druck und die Herausgabe, da er selbst fern von der Stadt auf dem Lande lebte und sich so damit nicht abgeben konnte.

Dies ist es, geneigter Leser, was ich dir in diesem Buche übergebe; nämlich den ersten und zweiten Teil und ein Stück des dritten von Descartes' Prinzipien der Philosophie, denen ich als Anhang die ‚Metaphysischen Gedanken' unseres Verfassers beigefügt habe. Indes möchte ich das, was ich hier und auf dem Titel verspreche, in Bezug auf den ersten Teil der Philosophie nicht so verstanden haben, als wenn alles darin von Descartes Gesagte hier in geometrischen Beweisen wiedergegeben würde; vielmehr ist dieser Ausdruck nur von dem Wichtigeren entlehnt, und es ist nur das Bedeutendere, was die Metaphysik betrifft und was Descartes in seinen Meditationen behandelt hat, daraus aufgenommen, alles andere aber, was die Logik betrifft oder nur historisch erzählt und erwähnt wird, weggelassen worden.

Um dies leichter auszuführen, hat der Verfasser hier fast alles das wörtlich aufgenommen, was Descartes gegen Ende seiner „Antwort auf die zweiten Einwürfe" in geometrischer Form sagt; es sind also alle seine Definitionen vorausgeschickt und die Lehrsätze denen des Verfassers eingefügt worden. Nur die Grundsätze sind nicht fortwährend den Definitionen angehängt worden, sondern erst nach dem vierten Lehrsatz eingeschoben, und ihre Ordnung ist der bessern Begründung halber geändert, auch ist einiges Überflüssige weggelassen worden. Obgleich diese Grundsätze (wie es auch bei Descartes selbst in seinem 7. Postulat geschieht) wie Lehrsätze hätten bewiesen und besser unter dem Namen von Lehrsätzen hätten aufgeführt werden können, und unserm Verfasser dies wohl bekannt war und ich ihn darum gebeten hatte, so konnte er doch bei den wichtigeren Arbeiten, mit denen er sich beschäftigt, nur die Muße von zwei Wochen hierzu verwenden, in welcher Frist er das Werk vollenden mußte. Deshalb konnte er weder seinen noch meinen Wünschen nachkommen, sondern er fügte nur eine kurze Erläuterung bei, welche die Stelle des Beweises vertreten kann, und verschob die weitere auf das Ganze sich erstreckende Arbeit auf eine spätere Zeit. Sollte nach Absatz dieser Auflage eine neue nötig werden, so will ich mich darum bemühen, daß er sie vermehrt, und daß er den ganzen dritten Teil über die sichtbare Welt vollendet, von dem ich hier nur ein Stück beigefügt habe, da der Verfasser hier aufhören mußte, und ich dieses doch, so klein es auch ist, den Lesern nicht vorenthalten möchte. Damit dies in der richtigen Weise geschehe, wird im zweiten Teile hie und da einiges über die Natur und die Eigenschaften des Flüssigen einzufügen sein, und ich werde nach Kräften dafür sorgen, daß der Verfasser dies dann nachholt.

Indessen weicht unser Verfasser nicht nur in der Aufstellung und Erläuterung der Grundsätze, sondern auch in dem Beweise der Lehrsätze und der übrigen Folgesätze recht oft von Descartes ab und bedient sich einer Beweisführung, die von der des letzteren sehr verschieden ist. Man fasse dies nicht so auf, als hätte er jenen berühmten Mann hierin verbessern wollen; vielmehr ist dies nur zu dem Zwecke geschehen, um die einmal angenommene Ordnung besser aufrechterhalten zu können, ohne die Zahl der Grundsätze zu sehr zu vermehren. Deshalb mußte er auch vieles, was Descartes ohne allen Beweis hingestellt hat, beweisen und anderes, was jener ganz übergangen hat, hinzufügen.

Jedoch möchte ich vor allem darauf aufmerksam machen, daß der Verfasser in allen folgenden Ausführungen, nämlich im ersten und zweiten Teile der Prinzipien und in dem Bruchstück des dritten Teiles, sowie in seinen metaphysischen Gedanken, die reinen Ansichten Descartes' mit ihren Beweisen vorgetragen hat, so wie sie in dessen Schriften sich finden oder wie sie aus den von ihm gelegten Grundlagen sich durch richtige Folgerungen notwendig ableiten ließen. Denn da er seinem Schüler versprochen hatte, die Philosophie Descartes' zu lehren, so war es für ihn Gewissenssache, von dessen Ansichten nicht eine Linie breit abzuweichen oder etwas zu diktieren, was seiner Lehre nicht entspräche oder gar widerspräche. Man darf deshalb nicht voraussetzen, er spreche hier etwa seine eignen Ansichten oder die des Descartes nur, soweit er sie billigt, aus. Denn wenngleich er manches von des Descartes Lehre für wahr hält und, wie er ohne weiteres zugibt, manches von dem Seinigen hinzugefügt hat, so steht darin doch auch vieles, was er als falsch verwirft, und worin er einer ganz verschiedenen Ansicht huldigt. Beispiele davon sind unter anderem, um nur eines unter vielen anzuführen, was sich über den Willen in dem Zusatz zu Lehrsatz 15, T. I. der Prinzipien und Kap. 12, T. II. des Anhangs findet; obgleich hier die Beweise mit großer Anstrengung und mit großem Aufwande geführt sind. Denn nach seiner eignen Ansicht ist der Wille vom Verstande nicht verschieden und noch weniger mit einer solchen Freiheit begabt. Bei diesen Sätzen nimmt nämlich Descartes, wie aus seiner Abhandlung über die Methode (vierter Teil) und aus seiner zweiten Meditation an anderen Stellen erhellt, ohne den Beweis dafür zu bringen, an, die menschliche Seele sei eine unbedingt denkende Substanz, während unser Verfasser zwar zugibt, daß es in der Welt eine denkende Substanz gibt, allein bestreitet, daß sie das Wesen der menschlichen Seele bilde; vielmehr nimmt er an, daß, so wie die Ausdehnung durch keine Grenzen beschränkt ist, auch das Denken durch keine Grenzen beschränkt sei; so wie daher der menschliche Körper keine unbedingte Ausdehnung ist, sondern eine in bestimmter Weise, nach den Gesetzen der ausgedehnten Natur durch Bewegung und Ruhe begrenzte, so, schließt er, ist auch der Geist oder die Seele des Menschen nicht ein unbedingtes, sondern ein nach den Gesetzen der denkenden Natur durch Vorstellungen (ideae) in bestimmter Weise begrenztes Denken, das, wie er schließt, notwendig gegeben ist, sobald der menschliche Körper zu existieren beginnt. Aus dieser Definition ist, wie er glaubt, leicht zu beweisen, daß sich der Wille von dem Verstande nicht unterscheidet und daß er noch weniger die ihm von Descartes zugeschriebene Freiheit besitzt; selbst sein Vermögen, zu bejahen und zu verneinen, ist nach ihm rein eingebildet; denn das Bejahen und Verneinen ist nichts Besonderes neben den Vorstellungen, und die übrigen Vermögen, wie der Verstand, die Begierde u. s. w., sind seiner Ansicht nach zu den Einbildungen oder zu den Begriffen zu zählen, welche die Menschen durch Abstraktion gebildet haben, wie z. B. der Begriff der Menschheit, der Steinheit und andere derselben Art.

Ich kann auch nicht unerwähnt lassen, daß der an einigen Stellen vorkommende Ausdruck „dies oder jenes übersteigt die menschliche Fassungskraft" ebendahin gehört, d. h. daß er nur im Sinn des Descartes gebraucht wird, und man darf dies nicht so verstehen, als wenn der Verfasser dies als seine eigne Ansicht ausspräche. Nach seiner Meinung kann vielmehr dies alles und noch mehr und Höheres und Feineres nicht bloß deutlich und klar von uns begriffen, sondern auch ohne Schwierigkeit erklärt werden, wenn nur der menschliche Verstand auf einem anderen als dem von Descartes eröffneten und gebahnten Wege zur Erforschung der Wahrheit und Erkenntnis der Dinge geführt wird. Deshalb genügen nach seiner Ansicht die von Descartes gelegten Grundlagen der Wissenschaften und das, was er darauf errichtet hat, nicht, um alle schwierigen, in der Metaphysik auftretenden Fragen zu entwirren und zu lösen, sondern es bedarf dazu noch anderer, wenn man seinen Verstand auf die Höhe dieser Erkenntnis hinaufführen will.

Endlich (um mit dieser Vorrede zu Ende zu kommen) mögen die Leser nicht übersehen, daß alle diese Untersuchungen nur zu dem Zwecke veröffentlicht werden, um die Wahrheit zu finden, zu verbreiten und die

Menschen zum Studium der wahren und echten Philosophie anzuregen. Ich bitte deshalb alle, bevor sie an ✻ das Buch gehen, um die reichen Früchte daraus zu entnehmen, die ich ihnen von Herzen wünsche, vorher einige Auslassungen nachzutragen und die eingeschlichenen Druckfehler sorgfältig zu berichtigen , da sie zum Teil derart sind, daß sie einen Riegel gegen das Verständnis der Beweise und der Meinung des Verfassers bilden, wie man sich davon aus dem Verzeichnis leicht überzeugen kann. ✻

Die

Prinzipien der Philosophie

auf

geometrische Weise begründet.

Erster Teil.

Einleitung.

Ehe ich mich zu den Lehrsätzen und deren Beweisen wende, scheint es mir passend, vorher kurz darzulegen, weshalb Descartes an allem gezweifelt hat, auf welchem sichern Wege er die Grundlagen der Wissenschaften ermittelt, und mit welchen Mitteln er sich endlich von allen Zweifeln befreit hat. Ich hätte dies alles in mathematische Form gebracht; allein die hierzu nötige Ausführlichkeit würde, nach meiner Ansicht, vielmehr die richtige Erkenntnis hier gehindert haben, wo alles mit einem Blick, wie bei einem Gemälde, überschaut werden muß.

Descartes hat also, um möglichst vorsichtig bei der Erkenntnis der Dinge vorzugehen, versucht:

1. alle Vorurteile abzulegen;
2. die Grundlagen zu finden, auf denen alles zu errichten ist;
3. die Ursache des Irrtums zu entdecken;
4. alles klar und deutlich einzusehen.

Um nun zu dem Ersten, Zweiten und Dritten hiervon zu gelangen, beginnt er alles zu bezweifeln; indes nicht wie ein Skeptiker, der sich kein anderes Ziel, als zu zweifeln, vorsetzt, sondern um seinen Geist auf diese Weise von allen Vorurteilen zu befreien und so endlich die festen und unerschütterlichen Grundlagen der Wissenschaften aufzufinden, die, wenn es deren gibt, ihm auf diese Weise nicht entgehen können. Denn die wahren Prinzipien der Wissenschaften müssen so klar und gewiß sein, daß sie keines weiteren Beweises bedürfen, daß sie der Gefahr des Zweifels ganz entrückt sind, und daß ohne sie nichts bewiesen werden kann. Auch fand er sie nach langem Zweifeln, 10 und nachdem dies geschehen, war es ihm nicht mehr schwer, das Falsche vom Wahren zu unterscheiden und die Ursachen des Irrtums zu entdecken. So schützte er sich davor, daß er etwas Falsches oder Zweifelhaftes für wahr und gewiß annähme.

Um nun aber das Vierte und Letzte sich zu verschaffen, d. h. alles klar und deutlich einzusehen, galt es ihm als Hauptregel, alle einfachen Ideen, aus denen sich die übrigen zusammensetzen, aufzuzählen und jede einzeln zu prüfen. Denn — so dachte er — 20 wenn er erst die einfachen Ideen klar und deutlich einsehen könnte, so würde er unzweifelhaft auch alle übrigen, die sich aus diesen einfachen zusammensetzen, ebenso klar und deutlich einsehen. Nachdem ich dies vorausgeschickt, will ich kurz auseinandersetzen, wie er alles in Zweifel gezogen, wie er die wahren Prinzipien der Wissenschaft gefunden und wie er sich aus allen Verwickelungen des Zweifels befreit hat.

Der Zweifel an allem. Er stellt sich zunächst alles das vor Augen, was er von den Sinnen empfangen 30 hatte; also den Himmel, die Erde und ähnliches; auch seinen eignen Körper, was alles er bisher für wirklich angenommen hatte. Er zweifelt nun an deren Gewißheit, weil er entdeckt hatte, daß die Sinne ihn mitunter getäuscht hatten und er in seinen Träumen oft überzeugt gewesen war, daß vieles außer ihm wirklich bestände, das sich nachher als Täuschung erwies, und weil er schließlich selbst von Wachenden gehört hatte, daß sie sich über Schmerzen in längst ihnen fehlenden Gliedern beklagten. Deshalb konnte 40 er nicht ohne Grund sogar an der Existenz seines Körpers zweifeln und aus alledem mit Recht folgern, daß die Sinne nicht jene feste Grundlage sind, auf

der sich die ganze Wissenschaft errichten läßt (denn sie
können bezweifelt werden); daß vielmehr die Gewißheit von anderen für uns gewisseren Prinzipien abhängt. Um nun weiterhin derartige aufzuspüren, stellt
er sich zweitens alle jene Gemeinbegriffe vor, wie
die körperliche Natur im allgemeinen, ihre Ausdehnung, Gestalt, Größe u. s. w.; ebenso alle mathematischen Wahrheiten. Obgleich ihm diese gewisser
erschienen als alles, was er den Sinnen entlehnt hatte,
so fand er doch auch hier einen Grund, an ihnen zu
zweifeln, weil nämlich auch andere sich hierbei geirrt haben und vorzüglich, weil seinem Geiste eine
alte Meinung eingeprägt war, daß es einen Gott gebe,
der alles vermöge, von dem er, so wie er sei, geschaffen worden, und der deshalb es vielleicht so eingerichtet habe, daß er auch in dem sich täusche,
was ihm am klarsten erschiene. Auf diese Weise hat
er alles in Zweifel gezogen.   ✱

Die Auffindung der Grundlage für alles Wissen. Um
nun die wahren Prinzipien der Wissenschaften zu
finden, forschte Descartes weiter, ob alles, was er
sich vorstellen könne, in Zweifel gezogen werden könne,
um so zu entdecken, ob nicht vielleicht etwas übrig
bliebe, an dem er noch niemals gezweifelt habe.
Sollte er bei diesen Zweifeln etwas finden, was weder gemäß dem Vorhergehenden, noch sonst auf eine andere
Weise in Zweifel gezogen werden könnte, so urteilte
er mit Recht, daß dies ihm als die Grundlage gelten
müsse, auf der er all seine Erkenntnis aufbauen
könne. Und obgleich er, wie es schien, schon an
allem gezweifelt hatte, da er sowohl das aus den
Sinnen Geschöpfte, als das durch den bloßen Verstand Erkannte bezweifelt hatte, so blieb doch etwas
zu erforschen übrig, nämlich das Selbst desjenigen,
der so zweifelte; allerdings nicht soweit ihm ein Kopf,
Hände und andere Glieder zukommen, da er dies ja
schon bezweifelt hatte, sondern nur sofern er zweifelte,
dachte u. s. w. Dabei bemerkte er nun nach genauer
Untersuchung, daß er hieran aus keinem der früheren
Gründe zweifeln könne. Denn wenn er auch träumend
oder wachend denke, so denke er doch und sei; und
wenn auch andere und er selbst in anderen Dingen sich

geirrt hätten, so waren sie doch, weil sie irrten. Auch vermochte er sich keinen Schöpfer seiner Natur so listig zu denken, daß er ihn hierin täuschen könnte; denn man müsse immer einräumen, daß der Denkende sei, selbst wenn er getäuscht würde. Endlich könne kein irgend denkbarer Zweifelsgrund angeführt werden, der ihm nicht zugleich volle Gewißheit über sein Dasein gebe; vielmehr würden, je mehr Zweifelsgründe herbeigebracht würden, damit auch ebenso viele Gründe
10 beigebracht, die ihn von seinem Dasein überzeugten. So sah er sich, wohin er auch mit seinen Zweifeln sich wandte, dennoch zuletzt gezwungen, in die Worte
★ auszubrechen: *Ich zweifle, ich denke, also bin ich.*

Mit Entdeckung dieser Wahrheit fand er auch zugleich die Grundlage aller Wissenschaften und das Maß und die Regel für alle übrigen Wahrheiten, nämlich: *Alles, was so klar und deutlich eingesehen wird, wie*
★ *dieser Satz, ist wahr.*

Daß es keine andere Grundlage für die Wissen-
20 schaften als nur diese geben kann, erhellt zur Genüge aus dem Vorhergehenden; denn alles andere kann mit Leichtigkeit von uns bezweifelt werden, nur dieses niemals. Indes ist bei dieser Grundlage vor allen Dingen anzumerken, daß der Satz: *Ich zweifle, ich denke, also bin ich,* kein Schluß ist, zu dem der Obersatz fehlt. Denn wäre er dies, so müßten seine Vordersätze klarer und bekannter sein als der Schluß auf das: *Ich bin,* und deshalb wäre dieses *Ich bin* nicht die erste Grundlage aller Erkenntnis. Auch wäre es kein
30 gewisser Schluß, da seine Wahrheit von den vorausgehenden Allgemeinbegriffen abhinge, die der Verfasser bereits in Zweifel gezogen hatte. Deshalb ist dies: *Ich denke, also bin ich,* ein einziger Satz *(unica propositio),* der mit dem anderen: *Ich bin denkend,* gleich-
★ bedeutend ist.

Man muß ferner, um späteren Verwirrungen vorzubeugen, wissen (denn die Sache muß klar und deutlich eingesehen werden), was wir sind. Ist dies klar und deutlich erkannt, so werden wir unser Dasein nicht
40 mehr mit anderem vermengen. Um also dies aus dem Vorgehenden abzuleiten, fährt unser Verfasser folgendermaßen fort:

Alles, was er früher über sich gedacht hat, ruft
er sich ins Gedächtnis zurück; z. B., daß seine Seele
etwas Feines sei, was wie ein Wind oder Feuer oder
Äther in seinen gröberen Körperteilen verbreitet sei;
und daß sein Körper ihm bekannter sei als seine
Seele, und jener deutlicher und klarer aufgefaßt werde.
Er bemerkt nun, daß dies alles offenbar dem widerspricht, was er hier erkannt hatte; denn über seinen
Körper konnte er Zweifel haben, aber nicht über sein
Wesen, sofern er dachte. Dazu kam, daß er jenes
weder klar noch deutlich erfaßte und deshalb nach der
Vorschrift seiner Methode als falsch verwerfen mußte.
Da mithin dergleichen, soweit er sich selbst bis jetzt erkannt hatte, nicht zu ihm gehören konnte, so fuhr
er fort, zu erforschen, was eigentlich so zu seinem
Wesen gehöre, daß er es nicht in Zweifel zu ziehen vermöchte, und woraus er deshalb sein Dasein zu folgern
genötigt sei. Dazu gehört nun: *„dass er sich gegen
Täuschung schützen gewollt; daß er gewünscht, vieles zu
verstehen; daß er an allem, was er nicht zu verstehen ver-
mocht, gezweifelt; daß er bis hierher nur Eines bejaht;
daß er alles andere geleugnet und als falsch beiseite ge-
worfen; daß er sich vieles, auch wider seinen Willen, in
der Einbildung vorgestellt, und daß er endlich vieles so
aufgefaßt hat, als komme es von den Sinnen."* Da er
nun aus diesem allen sein Dasein ebenso überzeugend
folgern und nichts davon zu dem Bezweifelten zählen
könne, und da endlich dies alles unter einem und
demselben Attribut befaßt werden könne, so folge,
daß dies alles wahr sei und zu seiner Natur gehöre.
Indem er also gesagt hatte: *Ich denke,* waren damit
alle diese Zustände, nämlich das *Zweifeln,* das *Einsehen,* das *Behaupten* und *Verneinen,* das *Wollen,* das
Nicht-Wollen, das *Einbilden* und das *Wahrnehmen* als
Arten des Denkens begriffen. ✱

Insbesondere ist hier etwas zu bemerken, was
für das Folgende, wo von dem Unterschied zwischen
Körper und Geist gehandelt werden soll, sich als sehr
nützlich erweisen wird, nämlich: 1. daß diese Arten
des Denkens ohne das übrige, was noch bezweifelt
wird, klar und deutlich erkannt werden können; 2. daß
der klare und deutliche Begriff, den wir davon haben,

dunkel und verworren wird, wenn man diesen Zuständen etwas von dem, was noch bezweifelt wird, zusetzen will.

Die Befreiung von allen Zweifeln. Um nun über das alles, was er in Zweifel gezogen hatte, Gewißheit zu erlangen und allen Zweifel zu beseitigen, fährt er fort, die Natur des vollkommensten Wesens zu untersuchen, und zu forschen, ob es ein solches gibt. Denn sollte es gelingen, festzustellen, daß dieses vollkom-
10 menste Wesen existiert, durch dessen Kraft alles hervorgebracht und erhalten wird, und daß es dessen Natur widerspricht, zu betrügen, dann wird jener Zweifelsgrund beseitigt, der daher kam, daß der Verfasser seine eigene Ursache nicht kannte. Dann wird er nämlich wissen, daß das Vermögen, Wahres vom Falschen zu unterscheiden, ihm von dem allgütigen und wahrhaften Gotte nicht, um ihn zu täuschen, gegeben worden, und so können dann die mathematischen Wahrheiten und alles, was ihm ganz evident erscheint,
* nicht mehr verdächtig sein. Er geht dann weiter, um auch die übrigen Ursachen des Zweifels zu beseitigen, und untersucht, woher es denn kommt, daß wir bisweilen irren. Sobald er nun fand, daß dies daher kommt, daß wir unsern freien Willen gebrauchen, um auch dem beizustimmen, was wir nur verworren erfaßt haben, konnte er ohne weiteres schließen, daß er in Zukunft vor dem Irrtume sich schützen könne, wenn er nur dem klar und deutlich Erkannten zustimme. Jeder kann dies leicht erreichen, weil er die
30 Macht hat, seinen Willen zurückzuhalten und so zu bewirken, daß er innerhalb der dem Verstande ge-
* zogenen Grenzen bleibt. Allein da man in der Jugend viele Vorurteile angenommen hat, von denen man sich nicht so leicht befreit, so fährt er fort, um sich davon zu befreien und nur dem, was er klar und deutlich erfaßt, beizustimmen, die einfachen Begriffe und Ideen, aus denen alle unsere Gedanken sich zusammensetzen, aufzuzählen und einzeln zu prüfen, um zu sehen, was in ihnen klar und was
40 dunkel ist. Auf diese Weise wird er leicht das Klare vom Dunkeln unterscheiden und klare und deutliche Gedanken bilden und damit leicht den wirklichen Unter-

schied zwischen Seele und Körper finden können; ebenso das, was in dem von den Sinnen Empfangenen klar und was dunkel ist, und wie endlich sich der Traum vom Wachen unterscheidet. Nachdem dies geschehen, konnte er nicht mehr an seinem Wachen zweifeln und von seinen Sinnen nicht weiter getäuscht werden, und so befreite er sich von allen oben angeführten Zweifeln.

Indes muß, ehe ich hiermit schließe, noch denen genügt werden, die folgendermaßen schließen: Da das Dasein Gottes uns nicht durch sich selbst bekannt ist, so scheint es, daß wir über keine Sache je Gewißheit erlangen können; daß aber Gott existiert, wird sich von uns niemals nachweisen lassen, da aus ungewissen Vordersätzen (da wir ja alles für zweifelhaft erklärt, solange wir unseren eigenen Ursprung nicht kennen) nichts Gewisses gefolgert werden kann.

Um diese Schwierigkeit zu beseitigen, antwortet Descartes in folgender Weise: Wir können deshalb, weil uns noch unbekannt ist, ob der Urheber unseres Daseins uns nicht vielleicht so geschaffen hat, daß wir getäuscht werden, keineswegs in den Dingen, die uns als das Gewisseste erscheinen, in Bezug auf das zweifeln, was wir klar und deutlich an sich oder durch Beweise, solange wir auf diese achthaben, erkennen; vielmehr können wir nur an dem zweifeln, was wir früher als wahr bewiesen haben, und was wieder in das Gedächtnis eintreten kann, ohne daß wir nochmals auf die Gründe achten, aus denen es abgeleitet worden, die wir also vergessen haben. Obgleich also Gottes Dasein nicht durch sich, sondern nur durch anderes bekannt werden kann, so kann man doch zu der sicheren Überzeugung von dem Dasein Gottes gelangen, wenn man nur auf alle Vordersätze, aus denen man es gefolgert hat, ganz genau achthat. *Man vgl. T. 1 der Prinzipien und die Antwort auf die zweiten Einwürfe Nr. 3 und das Ende der fünften Meditation.*

Da indes diese Antwort manchem nicht genügt, so will ich noch eine andere geben. Wir haben im Obigen gesehen, wo von der Gewißheit und Evidenz unseres Daseins gesprochen worden, daß wir diese

daraus gefolgert haben, daß, wohin wir auch die
Schärfe unseres Verstandes wandten, wir keinem
Zweifelsgrund begegneten, der nicht gerade dadurch uns von diesem Dasein überzeugte, mochten
wir dabei nur auf unsere eigene Natur achthaben, oder
annehmen, der Urheber unserer Natur sei ein listiger
Betrüger, oder mochten wir schließlich irgend einen
anderen außer uns gelegenen Zweifelsgrund herbeiziehen; ein Fall, dem wir noch bei keinem anderen
10 Gegenstand bisher begegnet waren. Denn man wird
allerdings, wenn man auf die Natur des Dreiecks
achtet, zu dem Schlusse genötigt, daß seine drei
Winkel gleich zwei rechten sind, allein man kann
doch diesen Schluß nicht daraus ableiten, daß man
von dem Urheber unserer Natur vielleicht getäuscht
wird, wenngleich wir daraus unser eigenes Dasein
mit höchster Gewißheit gefolgert haben. Deshalb wird
man, wohin man auch die Schärfe seines Verstandes
wendet, keineswegs zu dem Schluß genötigt, daß drei
20 Winkel des Dreiecks gleich zwei rechten seien; sondern
man findet vielmehr einen Anlaß zum Zweifel, weil
man keine solche Idee von Gott hat, die einen solchen
Einfluß hat, daß es unmöglich ist, Gott für einen Betrüger zu halten. Denn demjenigen, welchem die wahre
Idee Gottes mangelt, wie wir das von uns selbst
vorausgesetzt haben, ist es ebenso leicht, zu denken,
daß sein Urheber ein Betrüger sei, als daß er es
nicht sei; genau wie der, welcher keine Idee von
dem Dreieck hat, ebenso leicht denken kann, daß
30 dessen drei Winkel zwei rechten gleich, wie nicht
gleich seien. Ich gebe deshalb zu, daß man von
keiner Sache, unser Dasein ausgenommen, trotz aller
Aufmerksamkeit auf ihren Beweis, unbedingte Gewißheit haben könne, solange man keinen klaren und
deutlichen Begriff von Gott hat, der uns behaupten
läßt, daß Gott im höchsten Grade wahrhaftig sei,
so wie die Idee, die wir von dem Dreieck haben,
uns zu folgern zwingt, daß dessen drei Winkel gleich
zwei rechten seien. Allein ich bestreite, daß man des-
40 halb zur Erkenntnis keines einzigen Gegenstandes gelangen könne. Denn wie sich aus all dem Gesagten
ergibt, liegt der Angelpunkt der ganzen Sache darin,

daß wir uns einen derartigen Begriff von Gott zu bilden vermögen, der uns so bestimmt, daß es uns nicht gleich leicht ist, zu denken, er sei ein Betrüger, als er sei es nicht; sondern der uns zwingt zu behaupten, Gott sei im höchsten Grade wahrhaftig. Sobald wir nämlich eine solche Idee gebildet haben, wird jener Grund zur Bezweiflung der mathematischen Wahrheiten wegfallen. Denn mögen wir alsdann die Schärfe unseres Verstandes richten, wohin wir wollen, um auf einen Grund, an ihnen zu zweifeln, zu stoßen, so werden wir dennoch nichts finden, woraus wir nicht, ebenso wie das bei unserem Dasein der Fall gewesen, folgern müßten, daß ihre Wahrheit durchaus gewiß sei. Wenn wir z. B., nachdem die Idee Gottes einmal gefunden, auf die Natur des Dreiecks achten, so wird uns dessen Idee zu der Behauptung zwingen, daß seine drei Winkel gleich zwei rechten seien; und wenn wir auf die Idee Gottes achten, so wird uns diese zu der Behauptung zwingen, daß er höchst wahrhaftig und der Urheber unserer Natur und ihr immerwährender Erhalter sei, und daß er deshalb uns in Bezug auf jene Idee nicht täusche. Ebensowenig werden wir, wenn wir auf die Idee Gottes achthaben (deren geschehene Auffindung hier vorausgesetzt ist), denken können, daß er ein Betrüger sei, als wir bei der Idee des Dreiecks denken können, daß dessen drei Winkel nicht gleich zwei rechten seien. Und, so wie wir eine solche Idee des Dreiecks bilden können, obgleich wir nicht wissen, ob der Urheber unserer Natur uns täuscht, so können wir auch die Idee Gottes uns deutlich machen und vor Augen stellen, wenn wir auch noch zweifeln, ob nicht der Urheber unserer Natur uns in allem täuscht. Und wenn wir nur diese Idee haben, gleichviel auf welche Weise wir sie erlangt haben, so wird sie, wie gezeigt, genügen, um alle Zweifel zu beseitigen. Nach diesen Vorbemerkungen antworte ich auf das vorgebrachte Bedenken: daß wir allerdings über nichts gewiß sein können, aber nicht, solange das Dasein Gottes uns unbekannt ist (denn davon ist jetzt nicht die Rede), sondern solange wir keine klare und deutliche Idee von ihm haben. Will also jemand mir entgegentreten, so muß sein

Beweis folgender sein: Wir können über nichts Gewißheit haben, ehe wir nicht die klare und deutliche Idee Gottes besitzen; allein eine solche können wir nicht besitzen, solange wir nicht wissen, ob der Urheber unserer Natur uns nicht täuscht; folglich können wir über nichts Gewißheit haben, solange wir nicht wissen, ob uns der Urheber unserer Natur nicht täuscht u. s. w. Hierauf antworte ich mit Einräumung des Obersatzes und mit Bestreitung des Untersatzes; denn wir haben eine klare und deutliche Idee des Dreiecks, wenngleich wir nicht wissen, ob der Urheber unserer Natur uns nicht vielleicht täuscht, und wenn wir nun eine solche Idee auch von Gott haben, wie oben ausführlich gezeigt, so werden wir weder wegen seines Daseins noch wegen irgend einer mathematischen Wahrheit mehr in Zweifel sein können.

Dies vorausgeschickt , gehe ich nun an die Sache selbst.

Definitionen.

I. **Mit dem Worte** *Denken* **befasse ich alles das, was so in uns ist, daß wir uns seiner unmittelbar bewußt werden.**

Deshalb sind alle Tätigkeiten des Willens, des Verstandes, der Einbildungskraft und der Sinne ein Denken. Ich habe aber zugesetzt: unmittelbar, um das auszuschließen, was daraus erst folgt; so hat eine freiwillige Bewegung zwar im Denken ihren Ursprung, ist aber trotzdem nicht selbst ein Denken.

II. **Unter einer** *Idee* **verstehe ich die Form irgend eines Gedankens, durch deren unmittelbares Erfassen ich desselben Gedankens mir bewußt bin.**

Ich kann deshalb nichts mit Worten ausdrücken, vorausgesetzt, daß ich das, was ich spreche, verstehe, ohne daß dadurch schon gewiß ist, daß in mir eine Idee von dem vorhanden ist, was durch jene Worte bezeichnet wird. Deshalb nenne ich nicht nur die in der Einbildungskraft abgemalten Bilder Ideen; ja, ich nenne sie selbst keineswegs Ideen, sofern sie in der körperlichen Einbildung, d. h. in irgend einem Teile des Gehirns abgebildet sind, sondern nur insoweit, als sie die auf diesen Teil des Gehirns gerichtete Seele unterrichten.

III. Unter *objektiver Realität einer Idee* verstehe ich das Wesen *(entitas)* der durch die Idee vorgestellten Sache, soweit dies Wesen in der Idee ist.

Ebenso kann man von objektiver Vollkommenheit oder von einem objektiven Kunstwerk u. s. w. sprechen. Denn alles, was man als in den Objekten der Ideen enthalten auffaßt, das ist in den Ideen selbst objektiv.

IV. Von eben demselben sagt man, daß es *formal* in den Gegenständen der Ideen sich befindet, wenn es derart darin ist, wie man es erfaßt; und man sagt, daß es in *eminenter* Weise in den Gegenständen ist, wenn es zwar nicht derart darin ist, aber doch in einer Größe, daß es die Stelle von jenem vertreten kann.

Wenn ich sage, die Ursache enthalte die Vollkommenheiten ihrer Wirkung in eminenter Weise, so will ich damit andeuten, daß die Ursache die Vollkommenheiten der Wirkung in höherem Grade als die Wirkung selbst enthält. Vgl. auch Grundsatz 8.

V. Jedes Ding, dem unmittelbar, als einem Subjekt, etwas innewohnt, oder durch das etwas existiert, was man vorstellt, d. h. eine Eigenschaft oder eine Beschaffenheit oder ein Attribut, dessen wirkliche Idee in uns ist, heißt *Substanz*.

Denn von der Substanz haben wir, genau genommen, keine andere Idee, als daß sie ein Ding ist, worin formal oder eminent jenes Etwas besteht, was wir auffassen, oder was gegenständlich in einer unserer Ideen ist.

VI. Die Substanz, der unmittelbar das Denken innewohnt, heißt Geist.

Ich sage hier lieber Geist (*mens*) als Seele (*anima*), weil letzteres Wort zweideutig ist und oft eine körperliche Sache bezeichnet.

VII. Die Substanz, welche das unmittelbare Subjekt der Ausdehnung und der Accidenzen ist, welche die Ausdehnung voraussetzen, wie die Gestalt, die Lage, die Ortsbewegung u. s. w., nenne ich *Körper*.

Ob das nun ein und dieselbe Substanz ist, die Geist und die Körper heißt, oder aber zwei verschiedene Substanzen, soll später ermittelt werden.

VIII. Die Substanz, von der wir einsehen, daß sie höchst vollkommen ist, und unter der wir nichts vorstellen, was einen Mangel oder eine Schranke der Vollkommenheit enthält, heißt *Gott*.

IX. Wenn ich sage, daß etwas in der Natur oder im Begriffe eines Dinges enthalten sei, so ist das dasselbe, wie wenn ich sage, dies sei von dem Dinge wahr oder könne wahrhaft von ihm ausgesagt werden.

X. Zwei Substanzen werden als wirklich verschieden bezeichnet, wenn jede derselben ohne die andere existieren kann.

Die Postulate des Descartes habe ich weggelassen, weil daraus im Folgenden nichts abgeleitet wird, doch bitte ich den Leser ernstlich, sie durchzulesen und aufmerksam zu erwägen.

Grundsätze.

I. Zur Erkenntnis und Gewißheit einer unbekannten Sache gelangt man nur durch die Erkenntnis und Gewißheit einer anderen, die an Gewißheit und Erkenntnis jener vorangeht.

II. Es gibt Gründe, die uns an dem Dasein unseres Körpers zweifeln lassen.

Es ist dies in der Erläuterung dargelegt; deshalb wird es hier als Grundsatz aufgestellt.

III. Wenn sich uns etwas anderes als der Geist und der Körper darbietet, so ist dies uns jedenfalls weniger bekannt als der Geist und der Körper.

Diese Grundsätze behaupten nichts von Dingen

außerhalb unserer selbst, sondern beziehen sich nur
auf das, das wir in uns, sofern wir ein denkendes
Wesen sind, antreffen.

Lehrsatz I.

*Wir können über nichts unbedingt gewiß sein, solange
wir nicht wissen, ob wir existieren.*

Beweis. Dieser Lehrsatz ist selbstverständlich;
denn wer unbedingt nicht weiß, ob er ist, weiß auch
nicht, ob er ein solcher ist, der bejaht oder verneint, d. h. ob er mit Gewißheit bejaht oder verneint.

Allerdings behauptet und bestreitet man vieles
mit großer Gewißheit, ohne dabei darauf, ob man
existiert, achtzuhaben; allein wenn dies dabei nicht
als unzweifelhaft vorausgesetzt würde, so würde alles
in Zweifel gezogen werden können.

Lehrsatz II.

Das Ich bin muß durch sich selbst bekannt sein.

Beweis. Wenn man dies bestreitet, so könnte
es uns nur durch ein anderes bekannt werden, dessen
Erkenntnis und Gewißheit (nach Gr. 1) dann diesem
Ausspruche: Ich bin, in uns vorhergehen müßte.
Allein das ist (nach dem Vorstehenden) widersinnig;
deshalb muß dieser Ausspruch durch sich selbst bekannt sein. W. z. b. w.

Lehrsatz III.

*Der Satz: „Ich, als ein aus einem Körper bestehendes
Ding, bin", ist nicht das Erste und nicht durch sich selbst
bekannt.*

Beweis. Manches läßt uns an dem Dasein unseres
Körpers zweifeln (nach Gr. 2); deshalb können wir
hierüber nur Gewißheit erlangen (nach Gr. 1) durch
die Erkenntnis und Gewißheit eines anderen Dinges,
die jener an Erkenntnis und Gewißheit vorhergeht.
Folglich ist der Ausspruch: „Ich, als ein aus einem
Körper bestehendes Ding, bin", nicht das Erste und
nicht durch sich selbst bekannt. W. z. b. w.

Lehrsatz IV.

Der Satz: „Ich bin", kann nur insofern ein zuerst Erkanntes sein, als wir denken.

Beweis. Der Ausspruch: Ich bin ein körperliches Ding oder bestehe aus einem Körper, kann nicht ein zuerst Erkanntes sein (nach Lehrs. 3), auch bin ich meines Daseins, soweit ich aus etwas anderem, als aus Geist und Körper bestehe, nicht gewiß. Denn sofern wir aus etwas anderem, von dem Geist und dem Körper Verschiedenen bestehen, ist uns dies weniger als der Körper bekannt (nach Gr. 3); deshalb kann der Ausspruch: Ich bin, nur sofern wir denken, ein zuerst Erkanntes sein. W. z. b. w.

Zusatz. Hieraus erhellt, daß der Geist oder das denkende Wesen bekannter ist als der Körper.

Indessen lese man zur weiteren Verdeutlichung § 11 und 12 von T. I der Prinzipien nach.

Erläuterung.

Jedermann erfaßt auf das gewisseste, daß er bejaht, verneint, zweifelt, einsieht, etwas in der Einbildung hat u. s. w., oder daß er als ein Zweifelnder, Einsehender, Bejahender u. s. w. existiert, oder mit einem Worte, als ein *Denkender*, und er kann dies nicht in Zweifel ziehen. Deshalb ist dieser Ausspruch: *Ich denke*, oder: *Ich bin ein Denkender*, die einzige und gewisseste Grundlage der Philosophie (nach Lehrs. 1). Und da in den Wissenschaften, um über die Dinge volle Gewißheit zu erlangen, nichts weiter gesucht und verlangt werden kann, als daß alles aus den zuverlässigsten Prinzipien abgeleitet und ebenso klar und deutlich wie die Prinzipien, aus denen es abgeleitet worden, erkannt wird, so folgt klar, daß alles, was für uns ebenso gewiß *(evidens)* ist, und was wir ebenso klar und deutlich wie unser Prinzip erfassen, und alles, was mit diesem Prinzip so übereinstimmt und derart davon abhängt, daß, wenn man daran zweifeln wollte, man auch das Prinzip selbst bezweifeln müßte, für das allerwahrste gelten muß. Um indes bei dieser Aufzählung mit aller Vorsicht vorzugehen, will ich an-

fangs nur das für gleich gewiß und für ebenso klar
und deutlich von uns erfaßt annehmen, was jedermann
in sich, sofern er ein Denkender ist, bemerkt; wie z. B.,
daß er dies oder jenes will, daß er gewisse Ideen
solcherart hat, daß die eine Idee mehr Realität
und Vollkommenheit in sich enthält als die andere;
daß also die Idee, welche das Sein und die Vollkommenheit der Substanz objektiv enthält, weit vollkommener ist als die, welche nur die objektive Vollkommenheit irgend eines Accidenz enthält, und daß
endlich die Idee die vollkommenste von allen ist,
welche die eines höchst vollkommenen Wesens ist.
Dies, sage ich, erfassen wir nicht allein gleich gewiß
und gleich klar, sondern vielleicht noch deutlicher;
denn wir behaupten dann nicht bloß, daß wir denken,
sondern auch wie wir denken. Ferner sage ich, daß
auch dasjenige mit diesem Prinzip übereinstimmt, was
nicht bezweifelt werden kann, ohne zugleich diese
unsere unerschütterliche Grundlage mit in den Zweifel
hineinzuziehen. So könnte, wenn z. B. jemand den
Satz bezweifeln wollte, daß aus nichts niemals etwas
werden könne, er zugleich bezweifeln, ob wir sind,
solange wir denken. Denn wenn ich von dem Nichts
etwas behaupten kann, nämlich daß es die Ursache
eines Dinges sein könne, so werde ich auch mit demselben Rechte mir eine bestimmte Vorstellung *(cogitatio)*
von dem Nichts machen und sagen können, daß ich
nichts bin, solange ich denke. Da mir dies aber unmöglich ist, so kann ich auch nicht denken, daß aus
nichts etwas werde. In Anbetracht dessen habe ich beschlossen, das, was uns gegenwärtig, um weiter fortfahren zu können, nötig erscheint, hier der Reihe
nach vor Augen zu stellen und zu den bereits angeführten Grundsätzen hinzuzufügen; zumal sie von Descartes am Ende seiner Antwort auf die zweiten Einwürfe wie Grundsätze hingestellt worden sind und
ich nicht genauer wie er selbst sein mag. Um indes
von der begonnenen Ordnung nicht abzuweichen, will
ich versuchen, sie möglichst klar zu machen und zu
zeigen, wie eines von dem anderen und wie sie alle
von dem Prinzip: „*Ich bin denkend*" abhängen oder mit
diesem in Gewißheit und Begründung übereinstimmen.

Die von Descartes übernommenen Grundsätze.

Gr. 4. Es gibt verschiedene Grade der Realität oder des Seins; denn die Substanz hat mehr Realität als das Accidenz und der Zustand (*modus*); ebenso die unendliche Substanz mehr als die endliche. Deshalb ist auch in der Idee der Substanz mehr objektive Realität als in der des Accidenz, und in der Idee einer unendlichen Substanz mehr als in der einer endlichen Substanz.

Dieser Grundsatz ergibt sich aus der bloßen Betrachtung unserer Ideen, über deren Dasein wir Gewißheit haben, weil sie nur Zustände des Denkens sind; denn wir wissen, wie viel Realität oder Vollkommenheit die Idee der Substanz von der Substanz behauptet, und wie viel dagegen die Idee des Zustandes von dem Zustande. Ist dies so, dann erkennen wir auch notwendig, daß die Idee der Substanz mehr objektive Realität enthält, als die Idee irgend eines Accidenz, u. s. w. *Vgl. die Erläuterung zu Lehrs. 4.*

Gr. 5. Das denkende Ding wird, wenn es gewisse Vollkommenheiten kennen lernt, die ihm fehlen, sich diese sofort geben, wenn das in seiner Macht steht.

Dies bemerkt jedermann in sich, soweit er ein denkendes Ding ist; deshalb sind wir dessen (nach d. Erl. zu Lehrs. 4) völlig gewiß, und aus demselben Grunde sind wir auch des folgenden Grundsatzes nicht minder gewiß, nämlich:

Gr. 6. In der Idee oder dem Begriffe jedes Dinges ist das mögliche oder notwendige Dasein enthalten (vgl. Grunds. 10) bei Descartes).

Das notwendige Dasein ist in dem Begriffe Gottes oder des vollkommensten Wesens enthalten; denn sonst würde er unvollkommen vorgestellt, was gegen die Voraussetzung geht; das zufällige oder mögliche Dasein ist dagegen in dem Begriffe eines beschränkten Dinges enthalten.

Gr. 7. Kein Ding und keine wirklich vorhandene Vollkommenheit eines Dinges kann das Nichts oder ein nicht-seiendes Ding zur Ursache seiner Existenz haben.

In der Erl. zu Lehrs. 4 habe ich gezeigt, daß

dieser Grundsatz ebenso klar ist, als der: „*Ich bin denkend.*"

Gr. 8. Alles, was an Realität oder Vollkommenheit in einem Dinge ist, ist formal oder eminent in seiner ersten und zureichenden *(adaequata)* Ursache.

Unter ‚eminent' verstehe ich den Fall, wo die Ursache alle Realität der Wirkung vollkommener in sich enthält, als die Wirkung; unter ‚formal' den Fall, wo die Ursache die Realität gleich vollkommen enthält.

Dieser Grundsatz hängt von dem vorhergehenden ab; denn wenn man annehmen wollte, daß nichts oder weniger in der Ursache sei, als in der Wirkung, so wäre ein Nichts in der Ursache die Ursache der Wirkung. Das ist aber widersinnig (nach dem vorstehenden Grundsatz), deshalb kann nicht jedes beliebige Ding die Ursache einer bestimmten Wirkung sein, sondern genau nur dasjenige, in dem eminent oder zum mindesten formal alle Vollkommenheit vorhanden ist, die in der Wirkung enthalten ist.

Gr. 9. Die objektive Realität unserer Ideen erfordert eine Ursache, in der ebendieselbe Realität nicht bloß objektiv, sondern formal oder eminent enthalten ist.

Dieser Grundsatz wird, obwohl man viel Mißbrauch damit getrieben hat, doch von allen anerkannt. Wenn nämlich jemand etwas Neues vorstellt, so fragt jedermann nach der Ursache eines solchen Begriffs oder einer solchen Idee, und man beruhigt sich erst, wenn man eine angeben kann, die formal oder eminent ebensoviel Realität enthält, als objektiv in jenem Begriffe enthalten ist. Dieser Satz wird durch das von Descartes in § 17 T. I der Prinzipien beigebrachte Beispiel einer Maschine genügend erläutert. Auch wenn jemand fragt, woher der Mensch die Idee seines Bewußtseins *(cogitatio)* und seines Körpers hat, so sieht jedermann, daß er sie aus sich selbst hat, da er selbst formal alles enthält, was die Idee objektiv enthält. Sollte daher der Mensch eine Idee haben, die mehr objektive als er selbst formale Realität enthält, so würden wir notwendig, durch das natürliche Licht getrieben, nach einer anderen Ursache außerhalb des

Menschen selbst suchen, welche alle diese Realität formal oder eminent in sich enthielte. Auch hat niemand je eine andere Ursache außer dieser angeben können, die er ebenso klar und deutlich begriffen hätte. Was ferner die Wahrheit dieses Grundsatzes betrifft, so ergibt sie sich aus dem Vorgehenden. Denn es gibt (nach Gr. 4) in den Ideen verschiedene Grade der Realität oder des Seins, und deshalb erfordern sie nach dem Grade ihrer Vollkommenheit auch eine vollkommenere Ursache. (Nach Gr. 8). Allein da die Grade der Realität*), die man in den Ideen bemerkt, nicht darin sind, sofern sie als Zustände des Denkens betrachtet werden, sondern sofern die eine eine Substanz, die andere aber nur einen Zustand der Substanz vorstellt, oder mit einem Worte, sofern sie als Bilder der Dinge betrachtet werden, so ergibt sich klar, daß es für die Ideen keine andere erste Ursache geben kann, als die, welche alle, wie oben gezeigt, durch ihr natürliches Licht klar und deutlich einsehen, nämlich die, in der dieselbe Realität, welche die Ideen objektiv enthalten, formal oder eminent enthalten ist. Damit man diese Folgerung deutlicher einsehe, will ich sie durch einige Beispiele erläutern. Wenn z. B. jemand zwei Bücher (und zwar eines von einem ausgezeichneten Philosophen, das andere von irgend einem Schwätzer) mit derselben Handschrift geschrieben vor sich sieht und dabei nicht auf den Sinn der Worte (d. h. nicht, soweit diese gleichsam Bilder sind), sondern bloß auf die Schriftzüge und Folge der Buchstaben achtet, so wird er zwischen beiden keine Ungleichheit bemerken, die ihn nötigt, nach verschiedenen Ursachen zu suchen, vielmehr werden ihm beide Bücher als aus derselben Ursache in gleicher Weise hervorgegangen gelten. Gibt er aber auf den Sinn der Worte und der Rede acht, so wird er einen großen Unterschied zwischen ihnen finden und demnach folgern, daß die erste Ursache des einen Buches von der ersten Ursache des zweiten recht verschieden und die eine im Verhältnis zu

---

*) Auch dessen sind wir gewiß, weil wir es in uns als Denkenden bemerken. Man sehe die vorhergehende Erläuterung. (A. v. Sp.)

der anderen in Wahrheit um soviel vollkommener gewesen sein muß, als der Sinn der Rede in beiden Büchern, oder als die Worte, sofern man sie gleichsam als Bilder betrachtet, sich als voneinander verschieden ergeben. Ich spreche indes hier von der ersten Ursache der Bücher, die es nämlich notwendig geben muß, obgleich ich zugebe, ja voraussetze, daß ein Buch von einem anderen abgeschrieben werden kann, wie das ja ohne weiteres klar ist. Dasselbe kann man auch an dem Beispiele des Bildnisses, etwa eines Fürsten, klar darlegen. Gibt man nur auf den Stoff des Bildnisses acht, so wird man keine Ungleichheit mit anderen Bildern bemerken, welche einen zu der Aufsuchung verschiedener Ursachen nötigt, ja, man kann sehr wohl denken, daß dieses Bildnis nach einem anderen gefertigt ist und letzteres wieder nach einem anderen und so fort ohne Ende. Denn man erkennt zur Genüge, daß zu seiner Aufzeichnung keine andere Ursache erforderlich ist. Gibt man dagegen auf das Bild als Bild acht, so ist man sofort zur Aufsuchung der ersten Ursache genötigt, die formal oder eminent enthält, was jenes Bild in vorstellender Weise (*repraesentative*) enthält. Ich wüßte nicht, was man mehr zur Bestätigung und Erläuterung dieses Grundsatzes verlangen wollte.

Gr. 10. Es bedarf zur Erhaltung eines Dinges keiner geringeren Ursache, als zur ersten Hervorbringung desselben.

Daraus, daß wir jetzt denken, folgt nicht notwendig, daß wir auch nachher denken werden. Denn der Begriff, den wir von unserem Denken haben, schließt nicht ein oder enthält nicht das notwendige Dasein des Denkens; denn ich kann das Denken*), auch wenn ich annehme, daß es nicht existiert, klar und deutlich vorstellen. Da nun aber die Natur jeder Ursache in sich die Vollkommenheit ihrer Wirkung enthalten oder einschließen muß (nach Gr. 8), so ergibt sich klar, daß es etwas in uns oder außer uns, was wir noch nicht kennen, notwendig geben muß,

---

*) Dies erfährt jeder an sich selbst, sofern er ein denkendes Wesen ist. (A. v. Sp.)

dessen Begriff oder Natur auch das Dasein einschließt,
und das die Ursache ist, daß unser Denken angefangen
hat, zu existieren, und auch daß es fortfährt, zu
existieren. Denn wenngleich unser Denken zu
existieren angefangen hat, so schließt doch seine Natur
und sein Wesen sein notwendiges Dasein jetzt ebensowenig ein, als zur Zeit, wo es noch nicht da war,
und es bedarf daher derselben Kraft zur Fortdauer
seines Daseins, deren es zu dem Beginn seines Daseins bedarf. Was ich hier von dem Denken gesagt
habe, gilt auch von jedem anderen Gegenstand, dessen
Wesen nicht sein notwendiges Dasein einschließt.

Gr. 11. Kein Ding existiert, von dem man nicht
fragen kann, welches die Ursache (oder der Grund)
seines Daseins ist. *Man sehe Gr. 1 bei Descartes.*

Da das Dasein etwas Positives ist, so kann man
nicht sagen, es habe das Nichts zur Ursache (nach
Gr. 7), deshalb muß man irgend eine positive Ursache
oder einen positiven Grund für sein Dasein angeben;
sei das nun ein äußerlicher, d. h. ein solcher, der
außerhalb des Dinges selbst, oder ein innerlicher,
d. h. ein solcher, der in der Natur und der Definition
des daseienden Dinges selbst enthalten ist.

Die nun folgenden vier Lehrsätze sind aus Descartes entlehnt:

Lehrsatz V.

*Das Dasein Gottes wird aus der bloßen Betrachtung
seiner Natur erkannt.*

Beweis. Es ist dasselbe, wenn man sagt, es sei
etwas in der Natur oder in dem Begriffe eines Gegenstandes enthalten, wie wenn man sagt, es sei von
dem Gegenstande wahr (nach Def. 9). Nun ist aber
das notwendige Dasein in dem Begriffe Gottes enthalten (nach Gr. 6); deshalb ist es wahr, wenn man
von Gott sagt, es sei das notwendige Dasein in
ihm enthalten, oder er existiere.

Erläuterung.

Aus diesem Lehrsatz ergeben sich viele be-
deutende Folgerungen; ja, davon allein, daß zu Gottes

Natur das Dasein gehört, oder daß der Begriff Gottes
sein notwendiges Dasein ebenso enthält, wie der Begriff des Dreiecks den Satz, daß seine drei Winkel
zwei rechten gleich sind; oder daß sein Dasein ebenso,
wie sein Wesen eine ewige Wahrheit ist, hängt beinahe die ganze Erkenntnis seiner Attribute ab, durch
die wir zur Liebe Gottes oder zur höchsten Seligkeit
geleitet werden. Es ist deshalb sehr zu wünschen,
daß das Menschengeschlecht dies endlich mit uns
erfasse. Allerdings gibt es gewisse Vorurteile*), die
es verhindern, daß dieser Satz ohne Schwierigkeit erkannt wird; wenn aber jemand mit gutem Willen
und nur aus Liebe zur Wahrheit und seinem wahren
Nutzen die Sache prüft und das bei sich erwägt,
was in der fünften Meditation und am Ende der
Antworten auf die ersten Einwürfe gesagt ist und
zugleich das, was ich in Kap. 1 T. II des Anhanges
in Betreff der Ewigkeit darlege, so wird er unzweifelhaft die Sache ganz deutlich einsehen, und niemand
wird noch daran zweifeln können, ob er die Idee
Gottes hat (was allerdings die erste Grundlage der
menschlichen Seligkeit ist). Denn er wird zugleich
sehen, daß die Idee Gottes gänzlich von den Ideen
der übrigen Dinge verschieden ist; sofern er nämlich
erkennt, daß Gott seinem Wesen und seinem Dasein
nach von den übrigen Dingen schlechthin (*toto genere*)
verschieden ist. Es ist deshalb nicht nötig, den Leser
hiermit länger aufzuhalten.

Lehrsatz VI.

*Das Dasein Gottes wird schon allein daraus, daß die
Idee Gottes in uns ist, a posteriori bewiesen.*

Beweis. Die objektive Realität jeder unserer
Ideen erfordert eine Ursache, in der dieselbe Realität
nicht bloß objektiv, sondern formal oder eminent
enthalten ist (nach Gr. 8). Nun haben wir die Idee
Gottes (nach Def. 2 und 8), und die objektive Realität
dieser Idee ist weder formal noch eminent in uns

---

*) Vgl. Art. 16 des I. Teils der Prinzipien (A. v. Sp.)

enthalten (nach Gr. 4) und kann auch in keinem anderen, sondern nur in Gott enthalten sein (nach Def. 8). Demnach verlangt die Idee Gottes in uns Gott selbst zu ihrer Ursache, und deshalb existiert
* Gott (nach Gr. 7).

Erläuterung.

Manche bestreiten, daß sie eine Idee von Gott haben, obgleich sie ihn, wie sie selbst sagen, verehren und lieben. Wenn man diesen Leuten auch die Definition und die Attribute Gottes vor Augen hält, so wird man doch damit ebensowenig etwas erreichen, als wenn man einen blindgeborenen Menschen über die Unterschiede der Farben, wie wir sie sehen, belehren wollte. Indes kann man auf die Worte solcher Leute wenig geben, sondern man möchte sie für eine neue Art von Tieren halten, die zwischen den Menschen und den unvernünftigen Tieren in der Mitte stehen. Denn ich frage, wie anders soll man die Idee einer Sache aufzeigen, als durch Mitteilung
* ihrer Definition und Erklärung ihrer Attribute? Da dies hier in Bezug auf die Idee Gottes geleistet wird, so brauchen uns die Worte derer nicht bedenklich zu machen, welche die Idee Gottes nur bestreiten, weil sie sich in ihrem Gehirn kein Bild von ihm machen können.

Es ist ferner zu erwähnen, daß Descartes bei Heranziehung des Grundsatzes 4 zur Darlegung, daß die objektive Realität der Idee Gottes weder formal noch eminent in uns enthalten sei, voraussetzt, jeder wisse, daß er keine unendliche Substanz, d. h. weder allwissend noch allmächtig u. s. w. sei. Das kann er voraussetzen, da jeder, welcher weiß, daß er denkt, auch weiß, daß er an vielem zweifelt und daß er nicht alles klar und deutlich einsieht.

Ferner ist zu bemerken, daß aus Def. 8 auch klar folgt, daß es nicht mehrere Götter geben kann, sondern nur einen, wie ich in Lehrsatz 11 hier und im Kap. 2 T. II meines Anhanges klar beweise.

Lehrsatz VII.

Das Dasein Gottes ergibt sich auch daraus, daß wir selbst, die wir seine Idee haben, existieren.

Erläuterung.

Zum Beweis dieses Lehrsatzes benutzt Descartes zwei Grundsätze; nämlich: „*1. Was das Größere oder Schwerere bewirken kann, kann auch das Geringere bewirken.*[35]) *2. Es ist mehr, eine Substanz, als Attribute oder Eigenschaften der Substanz zu schaffen bezw. (s. Gr. 10) zu erhalten*".[36]) Ich weiß nicht, was er damit sagen will. Denn was nennt er leicht und schwer? Nichts ist unbedingt*) leicht oder schwer, sondern nur in Bezug auf seine Ursache. Ein und dieselbe Sache kann daher zu gleicher Zeit, je nach dem Unterschied der Ursachen, leicht und schwer genannt werden. Wenn aber Descartes das schwer nennt, was mit vieler Mühe, und das leicht, was mit geringer Mühe von derselben Ursache vollbracht werden kann, z. B. daß, wer 50 Pfund heben könne, nur mit halb so viel Mühe 25 Pfund heben könne, so ist dieser Grundsatz nicht unbedingt wahr; auch kann er daraus nicht das, was er will, beweisen. Denn wenn er sagt: *„hätte ich die Kraft, mich selbst zu erhalten, so hätte ich auch die Kraft, mir alle die Vollkommenheiten zu geben, die mir fehlen"* (weil sie nämlich keine so große Macht erfordern), so kann ich ihm wohl zugeben, daß die Kraft, die ich auf meine Erhaltung verwende, auch vieles andere leichter vollbringen könnte, wenn ich ihrer nicht zu meiner Erhaltung bedurft hätte; allein solange ich sie zu meiner Erhaltung verwende, bestreite ich, daß ich sie auf anderes verwenden kann, wenn das Betreffende auch leichter ist, wie aus meinem Beispiele deutlich zu sehen ist. Auch hebt

---

*) Um nicht nach weiteren Beispielen zu suchen, nehme man das Beispiel einer Spinne, die ihr Netz mit Leichtigkeit spinnt, während die Menschen es nur mit der größten Schwierigkeit vermöchten; dagegen vollbringen die Menschen mit Leichtigkeit vieles, was vielleicht den Engeln unmöglich ist. (A. v. Sp.)

es die Schwierigkeit nicht auf, wenn man sagt, daß, da
ich ein denkendes Wesen sei, ich auch notwendig
wissen müsse, ob ich alle meine Kräfte zu meiner
Erhaltung verwende, und ob das die Ursache sei,
weshalb ich mir keine weiteren Vollkommenheiten
verschaffe. Denn (abgesehen davon, daß hier nicht
über die Sache selbst gestritten werden soll, sondern
nur darüber, wie aus diesem Grundsatze die Notwendigkeit des Lehrsatzes folgt) wenn ich dies wüßte,
so wäre ich mehr und brauchte vielleicht mehr Kraft,
als ich habe, um mich in jener höheren Vollkommenheit zu erhalten. Ferner weiß ich nicht, ob es mehr
Mühe erfordert, eine Substanz, als ein Attribut zu
schaffen (oder zu erhalten), d. h. um deutlicher und
mehr philosophisch zu sprechen, ich weiß nicht, ob
die Substanz nicht all ihrer Kraft und ihres Wesens,
womit sie sich erhält, zur Erhaltung ihrer Attribute
bedarf. Doch ich lasse dies für jetzt beiseite und er-
mittle weiter, was unser verehrter Verfasser hier will,
d. h. was er unter leicht und schwer versteht. Ich
glaube nicht und kann nicht annehmen, daß er unter
„schwer" das Unmögliche (von dem deshalb in keiner
Weise vorgestellt werden kann, wie es geschehen
könne) und unter „leicht" nur das versteht, was
keinen Widerspruch enthält (und von dem deshalb
leicht vorgestellt werden kann, wie es geschieht).
Allerdings scheint er in der dritten Meditation
auf den ersten Blick das zu wollen, wenn er sagt:
*„Auch darf ich nicht glauben, das mir Mangelnde möchte
etwa schwieriger zu erwerben sein, als das, was ich jetzt
besitze; vielmehr muss es offenbar viel schwerer gewesen
sein, daß ich, d. h. ein Ding oder eine Substanz, die
denkt, aus nichts auftauchte, als u. s. w."* Denn dies
würde weder mit den Worten des Verfassers noch
mit seiner ganzen Denkart übereinstimmen. Denn,
um von dem Ersteren abzusehen, so gibt es zwischen
Möglichem und Unmöglichem oder zwischen Denk-
barem und Undenkbarem kein Verhältnis, so wenig
wie zwischen Etwas und Nichts. Deshalb paßt die
Macht so wenig zu dem Unmöglichen, wie die Erschaffung und Erzeugung zu dem Nicht-Seienden, und
beide können deshalb nicht miteinander verglichen

werden. Dazu kommt, daß ich nur das mit einander
vergleichen und nur dessen Verhältnis erkennen kann,
wovon ich einen klaren und deutlichen Begriff habe.
Ich bestreite daher die Richtigkeit des Schlusses, daß,
wer das Unmögliche bewirken kann, auch das Mögliche
bewirken kann. Denn was wäre das für ein Schluß:
Wenn jemand einen viereckigen Kreis machen kann,
so wird er auch einen Kreis machen können, dessen
sämtliche Halbmesser gleich sind, oder: Wer machen
kann, daß das Nichts etwas erleidet, oder wer sich 10
des Nichts wie eines Stoffes bedienen kann, aus dem
er etwas fertigt, der wird auch die Macht haben,
aus einer Sache etwas zu machen. Denn unter dergleichen besteht, wie gesagt, keine Übereinstimmung,
keine Ähnlichkeit, keine Vergleichung, noch sonst
irgend ein Verhältnis. Jedermann kann dies einsehen,
wenn er nur ein wenig darauf achtet. Deshalb halte
ich dies der Denkweise Descartes' für ganz entgegen.
Betrachte ich indessen den zweiten der beiden erwähnten Grundsätze, so scheint es, daß Descartes 20
unter dem Größeren und Schwereren das Vollkommenere verstanden haben will und unter dem Geringeren und Leichteren das Unvollkommenere. Aber
auch dann bleibt die Sache sehr dunkel. Denn es
bleibt auch hier die obige Schwierigkeit bestehen,
da ich, wie vorher, bestreite, daß der, welcher das
Große kann, auch zugleich und mit derselben Mühe,
wie in dem Lehrsatz angenommen werden muß, das
Geringere machen könnte.

Wenn er ferner sagt: *„Das Erschaffen oder Erhalten* 30
der Substanz ist mehr als das der Attribute", so kann er
sicherlich unter den Attributen nicht das verstehen,
was in der Substanz formal enthalten ist und von
der Substanz selbst nur im Denken unterschieden
wird, da alsdann das Erschaffen der Substanz und
der Attribute dasselbe ist. Aus demselben Grunde
kann er auch nicht diejenigen Eigenschaften der Substanz meinen, welche aus dem Wesen und der Definition der Substanz notwendig folgen. Noch viel
weniger können aber darunter, obgleich dies seine 40
Meinung zu sein scheint, die Eigenschaften und Attribute einer anderen Substanz verstanden werden;

denn wenn ich z. B. sage, daß ich die Macht habe, mich selbst, d. h. eine endliche denkende Substanz zu erhalten, so kann ich deshalb nicht auch sagen, daß ich die Macht habe, mir auch die Vollkommenheiten einer unendlichen Substanz zu verleihen, die ja ihrem ganzen Wesen nach von mir verschieden ist. Denn die Kraft*) oder das Wesen, wodurch ich mich in meinem Sein erhalte, ist schlechthin (*toto genere*) von der Kraft oder dem Wesen verschieden, wodurch eine unbedingt unendliche Substanz sich erhält, von welcher deren Kräfte und Eigenschaften nur im Denken unterschieden werden. Wollte ich daher annehmen (selbst vorausgesetzt, daß ich mich selbst erhielte), daß ich mir die Vollkommenheiten einer unbedingt unendlichen Substanz verleihen könnte, so wäre dies ebenso, als wenn ich annähme, ich könnte mein ganzes Wesen vernichten und von neuem eine unendliche Substanz erschaffen. Dies wäre offenbar weit mehr, als bloß anzunehmen, ich könnte mich als eine endliche Substanz erhalten. Wenn sonach nichts hiervon unter den Attributen oder Eigenschaften verstanden werden kann, so bleiben nur die Beschaffenheiten (*qualitates*) übrig, welche die eigene Substanz enthält (wie z. B. diese oder jene Gedanken im Geiste, von denen ich klar bemerke, daß sie mir fehlen), nicht aber die, welche eine andere Substanz eminent enthält (wie z. B. diese oder jene räumliche Bewegung; denn dergleichen Vollkommenheiten sind für mich, als denkendes Wesen, keine Vollkommenheiten, und ihr Fehlen bedeutet für mich keinen Mangel). Aber dann kann das, was Descartes beweisen will, auf keine Weise aus diesem Grundsatz abgeleitet werden; nämlich daß, wenn ich mich erhalte, ich auch die Macht habe, mir alle die Vollkommenheiten zu geben, die ich, als zu dem vollkommensten Wesen gehörend, klar erkenne, wie aus dem eben Gesagten zur Genüge

---

*) Man bemerke, daß die Kraft, wodurch die Substanz sich erhält, nichts andres ist, als ihr Wesen und nur dem Worte nach von jener sich unterscheidet. Dies wird vorzüglich da Anwendung finden, wo ich im Anhange von Gottes Macht handeln werde. (A. v. Sp.)

erhellt. Um indes die Sache nicht unbewiesen zu lassen, und um jede Verwirrung zu vermeiden, schien es mir gut, zunächst einmal die folgenden Lehnsätze zu beweisen und dann darauf den Beweis des obenstehenden siebenten Lehrsatzes zu errichten.

Lehnsatz I.

Je vollkommener eine Sache ihrer Natur nach ist, ein um so größeres und notwendigeres Dasein schließt sie ein; und umgekehrt, ein um so notwendigeres Dasein eine Sache ihrer Natur nach einschließt, desto vollkommener ist sie.

Beweis. In der Idee oder dem Begriffe jeder Sache ist das Dasein enthalten. (Nach Gr. 6). Man nehme also an, daß A eine Sache ist, welche 10 Grade der Vollkommenheit hat. Ich sage nun, daß ihr Begriff mehr Dasein einschließt, als wenn man angenommen hätte, sie enthielte nur 5 Grade der Vollkommenheit. Denn da man von dem Nichts kein Dasein behaupten kann (vgl. Erl. zu Lehrs. 4), so verneint man an ihr ebensoviel von ihrer Möglichkeit zu sein, als man ihrer Vollkommenheit im Gedanken abnimmt, und als man sie daher mehr und mehr an dem Nichts teilnehmen läßt. Wenn man sich deshalb denkt, daß ihre Grade der Vollkommenheit sich ohne Ende bis zu 0 oder zur Null vermindern, so wird sie alsdann kein Dasein oder ein unbedingt unmögliches Dasein enthalten. Wenn man dagegen ihre Grade ohne Ende vermehrt, so wird man sie als das höchste und folglich als das notwendigste Dasein enthaltend denken. Dies war das erste. — Da ferner diese beiden Bestimmungen auf keine Weise getrennt werden können (wie aus Gr. 6 und dem ganzen ersten Teil hier erhellt), so ergibt sich auch das klar, was an zweiter Stelle als zu beweisen aufgestellt worden ist.

Anm. 1. Von vielem wird behauptet, daß es notwendig existiere, bloß deshalb, weil es eine bestimmte Ursache zu seiner Hervorbringung gibt; allein davon spreche ich nicht; sondern nur von derjenigen Notwendigkeit und Möglichkeit, die aus der bloßen Betrachtung der Natur oder des Wesens der Sache ohne Rücksicht auf die Ursache folgt.

Anm. 2. Ich spreche hier nicht von der Schönheit und den anderen Vollkommenheiten, welche die Menschen aus Aberglauben oder Unwissenheit als Vollkommenheiten aufgestellt haben; sondern ich verstehe ٭ unter Vollkommenheit nur die Realität oder das Sein. So bemerke ich z. B., daß in der Substanz mehr Realität als in ihren Zuständen oder Accidenzien enthalten ist, und erkenne daher klar, daß sie auch ein notwendigeres und vollkommeneres Dasein als die Accidenzien enthält, wie aus Gr. 4 und 6 zur Genüge erhellt.

Zusatz. Hieraus folgt, daß, was ein notwendiges Dasein einschließt, das vollkommenste Wesen oder Gott ist.

٭ ### Lehnsatz II.

Wer die Macht hat, sich zu erhalten, dessen Natur enthält das notwendige Dasein.

Beweis. Wer die Kraft hat, sich zu erhalten, hat auch die, sich zu erschaffen (nach Gr. 10), d. h. (wie man leicht einräumen wird) er bedarf keiner äußeren Ursache zu seinem Dasein, vielmehr wird seine eigene Natur die hinreichende Ursache sein, daß er entweder möglicherweise oder notwendigerweise existiert. Allein ‚möglicherweise' ist nicht statthaft; denn (nach dem, was ich bei Gr. 10 dargelegt) dann würde daraus, daß er schon existiert, nicht folgen, daß er auch später existieren wird (was gegen die Annahme geht). Deshalb muß er notwendig existieren, d. h. seine Natur enthält das notwendige Dasein. W. z. b. w.

Der Beweis für den siebenten Lehrsatz.

Wenn ich die Kraft hätte, mich selbst zu erhalten, so wäre meine Natur derart, daß ich ein notwendiges Dasein enthielte (nach Lehns. 2), und deshalb würde dann (nach d. Zus. zu Lehns. 1) meine Natur alle Vollkommenheiten enthalten. Nun finde ich aber in mir, als denkendem Wesen, viele Unvollkommenheiten, z. B. daß ich zweifle, daß ich begehre u. s. w., und zwar solche, deren ich (nach Erl. zu Lehrs. 4) gewiß bin;

also habe ich keine Kraft, mich zu erhalten. Auch darf ich nicht sagen, daß ich deshalb jene Vollkommenheiten entbehre, weil ich sie mir jetzt verweigern will; denn dies würde offenbar dem ersten Lehrsatz und dem, was ich in mir deutlich erkenne (nach Gr. 5), widersprechen.

Ferner kann ich, solange ich existiere, nicht existieren, ohne daß ich erhalten werde, sei es von mir selbst, wenn ich die Kraft dazu habe, sei es von einem anderen, der diese Kraft hat (nach Gr. 10 und 11). Nun existiere ich (nach Erl. zu Lehrs. 4), und doch habe ich nicht die Kraft, mich selbst zu erhalten, wie schon bewiesen worden. Deshalb werde ich von einem anderen erhalten; aber nicht von einem solchen, der nicht die Kraft, sich zu erhalten, hat (aus demselben Grunde, aus dem ich selbst, wie ich gezeigt, mich nicht erhalten kann), also von jemand, der die Kraft hat, sich zu erhalten, d. h. (nach Lehnsatz 2), dessen Natur das notwendige Dasein einschließt, d. h. (nach Zusatz zu Lehns. 1) der alle die Vollkommenheiten enthält, die, wie ich klar erkenne, zu dem vollkommensten Wesen gehören. Deshalb existiert ein vollkommenstes Wesen, d. h. Gott. W. z. b. w.

Zusatz. Gott kann alles das bewirken, was wir klar und deutlich vorstellen, und zwar so, wie wir es vorstellen.

Beweis. Dies alles ergibt sich klar aus dem vorgehenden Lehrsatz. Da ist bewiesen, daß Gott deshalb existiert, weil jemand existieren muß, in dem alle die Vollkommenheiten enthalten sind, von denen die Idee in uns ist. Wir haben aber in uns die Idee einer so großen Macht jemandes, daß von ihm allein, der diese Macht besitzt, der Himmel, die Erde und auch alles andere, was ich als möglich einsehe, gemacht werden kann. Deshalb ist mit dem Dasein Gottes auch dies alles von ihm bewiesen.

Lehrsatz VIII.

Geist und Körper sind wirklich verschieden.

Beweis. Was wir klar vorstellen, kann von Gott so bewirkt werden, wie wir es vorstellen (nach dem vorgehenden Zus.). Nun stellen wir uns klar den Geist vor, d. h. (nach Def. 6) eine ohne Körper, d. h. (nach Def. 7) eine ohne ausgedehnte Substanz denkende Substanz (nach Lehrs. 3 und 4), und ebenso umgekehrt den Körper ohne den Geist (wie jedermann leicht einräumt). Deshalb kann zum wenigsten durch göttlichen Machtspruch der Geist ohne Körper und der Körper ohne Geist sein.

Nun sind Substanzen, von denen eine ohne die andere sein kann, wirklich verschieden (nach Def. 10); der Geist und der Körper aber sind Substanzen (nach den Deff. 5, 6, 7), von denen die eine ohne die andere sein kann, also sind der Geist und der Körper wirklich verschieden.

Man sehe Lehrs. 4 bei Descartes am Ende seiner Antwort auf die zweiten Einwürfe und das § 22—29, T. I der Prinzipien Gesagte, da ich es hier anzuführen nicht für nötig halte.

Lehrsatz IX.

Gott ist allwissend (summe intelligens).

Beweis. Wenn man dies bestreitet, so weiß Gott entweder nichts oder nicht alles, sondern nur einiges. Allein das Wissen von einigem und das Nichtwissen des übrigen setzt einen begrenzten und unvollkommenen Verstand voraus, den Gott zuzuschreiben widersinnig ist (nach Def. 8). Sollte aber Gott nichts wissen, so zeigt dies entweder bei Gott einen Mangel des Wissens an, wie bei den Menschen, wenn sie nichts wissen, und enthält alsdann eine Unvollkommenheit, welche in Gott nicht sein kann (nach Def. 8), oder es zeigt an, daß es Gottes Vollkommenheit widerspricht, daß er etwas wisse. Allein wenn so das Wissen bei ihm völlig verneint wird, so wird er auch kein Wissen schaffen können (nach Gr. 8). Da wir aber das Wissen klar und deutlich vorstellen, so kann Gott dessen Ursache sein (nach Zus. zu Lehrs. 7). Daher ist es durchaus nicht der Fall, daß es der Vollkommenheit Gottes widerspricht, etwas zu wissen, und deshalb wird er allwissend sein. W. z. b. w.

Erläuterung.

Wenn man gleich einräumen muß, daß Gott unkörperlich ist, wie in Lehrs. 16 bewiesen wird, so ist dies doch nicht so zu verstehen, als wenn alle Vollkommenheiten der Ausdehnung von ihm ferngehalten werden müßten; vielmehr ist dies nur so weit ✻ nötig, als die Natur und die Eigenschaften der Ausdehnung eine Unvollkommenheit enthalten. Dies gilt auch von dem Wissen Gottes, wie alle, die sich über die gemeine Menge der Philosophen erheben wollen, zugestehen und wie in meinem Anhange T. 2, Kap. 7 ausführlich dargelegt werden wird.

Lehrsatz X.

Alle Vollkommenheit, die in Gott angetroffen wird, stammt von Gott.

Beweis. Will man dies nicht zugeben, so würde damit in Gott eine Vollkommenheit sein, die nicht von ihm stammt; sie wird dann in ihm sein, entweder von sich selbst oder von etwas, was von Gott verschieden ist. Ist sie von sich selbst, so hat sie ein notwendiges oder ein zum mindesten mögliches Dasein (nach Lehns. 2 zu Lehrs. 7), und sie wird daher (nach Zus. zu Lehns. 1 dess. Lehrs.) etwas höchst Vollkommenes sein, also (nach Def. 8) Gott selbst. Sagt man also, daß etwas in Gott sei, was von sich selbst ist, so sagt man damit zugleich, daß es von Gott ist; w. z. b. w. Stammt es dagegen von etwas von Gott Verschiedenem, so kann dann Gott gegen Def. 8 nicht durch sich allein als das Vollkommenste vorgestellt werden. Deshalb ist alles, was an Vollkommenheit in Gott angetroffen wird, von Gott. W. z. b. w. ✻

Lehrsatz XI.

Es gibt nicht mehrere Götter.

Beweis. Wenn man dies bestreitet, so stelle man sich, wenn es möglich ist, mehrere Götter, z. B. A und B, vor. Dann werden notwendig (nach Lehrs. 9) sowohl A wie B allwissend sein, d. h. A weiß alles, also sich selbst und B, und umgekehrt weiß B sich

und A. Allein da A und B notwendig existieren
(nach Lehrs. 5), so ist B selbst die Ursache der Wahrheit und Notwendigkeit seiner Idee in A; und umgekehrt ist A selbst die Ursache der Wahrheit und Notwendigkeit seiner Idee in B. Somit wird in A eine Vollkommenheit sein, die nicht von ihm selbst ist, und eine in B, die nicht von B ist, und deshalb werden beide (nach dem vorigen Lehrs.) nicht Gott sein. Somit gibt es nicht mehrere Götter. W. z. b. w.

Man merke, wie daraus allein, daß ein Ding in sich selbst sein notwendiges Dasein einschließt, wie dies bei Gott der Fall ist, notwendig folgt, daß dieses Ding einzig ist. Jeder wird dies bei aufmerksamem Nachdenken von selbst bemerken, und ich hätte es hier auch beweisen können, aber freilich nicht auf eine so allgemein verständliche Weise, wie es in diesem Lehrsatz geschehen ist.

Lehrsatz XII.

Alles Existierende wird nur durch die Kraft Gottes erhalten.

Beweis. Man nehme, wenn man dies bestreitet, an, daß etwas sich selbst erhält; dann enthält (nach Lehns. 2 zu Lehrs. 7) seine Natur ein notwendiges Dasein, und es muß deshalb (nach Zus. zu Lehns. 1 zu Lehrs. 7) Gott sein, und es gäbe dann mehrere Götter, was widersinnig ist (nach Lehrs. 11). Also wird alles nur durch Gottes Kraft erhalten. W. z. b. w.

Zusatz 1. Gott ist der Schöpfer aller Dinge.

Beweis. Gott erhält (nach Lehrs. 12) alles, d. h. (nach Gr. 10) er hat alles, was existiert, geschaffen und schafft es noch unaufhörlich von neuem.

Zusatz 2. Die Dinge haben aus sich heraus kein Wesen, das die Ursache von Gottes Erkenntnis sein könnte; vielmehr ist Gott auch mit Bezug auf ihr Wesen die Ursache der Dinge.

Beweis. Da in Gott keine Vollkommenheit angetroffen wird, die nicht von ihm stammt (nach Lehrs. 10), so können die Dinge aus sich heraus kein Wesen haben, das die Ursache von Gottes Erkenntnis wäre. Vielmehr folgt, da Gott alles nicht aus einem anderen erzeugt, sondern gänzlich geschaffen hat (nach Lehrs. 12 mit Zus.), und da die Tätigkeit des Schaffens keine andere Ursache als die wirkende gestattet [43]) (denn so definiere ich das Schaffen), die Gott ist, daß die Dinge vor ihrer Erschaffung durchaus nichts gewesen sind, und daß mithin Gott auch die Ursache ihres Wesens ist. W. z. b. w.

Dieser Zusatz ergibt sich daraus, daß Gott aller Dinge Ursache oder Schöpfer ist (nach Zus. 1), und daß die Ursache alle Vollkommenheiten der Wirkung in sich enthalten muß (nach Gr. 8), wie jedermann leicht bemerken kann.

Zusatz 3. Hieraus folgt klar, daß Gott nicht empfindet und nicht eigentlich wahrnimmt (percipere); denn sein Verstand wird von keinem äußeren Gegenstand bestimmt, sondern alles geht aus ihm selbst hervor.

Zusatz 4. Gott ist, der Ursächlichkeit nach, vor dem Wesen und dem Dasein der Dinge, wie sich klar aus Zus. 1 und 2 dieses Lehrsatzes ergibt.

Lehrsatz XIII.

Gott ist höchst wahrhaft und kann unmöglich ein Betrüger sein.

Beweis. Man kann Gott (nach Def. 8) nichts beilegen, was eine Unvollkommenheit enthält, und da jeder Betrug (wie selbstverständlich ist) *) oder jede Absicht zu täuschen nur aus Bosheit oder Furcht hervorgeht, die Furcht aber eine verminderte Macht, und die Bosheit einen Mangel an Güte voraussetzt, so kann man Gott, als dem mächtigsten und besten Wesen, einen Betrug oder eine Absicht zu täuschen nicht zu-

---

*) Ich habe diesen Satz nicht unter die Grundsätze aufgenommen, weil das nicht nötig war. Denn ich bedurfte seiner nur zum Beweis dieses Lehrsatzes, und auch weil ich, solange ich Gottes Dasein noch nicht kannte, nur das als wahr behaupten wollte, was ich aus der ersten Erkenntnis: *Ich bin*, ableiten konnte, wie ich in der Erläuterung zu Lehrsatz 4 erinnert habe. Ferner habe ich die Definitionen der Furcht und der Bosheit ebenfalls nicht oben unter die Definitionen gestellt, weil jedermann sie kennt, und ich ihrer nur zu diesem Lehrsatze bedarf. (A. v. Sp.)

schreiben; vielmehr muß er als höchst wahrhaft und
als kein Betrüger gelten, w. z. b. w. Man sehe die Ant-
* wort von Descartes auf die zweiten Einwürfe Nr. 4.

Lehrsatz XIV.

Alles, was man klar und deutlich auffaßt, ist wahr.

Die Fähigkeit, das Wahre vom Falschen zu unterscheiden, die (wie jeder in sich selbst findet und aus
allem bisher Bewiesenen ersichtlich ist) in uns besteht,
ist von Gott geschaffen und wird stetig von ihm
10 erhalten (nach Lehrs. 12 mit Zus.), d. h. (nach Lehrsatz 13) von einem höchst wahrhaften und keineswegs betrügerischen Wesen, und er hat uns kein
Vermögen gegeben (wie jeder in sich bemerkt), uns
dessen zu enthalten und demjenigen nicht zuzustim-
men, was wir klar und deutlich auffassen; wenn wir
also hierbei getäuscht würden, so würden wir unter
allen Umständen von Gott getäuscht, und Gott wäre
ein Betrüger, was (nach Lehrs. 13) widersinnig ist.
Daher ist das, was wir klar und deutlich auffassen,
20 wahr. W. z. b. w.

Erläuterung.

Da dasjenige, dem wir notwendig zustimmen
müssen, wenn es von uns klar und deutlich aufgefaßt
worden ist, notwendig wahr sein muß, und da wir
das Vermögen haben, dem Dunklen oder Zweifel-
haften oder dem, was nicht aus den sichersten Prinzipien abgeleitet ist, nicht beizustimmen, wie jeder
in sich bemerkt, so können wir uns offenbar stets
hüten, daß wir nicht in Irrtum geraten, und daß wir
30 niemals getäuscht werden (was auch aus dem Folgenden sich noch klarer ergeben wird), sobald wir nur
uns fest vornehmen, nichts als wahr zu behaupten,
was wir nicht klar und deutlich auffassen, oder was
nicht aus an sich klaren und deutlichen Prinzipien
abgeleitet ist.

Lehrsatz XV.

* *Der Irrtum ist nichts Positives.*

Beweis. Wäre der Irrtum etwas Positives, so
hätte er Gott allein zur Ursache und müßte fort-

während von ihm erschaffen werden (nach Lehrs. 12).
Allein dies ist widersinnig (nach Lehrs. 13); also ist
der Irrtum nichts Positives. W. z. b. w.

Erläuterung.

Wenn der Irrtum nichts Positives im Menschen
ist, so kann er nur eine Beraubung des rechten
Gebrauchs der Freiheit sein (nach der Erl. zu
Lehrs. 4), also nur in dem Sinne, wie wir die
Abwesenheit der Sonne als die Ursache der Finsternis bezeichnen, oder wie Gott, weil er ein Kind mit
Ausnahme des Sehens den anderen Kindern gleich
gemacht hat, als die Ursache von dessen Blindheit
gilt. So heißt auch Gott die Ursache des Irrtums,
weil er uns nur einen auf weniges sich erstreckenden
Verstand gegeben hat. Um nun dies deutlich einzusehen, und zugleich auch, wie der Irrtum von dem
bloßen Mißbrauch unseres Willens abhängt und schließlich, wie wir uns von dem Irrtum schützen können,
will ich die verschiedenen Arten des Denkens *(modi cogitandi)* ins Gedächtnis zurückrufen, d. h. alle Arten
des Vorstellens *(modi percipiendi)* (wie die Wahrnehmung, die Einbildungskraft und das reine Erkennen)
und des Wollens (wie das Begehren, das Abweisen, das
Bejahen, das Verneinen und das Zweifeln); denn sie
alle lassen sich auf diese beiden Arten zurückführen.

Dabei habe ich nur zu bemerken: 1. daß der Geist,
soweit er etwas klar und deutlich einsieht und dem
beistimmt, sich nicht täuschen kann (nach Lehrs. 14);
ebensowenig kann er dies da, wo er etwas nur vorstellt, ohne dem Betreffenden beizustimmen. Denn
wenn ich mir jetzt auch ein geflügeltes Pferd vorstelle, so enthält doch diese Vorstellung *(perceptio)*
nichts Falsches, solange ich nicht als wahr annehme,
daß es ein geflügeltes Pferd gibt, und solange ich
auch noch nicht im Zweifel darüber bin, ob es ein
solches gebe. Da nun das Zustimmen nichts als eine
Bestimmung des Willens ist, so erhellt, daß der Irrtum bloß von dem Gebrauch des Willens abhängt.

Damit dies noch klarer werde, ist 2. anzumerken,
daß wir die Macht haben, nicht bloß dem beizu-

stimmen, was wir klar und deutlich auffassen, sondern auch dem, was wir auf irgend eine andere Weise vorstellen; denn unser Wille ist durch keinerlei Schranken eingeengt. Jedermann kann dies klar einsehen, wenn er nur bedenkt, daß, wenn Gott uns eine unbeschränkte Kraft der Einsicht hätte geben wollen, er nicht nötig gehabt hätte, uns eine größere Kraft der Zustimmung zu verleihen, als wir sie schon haben, um allem Eingesehenen zustimmen zu können; vielmehr würde die Kraft, wie wir sie jetzt haben, genügen, um unendlich vielem beizustimmen. Auch erfahren wir tatsächlich, daß wir vielem zustimmen, was wir nicht aus gewissen Grundsätzen abgeleitet haben. Hieraus erhellt nun, daß, wenn der Verstand sich ebensoweit wie die Willenskraft erstreckte, oder wenn die letztere sich nicht weiter als der Verstand zu erstrecken vermöchte, oder schließlich, wenn wir die Willenskraft innerhalb der Grenzen des Verstandes einhalten könnten, wir nie in Irrtum verfallen würden (nach Lehrsatz 14).

Nun fehlt uns aber die Macht zur Erfüllung der beiden ersten Erfordernisse; denn dazu würde gehören, daß der Wille nicht unbeschränkt sei, oder daß der erschaffene Verstand unbeschränkt sei. Es bleibt also nur das Dritte zu erwägen, d. h. ob wir die Macht haben, unser Willensvermögen innerhalb der Schranken unseres Verstandes zu halten. Nun ist aber unser Wille in der Bestimmung seiner selbst frei, also haben wir die Macht, das Vermögen der Zustimmung innerhalb der Schranken unseres Verstandes zu halten und so uns vor dem Irrtum zu schützen. Daraus erhellt aufs klarste, daß es bloß auf den Gebrauch unseres Willens ankommt, um jederzeit gegen den Irrtum geschützt zu sein. Die Freiheit unseres Willens ist aber § 39 T. I der Prinzipien und in der vierten Meditation und von mir selbst im letzten Kapitel des Anhanges ausführlich dargelegt. Und wenn wir auch, im Fall wir etwas klar und deutlich erfassen, dem beistimmen müssen, so hängt doch diese notwendige Zustimmung nicht von der Schwäche unseres Wollens, sondern bloß von seiner Freiheit und Vollkommenheit ab. Denn das Zustimmen ist in Wahrheit eine Vollkommenheit in

Erläuterung zu Lehrsatz XV.

uns (wie selbstverständlich), und der Wille ist niemals vollkommener und freier, als wenn er gänzlich sich selbst bestimmt. Da dies nur eintreten kann, wenn der Geist etwas klar und deutlich einsieht, so wird er sich notwendig sofort diese Vollkommenheit geben (nach Gr. 5). Deshalb dürfen wir durchaus uns nicht für weniger frei halten, weil wir bei der Erfassung des Wahren uns keineswegs gleichgültig verhalten, vielmehr darf als gewiß gelten, daß wir um so weniger frei sind, je mehr wir uns gleichgültig verhalten.

Es bleibt also hier nur noch zu erklären, wie der Irrtum in Bezug auf den Menschen nur eine Beraubung, in Bezug auf Gott aber eine reine Verneinung ist. Man wird dies leicht einsehen, wenn man zuvor erwägt, daß wir deshalb, weil wir neben dem klar Erkannten noch vieles andere erfassen, vollkommener sind, als wenn letzteres nicht stattfände. Dies ergibt sich deutlich daraus, daß, wenn wir gar nichts klar und deutlich, sondern alles nur verworren erfassen könnten, wir nichts Vollkommeneres besitzen würden, als diese verworrene Auffassung, und daß für unsere Natur dann nichts weiter verlangt werden könnte. Ferner ist das Zustimmen zu etwas wenn auch Verworrenem, insofern es seine Tätigkeit ist, eine Vollkommenheit. Das würde jedermann klar werden, wenn er, wie oben geschehen, annähme, daß das klare und deutliche Auffassen der menschlichen Natur widerspräche; dann ergäbe sich klar, daß es für den Menschen weit besser wäre, dem wenn auch Verworrenen beizustimmen, um dabei seine Freiheit zu üben, als immer gleichgültig, d. h. (wie gezeigt worden) in dem niedrigsten Grade der Freiheit zu verharren. Auch wird sich dies als durchaus notwendig ergeben, wenn man auf das Zweckmäßige und Nützliche im menschlichen Leben achtet, wie die tägliche Erfahrung jeden zur Genüge lehrt.

Wenn sonach alle unsere einzelnen Arten des Denkens, an sich betrachtet, vollkommen sind, so können sie insofern nicht das enthalten, was die Form des Irrtums ausmacht. Gibt man aber auf die verschiedenen Arten zu wollen acht, so zeigt sich die

eine vollkommener als die andere; je nachdem die
eine mehr als die andere den Willen weniger gleichgültig, d. h. freier macht. Ferner sieht man, daß,
solange man dem verworren Vorgestellten zustimmt,
man bewirkt, daß unser Geist weniger geschickt ist,
das Wahre vom Falschen zu unterscheiden, und man
deshalb des höchsten Grades der Freiheit noch entbehrt. Deshalb enthält die Zustimmung zu verworrenen
Vorstellungen, sofern sie etwas Positives ist, noch
keine Unvollkommenheit und keine Form des Irrtums,
sondern nur sofern man sich dadurch der besten Freiheit, die zu unserer Natur gehört und in unserer
Macht steht, beraubt. Die ganze Unvollkommenheit
des Irrtums wird also in der bloßen Beraubung des
höchsten Grades der Freiheit bestehen, und diese nennt
man Irrtum. Beraubung aber heißt sie, weil wir dadurch einer Vollkommenheit, die unserer Natur zukommt, beraubt werden, und Irrtum, weil wir durch
unsere Schuld diese Vollkommenheit entbehren, insofern wir, obgleich wir es könnten, den Willen nicht
innerhalb der Schranken des Verstandes halten. Wenn
sonach der Irrtum rücksichtlich des Menschen nur
eine Beraubung des vollkommenen oder rechten Gebrauchs seiner Freiheit ist, so folgt, daß diese in
keinem Vermögen, das der Mensch von Gott hat,
und in keiner Wirksamkeit von Vermögen, soweit
eine solche von Gott abhängt, enthalten ist. Auch
darf man nicht sagen, daß Gott uns des größeren
Verstandes, den er uns hätte geben können, beraubt
und deshalb gemacht habe, daß wir in den Irrtum geraten können. Denn die Natur keines Dinges
kann außer dem, was Gottes Wille ihm hat verleihen
wollen, noch etwas von Gott verlangen; noch gehört
etwas weiteres zu dem Dinge, da vor Gottes Willen
nichts vorher existiert hat, noch überhaupt vorgestellt werden kann (wie ausführlich im untenstehenden
Anhange Kap. 7 und 8 dargelegt wird). Deshalb hat uns
Gott ebensowenig eines größeren Verstandes oder eines
vollkommeneren Vermögens der Einsicht beraubt, wie
er den Kreis der Eigenschaften einer Kugel oder die
Peripherie der Eigenschaften einer Hohlkugel beraubt hat.

Da sonach keines unserer Vermögen, wie man sie auch betrachtet, eine Unvollkommenheit in Gott anzeigen kann, so folgt klar, daß die Unvollkommenheit, in der die Form des Irrtums besteht, nur in Bezug auf den Menschen eine Beraubung ist, daß sie dagegen auf Gott als Ursache bezogen nicht eine Beraubung, sondern nur eine Verneinung genannt werden kann.

Lehrsatz XVI.

Gott ist unkörperlich.

Beweis. Der Körper ist das unmittelbare Subjekt der Ortsbewegung (nach Def. 7); wäre also Gott körperlich, so könnte er in Teile geteilt werden. Da das nun eine Unvollkommenheit enthält, wäre es widersinnig, es von Gott anzunehmen (nach Def. 3). *

Ein anderer Beweis. Wäre Gott körperlich, so könnte er in Teile geteilt werden (nach Def. 7). Nun könnte ein jeder dieser Teile entweder für sich bestehen oder nicht; im letzteren Falle gliche er dem übrigen, was von Gott geschaffen ist, und würde deshalb, wie jedes geschaffene Ding, durch dieselbe Macht Gottes forterschaffen werden (nach Lehrs. 10 und Gr. 11), und er würde deshalb nicht mehr, wie die übrigen erschaffenen Dinge, zu Gottes Natur gehören, was widersinnig ist (nach Lehrs. 5). Existiert aber jeder Teil für sich, so muß auch jeder sein notwendiges Dasein einschließen (nach Lehns. 2 zu Lehrs. 7), und jeder Teil wäre deshalb ein höchst vollkommenes Ding (nach Zusatz zu Lehns. 2 zu Lehrs. 7). Das ist aber auch widersinnig (nach Lehrs. 11), also ist Gott unkörperlich. W. z. b. w.

Lehrsatz XVII.

Gott ist das einfachste Wesen.

Beweis. Wenn Gott aus Teilen bestände, so müßten diese Teile (wie jedermann leicht zugestehen wird) wenigstens der Natur Gottes vorhergehen, was widersinnig ist (nach Zus. 4 zu Lehrs. 12); Gott ist also das einfachste Wesen. W. z. b. w.

Zusatz. Hieraus folgt, daß sich Gottes Einsicht und Wille, oder sein Beschluß und seine Macht nur dem Gesichtspunkt der Betrachtung nach *(ratione)* von seinem Wesen unterscheiden.

Lehrsatz XVIII.

Gott ist unveränderlich.

Beweis. Wäre Gott veränderlich, so könnte er nicht bloß teilweise, sondern müßte seinem ganzen Wesen nach sich verändern (nach Lehrs. 17). Allein das Wesen Gottes existiert mit Notwendigkeit (nach Lehrs. 5, 6 und 7), also ist Gott unveränderlich. W. z. b. w.

Lehrsatz XIX.

Gott ist ewig.

Beweis. Gott ist das höchst vollkommene Wesen (nach der 8. Def.), und daraus folgt (nach Lehrs. 5), daß er notwendig existiert. Schreibt man ihm aber ein beschränktes Dasein zu, so müssen notwendig die Schranken seines Daseins, wenn auch nicht von uns, so doch von Gott erkannt werden (nach Lehrs. 9), weil er allweise ist. Somit würde Gott erkennen, daß er, der doch (nach Def. 8) ein höchst vollkommenes Wesen ist, über diese Schranken hinaus nicht existiert, was widersinnig ist (nach Lehrs. 5); deshalb hat Gott kein beschränktes, sondern ein unbeschränktes *(infinitam)* Dasein, das man als Ewigkeit bezeichnet. (Vgl. Kap. 1, T. II meines Anhangs.) Gott ist demnach ewig. W. z. b. w.

Lehrsatz XX.

Gott hat von Ewigkeit her alles im voraus geordnet.

Beweis. Da Gott ewig ist (nach Lehrs. 19), so wird auch seine Einsicht ewig sein; denn sie gehört zu seinem ewigen Wesen. (Nach Zus. zu Lehrs. 17.) Nun ist seine Einsicht von seinem Willen oder Beschluß der Sache nach nicht verschieden (nach Zus. zu Lehrsatz 17); wenn man also sagt, Gott habe von Ewigkeit her alle Dinge erkannt, so sagt man zugleich, daß er von Ewigkeit her alle Dinge gewollt oder beschlossen habe. W. z. b. w.

Zusatz. Hieraus folgt, daß Gott in seinen Werken höchst beständig ist.

Lehrsatz XXI.

Es existiert in Wahrheit eine Substanz, die in die Länge, Breite und Tiefe ausgedehnt ist, und wir sind mit einem Teil derselben vereint.

Das ausgedehnte Ding gehört, wie wir klar und deutlich einsehen, nicht zur Natur Gottes (nach Lehrsatz 16); aber es kann von Gott geschaffen werden (nach Zusatz zu Lehrs. 7 und nach Lehrs. 8). Ferner sehen wir klar und deutlich ein (wie jeder in sich, insofern er denkt, bemerken wird), daß die ausgedehnte Substanz die zureichende Ursache ist, um in uns den Kitzel, den Schmerz und ähnliche Ideen oder Empfindungen hervorzubringen, die fortwährend in uns, auch ohne unser Zutun, hervorgebracht werden. Wollten wir uns außer dieser ausgedehnten Substanz eine andere Ursache unserer Empfindungen, etwa Gott oder einen Engel denken, so würden wir sofort den klaren und deutlichen Begriff, den wir haben, zerstören. Wenn*) wir daher auf unsere Vorstellungen recht achthaben und nichts gelten lassen, als was wir klar und deutlich vorgestellt haben, so werden wir völlig geneigt oder nicht im geringsten gleichgültig dagegen sein, zuzugeben, daß die ausgedehnte Substanz die alleinige Ursache unserer Empfindungen sei und demnach zu behaupten, daß ein ausgedehntes, von Gott geschaffenes Ding existiert. Und hierin können wir allerdings nicht irren (nach Lehrs. 14 mit Zus.); deshalb behauptet man wahrheitsgemäß, daß es eine in die Länge, Breite und Tiefe ausgedehnte Substanz gibt. Dies war das Erste.

Wir bemerken ferner unter unseren Empfindungen, die in uns (wie oben gezeigt) von der ausgedehnten Substanz hervorgebracht werden müssen,

---

*) Man sehe den Beweis von Lehrs. 14 und den Zusatz zu Lehrs. 15. (A. v. Sp.)

einen großen Unterschied; so, wenn ich sage, ich sehe oder nehme einen Baum wahr, oder wenn ich sage, ich habe Durst oder Schmerzen, u. s. w. Die Ursache des Unterschieds kann ich, wie ich klar sehe, nicht eher verstehen, als bis ich erkenne, daß ich mit einem Teile des Stoffes innig vereint bin und mit anderen Teilen desselben nicht ebenso. Da ich dies nun klar und deutlich einsehe, und es mir in keiner anderen Weise vorstellen kann, so ist es wahr (nach Lehrs. 14 mit Zus.), daß ich mit einem Teile des Stoffes vereint bin. Das war das Zweite; damit ist bewiesen, w. z. b. w.

Anmerkung. Wenn der Leser sich hier nicht als ein bloß denkendes Ding betrachtet, das keinen Körper hat, und wenn er nicht alle seine früheren Gründe für die Annahme, daß ein Körper existiert, als Vorurteile von sich abweist, wird er sich vergeblich bemühen, diesen Beweis zu verstehen.

Die

Prinzipien der Philosophie

auf

geometrische Weise begründet.

Zweiter Teil.

Postulat.

Es wird hier nur gefordert, daß jeder auf seine Vorstellungen möglichst genau achtgebe, um das Klare von dem Dunkeln unterscheiden zu können.

Definitionen.

I. *Ausdehnung* ist das, was aus drei Richtungen besteht; aber ich verstehe darunter weder den Akt des Sich-Ausdehnens, noch etwas von der Größe *(quantitas)* Verschiedenes.

II. Unter *Substanz* verstehe ich das, was zu seinem Dasein nur der Beihilfe Gottes bedarf.

III. *Atom* ist ein seiner Natur nach unteilbarer Teil des Stoffes.

IV. *Unbegrenzt (indefinitum)* ist das, dessen Grenzen (wenn es deren hat), vom menschlichen Verstande nicht erforscht werden können.

V. *Das Leere* ist die Ausdehnung ohne körperliche Substanz.

VI. *Der Raum* wird nur im Denken *(ratione)* von der Ausdehnung unterschieden, ohne der Sache nach etwas Verschiedenes zu sein. (Man sehe § 10 T. II der Prinzipien.)

VII. Was im Denken geteilt werden kann, das ist, wenigstens der Möglichkeit nach *(potentia)*, *teilbar*.

VIII. *Die Ortsbewegung* ist die Überführung eines Teils der Materie oder eines Körpers aus der Nachbarschaft der Körper, die ihn unmittelbar berühren, und die als ruhend angenommen werden, in die Nachbarschaft anderer.

Descartes bedient sich dieser Definition, um die Ortsbewegung zu erklären. Um sie recht zu verstehen, ist zu beachten:

1. *daß er unter Teil der Materie (pars materiae) alles versteht, was auf einmal fortbewegt wird, wenn es auch selbst wiederum aus vielen Teilen bestehen kann;*

2. *daß er zur Vermeidung von Verwirrung in dieser Definition nur von dem spricht, was beständig in der beweglichen Sache ist, d. h. in der Überführung, damit es nicht, wie öfters von manchen geschehen ist, mit der Kraft oder Handlung verwechselt wird, welche die Übertragung bewirkt. Man meint gemeinhin, daß diese Kraft oder Handlung nur zur Bewegung nötig sei, aber nicht zur Ruhe; indes ist man hier im Irrtum. Denn selbstverständlich ist die gleiche Kraft nötig, um einem ruhenden Körper gewisse Grade der Bewegung beizubringen, als um ihm diese Grade wieder zu nehmen und somit ihn zur Ruhe zu bringen. Auch die Erfahrung lehrt das; denn es ist beinahe die gleiche Kraft nötig, um ein in einem stillen Wasser liegendes Fahrzeug zur Bewegung zu bringen, als um das bewegte sofort zum Stillstand zu bringen; beide Kräfte wären sicherlich einander gleich, wenn die eine Kraft nicht von der Schwere und Trägheit des von dem Fahrzeug gehobenen Wassers in dem Aufhalten desselben unterstützt würde;*

3. *daß er sagt, die Überführung geschehe aus der Nachbarschaft anstoßender Körper in die Nachbarschaft anderer, nicht aber von einem Orte zu einem anderen. Denn der Ort (wie er selbst § 13, T. II erläutert) ist nichts Gegenständliches, sondern besteht nur in unserem Denken, weshalb man von demselben Körper sagen kann, daß er zugleich den Ort verändert und nicht verändert. Aber man kann nicht ebenso sagen, daß er zugleich aus der Nachbarschaft eines anstoßenden Körpers übergeführt und nicht übergeführt wird, da in demselben Zeitpunkte nur ein und derselbe Körper denselben beweglichen Körper berühren kann;*

Definitionen.

4. daß er nicht schlechterdings sagt, die Überführung geschehe aus der Nachbarschaft angrenzender Körper, sondern nur solcher, die als ruhend gelten. Denn damit der Körper A von dem ruhenden Körper B übergeführt wird, ist dieselbe Kraft von der einen wie von der anderen Seite nötig, was deutlich aus dem Fall erhellt, wo ein Kahn in dem Schlamm oder Sand auf dem Grunde des Wassers hängen bleibt, da, um diesen Kahn fortzubewegen, die gleiche Kraft sowohl gegen den Boden, wie gegen den Kahn anzuwenden ist. Deshalb wird die Kraft, mit der der Körper bewegt werden soll, ebenso auf den bewegten wie auf den ruhenden verwendet. Die Fortführung aber ist wechselseitig; denn wenn der Kahn von dem Sande getrennt wird, wird auch der Sand von dem Kahn getrennt. Wenn wir also den Körpern, die von einander, der eine in dieser Richtung, der andere in jener Richtung, getrennt werden, gleiche Bewegungen zuteilen und den einen nicht als ruhend auffassen wollen, und zwar bloß deswegen, weil dieselbe Tätigkeit in dem einen, wie in dem anderen vorhanden ist, so muß man auch den Körpern, die von jedermann für ruhend angesehen werden, z. B. dem Sande, von dem der Kahn getrennt worden, ebensoviel Bewegung zuschreiben wie den bewegten Körpern, da, wie ich gezeigt habe, dieselbe Handlung von der einen wie von der anderen Seite erforderlich und die Fortschaffung wechselseitig ist. Indes würde dies von der gewöhnlichen Ausdrucksweise zu sehr abweichen. Wenn indes auch die Körper, von denen andere getrennt werden, als ruhend angesehen und so bezeichnet werden, so müssen wir doch immer eingedenk sein, daß alles, was in dem bewegten Körper ist, und weshalb man ihn als ‚bewegt‘ bezeichnet, auch in dem ruhenden Körper enthalten ist.

5. Endlich erhellt auch klar aus der Definition, daß jeder Körper nur eine ihm eigentümliche Bewegung hat, da er nur von ein und denselben anstoßenden und ruhenden Körpern sich entfernen kann. Ist indes der bewegte Körper ein Bestandteil anderer Körper, die eine andere Bewegung haben, so sieht man klar ein, daß auch er an unzähligen anderen Bewegungen teilnehmen kann. Da es indes schwer ist, so viele Bewegungen zugleich zu erkennen, und auch nicht alle erkannt werden können, so wird es genügen, nur die eine, welche jedem Körper eigentümlich ist, an ihm zu betrachten. (Man sehe § 31, T. II der Pinzipien).

IX. Unter dem *Kreis der bewegten Körper* wird bloß verstanden, daß der letzte Körper, welcher auf den Anstoß eines anderen sich bewegt, den zuerst bewegten unmittelbar berührt, wenn auch die Linie, welche von allen Körpern durch den Anstoß dieser einen Bewegung beschrieben wird, sehr krumm ist. (S. unten die Figur zu Grundsatz XXI.)

* **Grundsätze.**

I. Das Nichts hat keine Eigenschaften.

II. Was ohne Verletzung der Sache von ihr weggenommen werden kann, bildet nicht ihr Wesen; was dagegen durch seine Wegnahme die Sache aufhebt, bildet ihr Wesen.

III. Von der Härte gibt uns die Empfindung keine andere Kunde, und wir haben keine andere klare und deutliche Vorstellung davon, als daß die Teile des harten Körpers der Bewegung unserer Hände Widerstand leisten.

IV. Nähern sich zwei Körper einander, oder entfernen sie sich voneinander, so werden sie darum keinen größeren oder geringeren Raum einnehmen.

V. Ein Stoffteil verliert weder durch sein Nachgeben, noch durch seinen Widerstand die Natur eines Körpers.

VI. Bewegung, Ruhe, Gestalt und dergleichen kann ohne Ausdehnung nicht vorgestellt werden.

VII. Über die wahrnehmbaren Eigenschaften hinaus bleibt im Körper nur die Ausdehnung mit ihren Beschaffenheiten *(affectiones)*, wie sie T. I der Prinzipien aufgeführt sind.

VIII. Derselbe Raum oder dieselbe Ausdehnung kann nicht das eine Mal größer als das andere Mal sein.

IX. Alle Ausdehnung ist teilbar, wenigstens in Gedanken.

Über die Wahrheit dieses Grundsatzes wird niemand, der nur die Elemente der Mathematik gelernt hat, in Zweifel sein. So kann der Raum zwischen dem Kreis und seiner Tangente durch unendlich viele, immer größere Kreise geteilt werden. Dasselbe erhellt auch aus den Asymptoten der Hyperbel.

Grundsätze.

X. Niemand kann sich die Grenzen einer Ausdehnung oder eines Raumes vorstellen, ohne sich zugleich darüber hinaus einen anderen Raum, der unmittelbar daran stößt, vorzustellen.

XI. Ist der Stoff mannigfaltig und berührt ein Stoffteilchen nicht unmittelbar das andere, so ist jedes notwendig in Grenzen eingeschlossen, jenseits deren kein Stoff vorhanden ist.

XII. Die kleinsten Körper weichen leicht der Berührung unserer Hände.

XIII. Ein Raum durchdringt nicht den anderen und ist nicht das eine Mal größer als das andere Mal.

XIV. Ist ein Kanal A so lang wie der Kanal C, und C doppelt so breit als A, und geht ein flüssiger Stoff doppelt so schnell durch Kanal A als ein gleicher Stoff durch den Kanal C, so geht in gleicher Zeit eine gleiche Menge Stoff durch den Kanal A wie durch den Kanal C; und wenn durch A dieselbe Menge wie durch C hindurchgeht, so muß sie in A sich noch einmal so schnell bewegen wie in C.

XV. Dinge, die mit einem dritten Dinge übereinstimmen, stimmen auch unter einander überein, und wenn sie das Doppelte des dritten Dinges sind, so sind sie einander gleich.

XVI. Wenn ein Stoff sich auf verschiedene Weise *(diversimode)* bewegt, so hat er wenigstens so viel tatsächlich *(actu)* getrennte Teile, als verschiedene Grade der Geschwindigkeit zugleich in ihm vorhanden sind.

XVII. Die Gerade ist die kürzeste Verbindung zweier Punkte.

XVIII. Der von C nach B bewegte Körper A wird, wenn er durch einen Gegenstoß zurückgeworfen wird, auf derselben Linie sich nach C bewegen.

XIX. Wenn Körper mit entgegengesetzten Bewegungen sich begegnen, so müssen entweder beide, oder wenigstens einer eine gewisse Veränderung erleiden.

XX. Die Veränderung in einem Dinge geht von der stärkeren Kraft aus.

XXI. Wenn der Körper 1 sich gegen Körper 2 bewegt und ihn stößt, und der Körper 8 durch diesen Stoß sich nach 1 bewegt, so können die Körper 1, 2, 3 u. s. w. sich in keiner geraden Linie befinden, sondern müssen mit 8 einschließlich einen vollständigen Kreis bilden. Man sehe Def. IX.

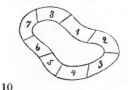

*   **Lehnsatz I.**

Wo es eine Ausdehnung oder einen Raum gibt, da gibt es auch notwendig eine Substanz.

Beweis. Die Ausdehnung oder der Raum kann nicht ein reines Nichts sein (nach Gr. 1), folglich ist er ein Attribut, das notwendig einer Sache zugeteilt werden muß, die indessen nicht Gott sein kann (nach Lehrs. 16 T. I). Also kann sie nur einer Sache zugeteilt werden, die der Beihilfe Gottes zu ihrem Dasein bedarf (nach Lehrs. 12 T. I), d. h. (nach Def. II ebda.) einer Substanz. W. z. b. w.

*   **Lehnsatz II.**

Verdünnung und Verdichtung werden klar und deutlich von uns vorgestellt, obgleich wir nicht einräumen, daß die Körper im Zustande der Verdünnung einen größeren Raum einnehmen als bei ihrer Verdichtung.

Beweis. Sie können nämlich schon dadurch klar und deutlich vorgestellt werden, daß die Teile eines Körpers von einander zurückweichen oder sich einander nähern. Sie werden also deshalb (nach Gr. 4) keinen größeren oder kleineren Raum einnehmen. Denn wenn die Teile eines Körpers, z. B. eines Schwammes, dadurch, daß sie sich einander nähern, die ihre Zwischenräume ausfüllenden Körper austreiben, so wird schon dadurch der Körper dichter, und seine Teile werden darum keinen kleineren Raum als vorher einnehmen (nach Gr. 4). Und wenn sie dann sich wieder von einander entfernen und die

Zwischengänge von anderen Körpern ausgefüllt werden, so wird eine Verdünnung entstehen, ohne daß die Teile einen größeren Raum einnehmen werden. Was man hier bei dem Schwamme mit den Sinnen deutlich wahrnimmt, kann man sich bei allen Körpern mit dem bloßen Verstande vorstellen, wenngleich deren Zwischenräume für die menschlichen Sinne nicht wahrnehmbar sind. Somit wird die Verdünnung und Verdichtung von uns klar und deutlich vorgestellt u. s. w. W. z. b. w.

Dies vorauszuschicken, schien nötig, damit der Verstand sich der falschen Vorstellungen über Raum, Verdünnung u. s. w. entschlage und so zur Einsicht des Folgenden geschickt gemacht werde.

Lehrsatz I.

Wenn auch die Härte, das Gewicht und die übrigen sinnlichen Eigenschaften von einem Körper abgetrennt werden so wird doch die Natur des Körpers trotzdem unversehrt bleiben.

Beweis. Von der Härte, z. B. dieses Steines, zeigt uns die Empfindung nichts weiter an, und wir sehen nichts weiter davon klar und deutlich ein, als daß die Teile des harten Körpers der Bewegung unserer Hände Widerstand leisten (nach Gr. 3); deshalb wird auch die Härte (nach Lehrs. 14 T. I) nichts weiter sein. Wird aber solch ein Körper in seine kleinsten Teilchen zerstoßen, so werden seine Teile leicht nachgeben (nach Gr. 12) und doch die Natur eines Körpers nicht verlieren. (Nach Gr. 5.) W. z. b. w.

Ebenso geschieht der Beweis für das Gewicht und die übrigen sinnlichen Eigenschaften.

Lehrsatz II.

Die Natur des Körpers oder des Stoffes (materia) besteht bloß in der Ausdehnung.

Beweis. Die Natur eines Körpers wird durch die Aufhebung seiner sinnlichen Eigenschaften nicht aufgehoben (nach Lehrs. 1 oben), folglich bilden sie auch nicht sein Wesen (nach Gr. 2). So bleibt nur die Ausdehnung und deren Beschaffenheiten *(affectiones)* (nach Gr. 7). Wenn man also auch sie beseitigt, so wird nichts bleiben, was zur Natur des Körpers gehört, sondern er wird damit gänzlich beseitigt, es besteht also (nach Gr. 2) die Natur eines Körpers bloß in seiner Ausdehnung. W. z. b. w.

Zusatz. Raum und Körper sind der Sache nach nicht verschieden.

Beweis. Der Körper und die Ausdehnung sind der Sache nach nicht verschieden (nach dem vorstehenden Lehrs.); ebenso sind der Raum und die Ausdehnung der Sache nach nicht verschieden (nach Def. VI), also sind auch (nach Gr. 15) Raum und Körper der Sache nach nicht verschieden. W. z. b. w.

Erläuterung.

Wenn ich auch sage*), daß Gott überall ist, so gebe ich doch damit nicht zu, daß Gott ausgedehnt ist, d. h. (nach Lehrsatz 2) körperlich; denn das Überall-Sein bezieht sich bloß auf die Macht Gottes und seine Beihilfe, durch die er alle Dinge erhält. Deshalb bezieht sich die Allgegenwart Gottes ebensowenig auf die Ausdehnung oder einen Körper, wie auf die Engel und auf die menschlichen Seelen. Wenn ich jedoch sage, daß seine Macht überall ist, so soll damit sein Wesen nicht ausgeschlossen werden, denn da, wo seine Macht, ist auch sein Wesen (Zus. zu Lehrs. 17, T. I), vielmehr soll nur die Körperlichkeit ausgeschlossen werden, d. h. Gott ist nicht durch eine körperliche Macht überall, sondern nur durch eine göttliche Macht und Wesenheit, welche gemeinsam die Ausdehnung und die denkenden Dinge erhalten (Lehrs. 17 T. I), und die er in Wahrheit nicht würde erhalten können, wenn seine Macht, d. h. sein Wesen, körperlich wäre.

Lehrsatz III.

Das Leere ist ein in sich widerspruchsvoller Begriff.

Beweis. Unter dem Leeren versteht man eine Ausdehnung ohne körperliche Substanz (nach Def. V),

---

*) Man sehe das Genauere hierüber im Anhang, T. 2, K. 3 und 9. (A. v. Sp.)

d. h. (nach Lehrs. 2 oben) einen Körper ohne Körper, was widersinnig ist.

Zur vollständigen Erklärung und zur Beseitigung der falschen Vorstellungen über das Leere lese man § 17 und 18, T. II der Prinzipien, wo besonders hervorgehoben wird, daß Körper, zwischen denen sich nichts befindet, sich notwendig gegenseitig berühren, und ferner, daß dem Nichts keine Eigenschaften zukommen.

Lehrsatz IV.

Ein Körperteil nimmt das eine Mal nicht mehr Raum ein als das andere Mal, und umgekehrt enthält derselbe Raum das eine Mal nicht mehr an Körpern als das andere Mal.

Beweis. Raum und Körper sind der Sache nach nicht verschieden (Zusatz zu Lehrs. 2). Wenn ich also sage, daß das eine Mal ein Raum nicht größer ist als das andere Mal (nach Gr. 13), so sage ich damit zugleich, daß der Körper das eine Mal nicht größer sein, d. h. nicht einen größeren Raum einnehmen kann als das andere Mal; dies war das Erste. Ferner folgt aus unserem Satze, daß Körper und Raum der Sache nach nicht verschieden sind, daß, wenn wir sagen, derselbe Körper könne das eine Mal nicht mehr Raum einnehmen als das andere Mal, wir zugleich sagen, daß derselbe Raum das eine Mal nicht mehr an Körpern enthalten kann als das andere Mal. W. z. b. w.

Zusatz. **Körper, die einen gleichen Raum einnehmen, z. B. Gold oder Luft, enthalten auch gleich viel Stoff oder körperliche Substanz.**

Beweis. Die körperliche Substanz besteht nicht in der Härte, z. B. des Goldes, noch in der Weichheit, z. B. der Luft, noch in anderen sinnlichen Eigenschaften (nach Lehrs. 1, T. II), sondern allein in der Ausdehnung (nach Lehrs. 2, T. II). Da nun (nach der Annahme) in dem einen so viel Raum oder (nach Def. VI) so viel Ausdehnung wie in dem anderen ist, so ist auch in jedem gleichviel körperliche Substanz, w. z. b. w.

Lehrsatz V.
Es gibt keine Atome.

Beweis. Die Atome sind Stoffteile, die ihrer
Natur nach unteilbar sind (nach Def. III), allein da die
Natur des Stoffes in der Ausdehnung besteht (nach
Lehrs. 2, T. II), die ihrer Natur nach, auch wenn sie
noch so klein ist, teilbar ist (nach Gr. 9 und Def. VII),
so ist also jeder noch so kleine Teil des Stoffes seiner
Natur nach teilbar, d. h. es gibt keine Atome oder
keine von Natur unteilbaren Teile des Stoffes, w. z. b. w.

Erläuterung.

Die Frage, ob es Atome gibt, ist immer von
großer Bedeutung und Schwierigkeit gewesen. Manche
behaupten, daß es Atome gebe, weil ein Unendliches
nicht größer als das andere sein könne, und wenn
zwei Größen, z. B. A und 2 A, ohne Ende teilbar
wären, so könnten sie auch durch die Macht Gottes,
der ihre unendlichen Teile mit einem Blick durchschaut, tatsächlich *(actu)* in unendlich viele Teile geteilt werden. Wenn nun, wie gesagt, das eine Unendliche nicht größer sein kann als das andere, so
wäre die Größe A gleich 2 A, was doch widersinnig
ist. Ferner wirft man die Frage auf, ob die Hälfte
einer unendlichen Zahl auch unendlich sei, und ob
sie gerade oder ungerade sei und mehr derart. Descartes antwortet auf alles das, daß man das unserem
Verstand Erfaßbare und deshalb klar und deutlich
Vorgestellte nicht wegen anderem verwerfen solle,
was unseren Verstand und unsere Fassungskraft überschreitet und deshalb von uns gar nicht oder nur
sehr ungenügend erfaßt wird. Das Unendliche und
seine Eigenschaften überschreiten aber den seiner
Natur nach endlichen menschlichen Verstand, und es
wäre deshalb töricht, das, was wir klar und deutlich in Betreff des Raumes vorstellen, als falsch zu
verwerfen oder es zu bezweifeln, bloß weil wir das
Unendliche nicht begreifen können. Deshalb bezeichnet Descartes das, woran wir keine Grenze bemerken,
wie die Ausdehnung der Welt, die Teilbarkeit der
Teile des Stoffes u. s. w., als indefinit. Man sehe
darüber Prinzipien § 26, T. I.

Lehrsatz VI.

Der Stoff ist ohne Ende (indefinite) ausgedehnt, und der Stoff des Himmels und der Erde ist ein und derselbe.

Beweis des ersten Teiles. Man kann sich von der Ausdehnung, d. h. (nach Lehrs. 2, T. II) von dem Stoffe keine Grenzen vorstellen, ohne zugleich über sie hinaus andere unmittelbar anstoßende Räume (nach Gr. 10) d. h. (nach Def. VI) eine Ausdehnung oder einen Stoff sich vorzustellen, und zwar ohne Ende. Dies war das Erste.

Beweis des zweiten Teils. Das Wesen des Stoffes besteht in der Ausdehnung (nach Lehrs. 2, T. II), und zwar einer endlosen (nach dem ersten Teil), d. h. (nach Def. IV) einer solchen, die vom menschlichen Verstand nicht begrenzt vorgestellt werden kann; deshalb ist er nicht mannigfach verschieden (nach Gr. 11), sondern überall ein und derselbe. Dies war das Zweite.

Erläuterung.

Bis hierher habe ich über die Natur oder das Wesen der Ausdehnung gehandelt. Daß nun aber eine solche, so, wie wir sie vorstellen, von Gott geschaffen ist und existiert, ist durch den letzten Lehrsatz in Teil I dargetan worden, und aus Lehrs. 12, T. I folgt, daß diese Ausdehnung durch dieselbe Macht, die sie geschaffen hat, auch erhalten wird. Ferner habe ich durch den letzten Lehrsatz in Teil I bewiesen, daß wir als denkende Dinge mit einem Teile dieses Stoffes vereint sind und mit dessen Hilfe wahrnehmen, und daß wirklich alle jene mancherlei Unterschiede bestehen, deren der Stoff, wie wir aus seiner Betrachtung wissen, fähig ist, wie die Teilbarkeit, die Ortsbewegung oder die Wanderung eines Teiles des Stoffes von einem Ort an einen anderen, die man deutlich und klar erkennt, sobald man nur einsieht, daß andere Stoffteile an Stelle der wandernden nachfolgen. Diese Teilung und Bewegung wird von uns auf unendlich viele Weisen vorgestellt, und deshalb kann man sich auch unendlich viele Verschiedenheiten des Stoffes vorstellen. Ich sage, daß dies klar und

deutlich geschieht, solange man sie selbst als Arten der
Ausdehnung und nicht als Dinge vorstellt, die von der
Ausdehnung sachlich *(realiter)* verschieden sind, wie
in Teil I der Prinzipien ausführlich dargelegt ist. Allerdings haben die Philosophen sich noch viele andere
Arten der Bewegung ausgedacht, allein ich kann nur
das klar und deutlich Vorgestellte zulassen, weil man
klar und deutlich einsieht, daß nur diese örtliche Bewegung der Ausdehnung fähig ist. Auch kann, da
10 keine andere Bewegung unter unsere Einbildung fällt,
nur die örtliche zugelassen werden.

Allerdings sagt man von Zeno, daß er die Ortsbewegung aus verschiedenen Gründen geleugnet habe.
Der Cyniker Diogenes widerlegte sie in seiner Weise,
indem er in der Schule, wo Zeno dies lehrte, auf-
und abging und die Zuhörer desselben dadurch störte.
Als er aber merkte, daß ein Zuhörer ihn festhielt,
um ihn an dem Auf- und Abgehen zu hindern, da
schalt er ihn, indem er sagte: „Wie kannst du es wagen,
20 so die Gründe deines Lehrers zu widerlegen"? Indes
möge sich niemand durch die Gründe des Zeno täuschen lassen und glauben, die Sinne zeigten uns etwas,
nämlich die Bewegung, was dem Verstande widerspricht, sodaß also der Geist selbst bei dem, was
er mit Hilfe des Verstandes klar und deutlich erfaßt,
getäuscht werde. Ich will zu dem Ende Zenos
Hauptargumente hier anführen und zeigen, daß sie
nur auf falschen Vorurteilen beruhen, weil ihm nämlich der richtige Begriff des Stoffes gefehlt hat.
30 Erstens soll er gesagt haben, daß, wenn es eine
Ortsbewegung gäbe, so würde die möglichst schnelle
Kreisbewegung eines Körpers sich von der Ruhe nicht
✷ unterscheiden. Allein dies ist widersinnig, folglich
auch jenes, wie sich folgendermaßen zeigen läßt. Derjenige Körper ruht nämlich, dessen sämtliche Punkte
beständig an derselben Stelle bleiben; nun bleiben aber
alle Punkte eines Körpers, der mit der höchsten Geschwindigkeit sich im Kreise dreht, an derselben Stelle;
also u. s. w. Zeno soll dies selbst an dem Beispiel
40 eines Rades erläutert haben. Dieses Rad sei A B C.
Wird dasselbe mit einer gewissen Geschwindigkeit
um seinen Mittelpunkt gedreht, so wird der Punkt A

Erläuterung zu Lehrsatz VI.

seinen Umlauf durch B und C schneller vollenden, als wenn es langsamer gedreht würde. Man nehme also z. B. an, daß der Punkt A bei einer langsamen Bewegung nach Ablauf einer Stunde wieder da sei, von wo er ausgegangen ist. Nimmt man aber an, die Bewegung sei doppelt so schnell, so wird er in einer halben Stunde seine erste Stelle wieder erreicht haben; und ist die Bewegung viermal so schnell, in einer Viertelstunde. Nimmt man aber eine unendlich ver-

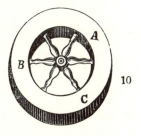

mehrte Geschwindigkeit an, so vermindert sich diese Zeit bis auf einen Augenblick. Der Punkt A wird dann bei dieser höchsten Geschwindigkeit zu allen Zeitpunkten, also immer, an derselben Stelle sein, und was man hier von dem Punkt A einsieht, sieht man auch von allen anderen Punkten dieses Rades ein; mithin bleiben alle Punkte desselben bei dieser höchsten Geschwindigkeit an derselben Stelle.

Indes gilt, um darauf zu antworten, dieser Grund mehr gegen die höchste Geschwindigkeit der Bewegung als gegen die Bewegung selbst; doch will ich nicht prüfen, ob Zeno seinen Beweis richtig geführt hat, sondern ich will vielmehr diese Vorurteile, auf denen die ganze Begründung beruht, soweit er damit die Bewegung angreifen will, aufdecken. Zunächst nimmt Zeno an, man könne sich eine so schnelle Bewegung des Körpers vorstellen, daß eine noch schnellere nicht möglich sei. Sodann nimmt er an, die Zeit setze sich aus Zeitpunkten zusammen, so wie andere von der Größe angenommen haben, sie setze sich aus unteilbaren Punkten zusammen. Aber beides ist falsch. Man kann sich nie eine Bewegung so schnell vorstellen, daß man nicht eine noch schnellere annehmen könnte; es widerstrebt unserem Verstande, eine Bewegung, wenn sie auch nur eine kleine Linie beschreibt, so schnell vorzustellen, daß es keine schnellere geben könne. Dasselbe gilt auch für die Langsamkeit; man kann nicht eine so langsame Bewegung sich vorstellen,

daß es keine noch langsamere geben könnte. Dasselbe behaupte ich von der Zeit, die das Maß der Bewegung ist; auch hier widerstrebt es unserem Verstande, sich eine allerkürzeste Zeit vorzustellen. Um dies alles zu beweisen, folge ich den Schritten des Zeno. Man nehme also mit ihm an, daß ein Rad ABC sich so schnell um seinen Mittelpunkt dreht, daß der Punkt A in allen Zeitmomenten sich an der Stelle A befindet, von der er ausgeht. Ich sage nun, daß ich
10 mir deutlich eine Geschwindigkeit vorstelle, die noch grenzenlos *(indefinite)* größer als jene ist, und wo also auch die Zeitpunkte noch unendlich viel kleiner sind. Denn man nehme an, daß, während das Rad ABC sich um seinen Mittelpunkt bewegt, es mit Hilfe eines

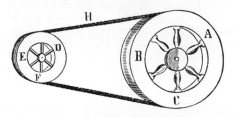

Seiles H bewirkt, daß auch ein anderes Rad DEF (das ich nur halb so groß annehme) sich um seinen Mittelpunkt dreht. Da nun das Rad DEF nur halb so groß als das Rad ABC angenommen ist, so dreht es sich offenbar noch einmal so schnell als jenes,
20 und der Punkt D ist deshalb in den einzelnen halben Zeitpunkten wieder an derselben Stelle, von wo er ausgegangen, und gibt man dem Rade ABC die Bewegung von DEF, so wird sich dieses viermal so schnell bewegen wie zuvor, und läßt man wieder das Rad ABC sich mit dieser Geschwindigkeit bewegen, so wird sich das Rad DEF achtmal so schnell bewegen und so fort ohne Ende. Dies erhellt nun auf das klarste aus dem bloßen Begriffe des Stoffes, da das Wesen des Stoffes, wie ich gezeigt habe, in der
30 Ausdehnung oder in dem immerfort teilbaren Raume besteht, und es keine Bewegung ohne Raum gibt. Auch habe ich bewiesen, daß ein bestimmter Stoffteil nicht

zugleich zwei Orte einnehmen kann; denn dies wäre ebenso, wie wenn ich sagte, daß ein Stoffteil dem doppelt so großen gleich sei, wie aus dem früher Dargelegten erhellt. Bewegt sich also ein Stoffteil, so bewegt er sich durch einen Raum, und wenn auch dieser Raum und folglich auch die Zeit, durch welche die Bewegung gemessen wird, noch so klein angenommen werden, so ist doch dieser Raum teilbar, und also ist auch die Dauer dieser Bewegung, d. h. die Zeit, teilbar, und zwar ohne Ende. W. z. b. w.

Ich gehe jetzt über zu einem anderen sophistischen Grund, den Zeno benutzt haben soll, nämlich wenn ein Körper sich bewegt, so bewegt er sich entweder an der Stelle, wo er ist, oder wo er nicht ist; ersteres kann nicht sein, denn wenn er irgendwo ist, so ruht er notwendig. Aber ebensowenig kann er sich an einem Orte bewegen, wo er nicht ist, und mithin bewegt sich der Körper überhaupt nicht. Diese Begründung ist der vorigen ganz ähnlich; auch hier wird eine allerkürzeste Zeit angenommen. Denn wenn man antwortet, daß der Körper sich nicht an einer Stelle bewege, sondern von der Stelle, wo er ist, zu einer, wo er nicht ist, so wird Zeno fragen, ob er nicht in den Zwischenstellen gewesen sei. Antwortet man so, daß man unter diesem „gewesen sei" das „geruht haben" versteht, so bestreite ich, daß der Körper irgendwo gewesen ist, solange er sich bewegt hat; versteht man aber unter dem „gewesen sei", daß er existiert hat, so sage ich, daß der Körper notwendig, solange er sich bewegte, auch existiert hat. Zeno wird nun wieder fragen, wo er denn während seiner Bewegung gewesen sei. Will er nun mit diesem „wo er gewesen sei" fragen, welchen Ort er eingenommen habe, solange er sich bewegte, so sage ich, daß er keinen Ort eingenommen hat; soll es aber heißen: welchen Ort er gewechselt hat, so sage ich, alle Orte, die man nur in diesem von dem Körper durchlaufenen Raume angeben kann. Fährt Zeno dann fort zu fragen, ob der Körper zu demselben Zeitpunkte habe einen Ort einnehmen und wechseln können, so unterscheide ich auch hier und antworte, daß, wenn er unter Zeitpunkt eine solche Zeit verstehe, über die hinaus es keine

kleinere gebe, er nach einer unfaßbaren Sache frage,
wie ich bereits dargelegt habe, man also darauf nicht
zu antworten brauche; verstehe er aber die Zeit in
dem oben erläuterten, d. h. in ihrem wahren Sinne,
so antworte ich, daß man niemals eine so kleine
Zeit angeben könne, in der, wenn sie auch noch so
klein angenommen werde, der Körper nicht einen Ort
annehmen und verändern konnte, wie jedem Aufmerk-
samen einleuchtet. Hieraus erhellt, wie ich oben angegeben, daß Zeno die Annahme einer allerkleinsten
Zeit macht und daß er deshalb auch hier nichts zu
beweisen vermag.

Außer diesen beiden Gründen ist bisweilen noch
von einem anderen die Rede, den man samt seiner
Widerlegung im vorletzten Briefe Descartes' in
Band I nachlesen kann.

Ich möchte hier aber meine Leser daran erinnern,
daß ich den Gründen des Zeno meine eigenen Gründe
entgegengestellt, also ihn mittels Vernunftgründe widerlegt habe und nicht durch den Augenschein, wie Diogenes es getan hat. Denn die Sinne können dem nach
Wahrheit Forschenden nur Erscheinungen der Natur
bieten, welche ihn bestimmen, ihre Ursachen aufzu-
suchen; aber sie können niemals das, was der Verstand klar und deutlich als wahr erkannt hat, als
falsch darlegen. Dies ist meine Ansicht und mein
Verfahren; ich will die Dinge, die ich behandle, durch
Gründe, die der Verstand klar und deutlich eingesehen
hat, beweisen, ohne auf das, was die Sinne dagegen
angeben, zu achten; denn die Sinne können, wie gesagt, den Verstand nur bestimmen, eher dies als jenes
zu untersuchen, aber sie können das klar und deutlich Erkannte nicht als falsch darlegen.

Lehrsatz VII.

*Kein Körper tritt an die Stelle eines anderen, wenn nicht
zugleich dieser an die Stelle wieder eines anderen Körpers tritt.*

Beweis. (Man sehe die Figur zu Lehrs. 8.) Bestreitet man dies, so setze man, wenn es möglich ist,
der Körper A nehme die Stelle des Körpers B ein,
welchen B ich als mit A gleich annehme, und der von

Lehrsatz VII, VIII.

seinem Orte nicht weicht. Mithin wird der Raum, der bis dahin nur B enthielt, jetzt (nach der Annahme) A und B, also das Doppelte an körperlicher Substanz gegen vorher enthalten, was (nach Lehrsatz 4, II) widersinnig ist. Deshalb tritt kein Körper an die Stelle eines anderen ohne u. s. w. W. z. b. w.

Lehrsatz VIII.

Wenn ein Körper an die Stelle eines anderen tritt, so wird gleichzeitig seine von ihm verlassene Stelle von einem anderen Körper eingenommen, der ihn unmittelbar berührt.

Beweis. Wenn der Körper B sich nach D bewegt, so werden gleichzeitig die Körper A und C sich einander nähern und entweder einander berühren oder nicht. Geschieht ersteres, so wird das damit Gesagte anerkannt. Nähern sie sich einander nicht, und liegt der ganze von B verlassene Raum zwischen A und C, so liegt ein dem B gleicher Körper (nach Zus. zu Lehrs. 2, II und Zus. zu Lehrs. 4, II) dazwischen. Aber (nach der Annahme) nicht derselbe B; also ein anderer Körper, der in demselben Augenblick seine Stelle einnimmt, und da dieses Einnehmen in demselben Augenblick erfolgt, so kann dies nur ein den B berührender Körper sein; nach Erl. zu Lehrs. 6, II, wo ich gezeigt habe, daß es keine Bewegung von einem Orte nach einem anderen gibt, die nicht eine Zeit erfordert, welche niemals die allerkürzeste ist. Daraus folgt, daß der Raum des Körpers B nur von einem solchen gleichzeitig eingenommen werden kann, der sich zu dem Behuf durch keinen Raum zu bewegen braucht, ehe er diese Stelle einnehmen kann. Also kann nur ein den B unmittelbar berührender Körper gleichzeitig dessen Stelle einnehmen. W. z. b. w.

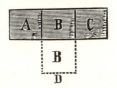

Erläuterung.

Da die Stoffteile sich wirklich von einander unterscheiden (nach § 61, T. I der Prinzipien), so kann

der eine ohne den anderen existieren (nach Zus. zu
Lehrs. 7, I), und sie hängen nicht von einander ab.
Deshalb sind alle jene Erdichtungen über Sympathien
und Antipathien als falsch zu verwerfen. Ferner muß
die Ursache einer Wirkung immer etwas Positives
sein (nach Gr. 8, T. I), und man kann deshalb niemals
sagen, daß ein Körper sich bloß deshalb bewegt,
damit kein Leeres entsteht; vielmehr bedarf
es dazu des Stoßes durch einen anderen.

Zusatz. Bei jeder Bewegung bewegt sich
gleichzeitig ein ganzer Kreis von Körpern.

Beweis. Zu der Zeit, wo der Körper 1 die Stelle
von Körper 2 einnimmt, muß
dieser an die Stelle eines anderen,
etwa 3, eintreten und so
fort (nach Lehrs. 7, II). Ferner
muß in demselben Zeitpunkt, wo
der Körper 1 die Stelle des Körpers
2 einnimmt, die vom Körper 1 verlassene Stelle von einem
anderen eingenommen werden
(nach Lehrs. 8, II), etwa von Körper 8 oder einem
anderen, der den Körper 1 unmittelbar berührt. Da
dies nun nur durch den Stoß eines anderen Körpers
geschehen kann (nach der vorstehenden Erläuterung),
als welcher hier Körper 1 angenommen wird, so können
diese sämtlich bewegten Körper sich nicht in einer
geraden Linie befinden (nach Gr. 21), sondern beschreiben
(nach Def. 9) eine vollständige in sich zurückkehrende
Linie.

Lehrsatz IX.

*Wenn der Kanal A B C mit Wasser angefüllt ist und
er bei A viermal breiter als bei B ist, so wird zu derselben
Zeit, wo jenes Wasser (oder eine andere Flüssigkeit),
was bei A ist, sich nach B zu bewegen beginnt, das bei B
befindliche Wasser sich viermal schneller bewegen.*

Beweis. Wenn sich das ganze Wasser bei A
nach B bewegt, so muß gleichzeitig ebensoviel Wasser
von C aus, das A unmittelbar berührt, seine Stelle
einnehmen (nach Lehrs. 8, II), und aus B muß eben-

soviel Wasser die Stelle C einnehmen (nach demselben Lehrsatz), folglich muß es sich bei B viermal so schnell bewegen (nach Gr. 14). W. z. b. w.

Was hier von einem kreisrunden Kanal gesagt ist, gilt auch von allen ungleichen Räumen, durch welche die sich gleichzeitig bewegenden Körper hindurchgehen sollen; der Beweis hierfür bleibt im übrigen derselbe.

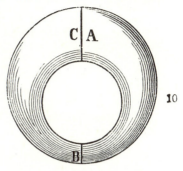

10

Lehnsatz.

Wenn zwei Halbkreise um denselben Mittelpunkt beschrieben werden, wie A und B, so bleibt der Raum zwischen beiden Peripherien sich überall gleich; werden

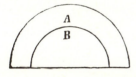 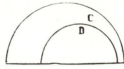

sie aber um verschiedene Mittelpunkte beschrieben, wie C und D, so ist dieser Raum zwischen beiden Peripherien überall ungleich.

Der Beweis ergibt sich aus der bloßen Definition des Kreises.

Lehrsatz X.

Eine Flüssigkeit, die sich durch den Kanal ABC (in der Figur zu Lehrs. 9) bewegt, nimmt unendlich viele verschiedene Geschwindigkeitsgrade an.

Beweis. Der Raum zwischen A und B ist überall ungleich (nach dem vorstehenden Lehnsatz); deshalb wird (nach Lehrs. 9, II) die Geschwindigkeit, mit der sich die Flüssigkeit durch den Kanal A B C bewegt, überall ungleich sein. Da man ferner zwischen A und B sich unendlich viele kleinere und größere Räume vorstellen kann (nach Lehrs. 5, II), so stellt man sich auch die räumlichen Ungleichheiten überall in unendlicher Anzahl vor, und deshalb werden der Grade der Geschwindigkeit (nach Lehrs. 9, II) unendlich viele sein. W. z. b. w.

Lehrsatz XI.

In dem durch den Kanal ABC (Figur zu Lehrs. 9) fließenden Stoffe gibt es eine Teilung in unendlich viele Teile.

Beweis. Der durch den Kanal A B C fließende Stoff erlangt gleichzeitig unendlich viele Grade der Geschwindigkeit (nach Lehrs. 10, II), also hat er (nach Gr. 16) unendlich viele wirklich verschiedene Teile. W. z. b. w. Man sehe § 34 und 35, T. II der Prinzipien.

Erläuterung.

Bis hierher habe ich von der Natur der Bewegung gehandelt. Ich muß nun deren Ursache untersuchen, die zwiefach ist; nämlich eine erste oder allgemeine, welche die Ursache aller in der Welt vorhandenen Bewegungen ist und eine besondere, durch welche die einzelnen Stoffteile Bewegungen empfangen, die sie früher nicht gehabt haben. Da man (nach Lehrs. 14, I und Erl. zu Lehrs. 17, I) nur das klar und deutlich Erfaßte zulassen kann, so kann man offenbar als allgemeine Ursache nur Gott annehmen, da keine andere Ursache außer ihm (als dem Schöpfer des Stoffes) klar und deutlich eingesehen werden kann, und was ich hier von der Bewegung sage, gilt auch für die Ruhe.

Lehrsatz XII.

Gott ist die Grundursache (causa principalis) der Bewegung.

Beweis. Man sehe die vorstehende Erläuterung.

Lehrsatz XIII.

Dieselbe Menge (quantitas) von Bewegung und Ruhe, die Gott dem Stoffe einmal verliehen hat, erhält Gott auch durch seinen Beistand.

Beweis. Da Gott die Ursache der Bewegung und Ruhe ist (nach Lehrs. 12, II), so erhält er sie auch durch dieselbe Macht, durch die er sie erschaffen hat (nach Gr. 10, I), und zwar in derselben Menge, in der er sie anfänglich erschaffen hat (nach Zus. zu Lehrs. 20, I). W. z. b. w.

Erläuterung 1.

Obgleich es in der Theologie heißt, daß Gott vieles nach seinem Belieben tue, um seine Macht den Menschen zu zeigen, so kann doch das, was nur von seinem Belieben abhängt, allein durch die göttliche Offenbarung bekannt werden, und deshalb darf dies in der Philosophie, wo nur das, was die Vernunft lehrt, erforscht wird, nicht zugelassen werden, damit nicht die Philosophie mit der Theologie vermengt wird.

Erläuterung 2.

Obgleich die Bewegung an dem bewegten Stoffe nur ein Zustand ist, so hat sie doch eine feste und bestimmte Menge, und es wird sich im folgenden zeigen, wie dies zu verstehen ist. Man sehe § 36, T. II der Prinzipien.

Lehrsatz XIV.

Jedes Ding, sofern es einfach und ungeteilt ist und an sich allein betrachtet wird, verharrt, sofern an ihm liegt, immer in demselben Zustande.

Dieser Satz gilt bei vielen als ein Grundsatz; ich will ihn aber beweisen.

Beweis. Da alles in einem bestimmten Zustande nur durch Gottes Beihilfe sein kann (nach Lehrs. 12, I), und Gott in seinen Werken höchst beständig ist (nach Zus. zu Lehrs. 20, I), so muß man zugeben, wenn man auf keine äußeren, d. h. besonderen Ursachen achtet, sondern das Ding nur an sich selbst betrachtet, daß es an sich selbst in seinem gegenwärtigen Zustand immer verharren wird. W. z. b. w.

Zusatz. Ein Körper, der einmal in Bewegung ist, wird in seiner Bewegung immer fortfahren, wenn nicht äußere Ursachen ihn aufhalten.

Beweis. Dies erhellt aus dem vorstehenden Lehrsatz. Um indes falsche Vorstellungen über die Bewegung zu berichtigen, lese man § 37, 38, T. II der Prinzipien nach.

Lehrsatz XV.

Jeder bewegte Körper hat an sich das Bestreben, sich in gerader Linie und nicht in einer Kurve zu bewegen.

Man könnte diesen Satz zu den Grundsätzen rechnen, indes will ich ihn aus dem Vorhergehenden beweisen:

Beweis. Da die Bewegung (nach Lehrs. 12, II) nur Gott zur Ursache hat, so hat sie aus sich selbst keine Kraft, zu existieren (nach Gr. 10, I), sondern wird in jedem Augenblick von Gott gleichsam neu geschaffen (nach dem bei dem erwähnten Grundsatz Bewiesenen). Solange man daher auf die bloße Natur der Bewegung achthat, wird man ihr nie eine solche Dauer, als ihr von Natur zukommend, zuschreiben können, die größer als eine andere vorgestellt werden kann. Sagt man aber, es gehöre zur Natur eines bewegten Körpers, daß er eine Kurve in seiner Bewegung beschreibt, so würde man der Natur seiner Bewegung eine längere Dauer zuteilen, als wenn man annimmt, es gehöre zur Natur eines bewegten Körpers, daß er sich in gerader Linie zu bewegen strebt (nach Gr. 17). Da man nun (wie bewiesen) eine solche Dauer der Natur der Bewegung nicht zuschreiben kann, so kann man es auch nicht als zur Natur der Bewegung gehörig ansehen, daß er in irgend einer Kurve sich bewegt, sondern er kann sich demnach nur in gerader Linie bewegen. W. z. b. w.

Erläuterung.

Dieser Beweis scheint für manche vielleicht ebensowenig zu beweisen, daß zur Natur der Bewegung die krumme wie die geradlinige Richtung gehöre, und zwar deshalb, weil man keine gerade Linie angeben kann, über die hinaus es keine kleinere gerade oder krumme geben kann, und ebenso keine Kurve, über die hinaus es nicht eine kleinere Kurve geben kann. Allein selbst in Anbetracht dessen halte ich doch den Beweis für richtig geführt, da er bloß aus dem allgemeinen Wesen *(essentia)* oder aus dem wesentlichen Unterschied der Linien das zu Beweisende folgert und nicht aus der Größe oder dem zufälligen Unterschied derselben. Um indes die an sich hinlänglich klare Sache durch den Beweis nicht dunkler zu machen, verweise ich den Leser bloß auf die Definition der Bewegung, die von derselben nur aussagt, daß ein Stoffteil aus der Nachbarschaft u. s. w. in die Nachbarschaft anderer u. s. w. übergeführt werde. Fassen wir nun diese Überführung nicht in der einfachsten Weise auf, d. h. so, daß sie geradlinig geschieht, so setzt man der Bewegung etwas hinzu, was in ihrer Definition oder ihrem Wesen nicht enthalten ist und daher auch nicht zu ihrer Natur gehört.

Zusatz. Aus diesem Lehrsatz folgt, daß jeder in einer Kurve sich bewegende Körper fortwährend von der Linie, in der er sich an und für sich weiterbewegen würde, abweicht, und zwar durch die Kraft irgend einer äußeren Ursache. (Nach Lehrs. 14, II.)

Lehrsatz XVI.

Jeder Körper, der sich im Kreise bewegt, wie z. B. der Stein in der Schleuder, wird fortwährend bestimmt, sich in der Richtung der Tangente fortzubewegen.

Beweis. Ein im Kreise bewegter Körper wird immer durch eine äußere Kraft gehindert, sich in gerader Linie weiterzubewegen (nach dem vorgehenden Zusatz), und hört diese Kraft auf, so beginnt der Körper von selbst sich geradeaus fortzubewegen (nach Lehrs. 15). Ich sage ferner, daß ein im Kreise bewegter Körper durch eine äußere Ursache bestimmt wird, sich in der Richtung der Tangente weiterzubewegen. Wenn man dies bestreitet, so setze man, daß z. B. der Stein in B von der Schleuder nicht in der Richtung der Tangente BD bestimmt werde, sondern nach einer anderen Richtung, welche von diesem Punkte aus innerhalb oder außerhalb des Kreises vorgestellt wird, z. B. nach BF, wenn die Schleuder aus dem Teile L nach B gehend vorgestellt wird, oder nach BG (von der ich annehme, daß sie mit der Linie BH, die von dem Mittelpunkt durch den Halbkreis gezogen wird und diesen in B schneidet, einen Winkel bildet, der dem Winkel FBH gleich ist), wenn umgekehrt angenommen wird, daß die

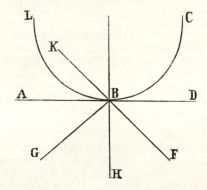

Schleuder von dem Teil C nach B gelangt. Wird nun angenommen, daß der Stein im Punkte B an der Schleuder, die von L nach B sich im Kreise bewegt, bestimmt wird, sich nach F fortzubewegen, so muß notwendig (nach Gr. 18), wenn die Schleuder in umgekehrter Richtung von C nach B sich bewegt, der Stein in einer der Linie BF entgegengesetzten Richtung sich zu bewegen fortfahren und wird deshalb nach K und nicht nach G hintreiben, was gegen die Annahme geht. Da nun*) keine Linie mit Ausnahme der Tangente durch den Punkt B geführt werden kann, welche mit der Linie BH auf beiden Seiten

---

*) Dies erhellt aus Lehrsatz 18 und 19, Buch III der Elemente von Euklid. (A. v. Sp.)

gleiche Winkel, wie DBH und ABH bildet, so ist die Tangente allein imstande, ein und derselben Annahme nicht zuwiderzuhandeln, mag nun die Schleuder sich von L nach B oder von C nach B bewegen, und man kann deshalb nur die Tangente als die Linie zulassen, in welcher der Stein sich fortzubewegen strebt. W. z. b. w.

Ein anderer Beweis. Man nehme statt eines ✱ Kreises ein Sechseck, das in den Kreis ABH einge-

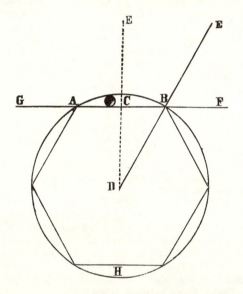

zeichnet ist, und der Körper C soll auf der einen Seite AB in Ruhe sich befinden; sodann stelle man sich ein Lineal DBE vor (dessen eines Ende im Mittelpunkt D fest ist, und dessen anderes beweglich ist), das sich um den Mittelpunkt D bewegt und dabei die Linie AB fortwährend durchschneidet. Hier erhellt, daß, wenn das Lineal DBE sich so fortbewegt, es den Körper C zu dem Zeitpunkte treffen wird, wo es die Linie AB unter den rechten Winkeln durch-

schneidet, und daß es den Körper C durch seinen
Stoß bestimmen wird, in der geraden Linie FBAG
sich nach G zu bewegen, d. h. nach der ins Unendliche
verlängerten Seite AB. Wir haben aber hier das
Sechseck nur ganz beliebig angenommen, und dasselbe
wird auch von jeder anderen Figur gelten, die man
sich als in diesen Kreis eingezeichnet vorstellen kann;
nämlich daß, wenn der Körper C, der auf einer Seite
der Figur in Ruhe ist, von dem Lineal DBE zu der
10 Zeit gestoßen wird, wo es diese Seite im rechten
Winkel schneidet, der Körper von dem Lineal bestimmt
werden wird, sich nach der Richtung dieser ins Unendliche
verlängerten Seite weiterzubewegen. Man
stelle sich daher statt eines Sechsecks eine geradlinige
Figur von unendlich vielen Seiten vor (d. h.
einen Kreis nach der Definition des Archimedes), so
erhellt, daß das Lineal DBE den Körper C, wo es
ihn auch treffen wird, immer zu der Zeit treffen
wird, wo es eine Seite einer solchen Figur recht-
20 winkelig durchschneidet. Somit wird es den Körper C
nie treffen, ohne ihn nicht zugleich zu bestimmen,
daß er fortfahre, sich in der Richtung der ins Unendliche
verlängerten Linie fortzubewegen. Da nun
jede nach beiden Richtungen verlängerte Seite immer
außerhalb der Figur fallen muß, so wird eine solche
unbestimmt verlängerte Seite die Tangente einer Figur
von unendlich vielen Seiten, d. h. eines Kreises sein.
Stellt man sich nun statt eines Lineals eine im Kreise
sich bewegende Schleuder vor, so wird sie den Stein
30 fortwährend bestimmen, sich in der Richtung der
Tangente fortzubewegen. W. z. b. w.

*Man bemerke, daß beide Beweise sich jeder beliebigen
krummlinigen Figur anpassen lassen.*

Lehrsatz XVII.

*Jeder im Kreise bewegte Körper strebt danach, sich von
dem Mittelpunkt des Kreises, den er beschreibt, zu entfernen.*

Beweis. Solange ein Körper sich im Kreise bewegt,
wird er von einer äußeren Ursache getrieben,
mit deren Aufhören er sich in der Richtung der Tan-

Lehrsatz XVII, XVIII.

gente zu bewegen fortfährt (nach dem vorhergehenden Lehrsatz), von der alle Punkte bis auf den, wo sie den Kreis berührt, außerhalb des Kreises fallen (nach Lehrs. 16, Buch 3 der Elemente von Euklid), und deshalb von dem Kreise weiter abstehen. Deshalb strebt der in der Schleuder E A befindliche im Kreise bewegte Stein, wenn er im Punkt A ist, sich in der Geraden fortzubewegen, deren Punkte sämtlich von dem Mittelpunkte E weiter abstehen, als alle Punkte der Peripherie L A B, d. h. er strebt danach, sich von dem Mittelpunkte des Kreises, den er beschreibt, zu entfernen. W. z. b. w.

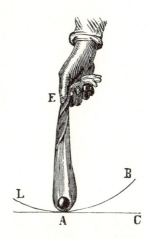

Lehrsatz XVIII.

Wenn sich ein Körper, etwa A, gegen einen ruhenden Körper B bewegt, und B trotz des Stoßes durch A nichts von seiner Ruhe verliert, so wird auch A nichts von seiner Bewegung verlieren, sondern dieselbe Bewegungsquantität (quantitas motus), die er früher hatte, ganz behalten.

Beweis. Wenn man dies bestreitet, so nehme man an, der Körper A verliere etwas von seiner Bewegung, ohne die verlorene Bewegung auf einen anderen Körper, etwa B, zu übertragen; dann wird es in der Natur, wenn dies geschieht, eine geringere Bewegungsquantität als vorher geben, was widersinnig ist (nach Lehrs. 13, II). Ebenso geschieht der Beweis mit Bezug auf die Ruhe in dem Körper B; deshalb wird, wenn keiner von beiden etwas von sich auf den anderen überträgt, B seine ganze Ruhe und A seine ganze Bewegung behalten. W. z. b. w.

Lehrsatz XIX.

Die Bewegung ist, an und für sich betrachtet, von ihrer Richtung nach einem bestimmten Ort hin verschieden, und es ist nicht nötig, daß ein Körper deshalb, weil er in der entgegengesetzten Richtung sich bewegen oder zurückgestoßen werden soll, eine Zeitlang ruht.

Beweis. Man setze, wie vorstehend, daß der Körper A sich in gerader Linie gegen den Körper B bewegt und von B an der weiteren Bewegung gehindert wird; dabei wird er (nach dem Vorstehenden) seine ganze Bewegung behalten und keinen Augenblick ruhen; allein bei seiner fortgesetzten Bewegung kann er nicht die frühere Richtung einhalten, da angenommen wurde, daß er hierin von B gehemmt werde; also wird er, ohne daß seine Bewegung an sich abnimmt, nur mit Verlust der früheren Richtung sich in der entgegengesetzten Richtung bewegen (nach dem in Kap. 2 der Dioptrik Gesagten); deshalb gehört (nach Gr. 2) die Richtung nicht zu dem Wesen der Bewegung, sondern ist davon verschieden, und der bewegte Körper ruht, wenn er in dieser Weise zurückgestoßen wird, keinen Augenblick. W. z. b. w.

Zusatz. Hieraus folgt, daß keine Bewegung einer anderen Bewegung widerspricht.

Lehrsatz XX.

Wenn der Körper A dem Körper B begegnet und ihn mit sich führt, so wird A so viel von seiner Bewegung verlieren, als B bei dieser Begegnung mit A von diesem erhält.

Beweis. Wenn man dies bestreitet, so nimmt man damit an, daß B mehr oder weniger erhält, als A verliert; dann muß dieser ganze Unterschied der Bewegungsquantität der gesamten Natur zuwachsen oder abgehen, was (nach Lehrs. 13, II) widersinnig ist. Kann also der Körper B weder mehr noch weniger erhalten, so kann er nur so viel erhalten, als A verliert. W. z. b. w.

Lehrsatz XXI.

Ist A doppelt so groß als B, und bewegt es sich ebenso schnell, so wird A auch noch einmal so viel Bewegung als

Lehrsatz XXI, XXII.

B haben oder noch einmal so viel Kraft, um die gleiche Geschwindigkeit mit B einzuhalten.

Beweis. Man setze z. B. statt A zweimal B, d. h. (nach der Annahme) ein in zwei Teile geteiltes A, so wird jedes dieser beiden B die Kraft haben, in demselben Zustande zu verharren, in dem es sich befindet (nach Lehrs. 14, II), und diese Kraft ist in beiden B gleich (nach der Annahme). Werden nun diese beiden B verbunden, während sie ihre Geschwindigkeit behalten, so entsteht damit ein A, dessen Kraft und Menge den beiden B gleich oder das Doppelte eines B sein wird. W. z. b. w.

Übrigens folgt dies auch aus der bloßen Definition der Bewegung. Je größer nämlich der bewegte Körper ist, desto mehr Stoff kann sich von dem anderen abtrennen, also gibt es mehr Trennung, d. h. (nach Def. VIII) mehr Bewegung. Man sehe, was ich unter Nr. 4 über die Definition der Bewegung gesagt habe.

Lehrsatz XXII.

Ist der Körper A dem Körper B gleich, und bewegt sich A noch einmal so schnell als B, so ist die Kraft oder Bewegung in A noch einmal so groß als die in B.

Beweis. Man setze, daß der Körper B, als er sich zuerst in Bewegung setzte, vier Geschwindigkeitsgrade erhalten hat. Kommt nun nichts hinzu, so wird er fortfahren, sich zu bewegen (nach Lehrsatz 14, II) und in seinem Zustand zu verharren. Nun nehme man an, daß er durch einen neuen, dem ersten gleichen Stoß eine neue Kraft hinzu erlangt, so wird er zu den vier ersten Graden neue vier Grade Geschwindigkeit erlangen, die er auch (nach demselben Lehrsatz) beibehalten wird; d. h. er wird sich noch einmal so schnell, d. h. gleich schnell wie A bewegen und zugleich die doppelte Kraft gegen seine frühere, d. h. eine dem A gleiche Kraft, haben. Also ist die Bewegung in A die doppelte von der in B. W. z. b. w.

Man bemerke, daß ich hier unter Kraft in den bewegten Körpern die Menge der Bewegung verstehe, welche Menge in gleich großen Körpern mit der Geschwindigkeit der

Bewegung wachsen muß, insofern, als durch diese Geschwindigkeit gleich große Körper sich von den sie unmittelbar berührenden Körpern in gleicher Zeit mehr trennen, als wenn sie sich langsamer bewegten, und deshalb (nach Def. VIII) haben sie auch mehr Bewegung. Dagegen verstehe ich bei ruhenden Körpern unter der Kraft des Widerstandes die Menge der Ruhe. Hieraus ergibt sich:

Zusatz 1. **Je langsamer die Körper sich bewegen, desto mehr haben sie teil an der Ruhe**; denn sie widerstehen den sich schneller bewegenden und ihnen begegnenden Körpern, die eine geringere Kraft als sie selbst haben, mehr und trennen sich auch weniger von den sie unmittelbar berührenden Körpern.

Zusatz 2. **Bewegt sich A doppelt so schnell als B, und ist B doppelt so groß als A, so ist ebensoviel Bewegung in dem großen B als in dem kleinen A, also die Kraft in beiden gleich.**

Beweis. Wenn B doppelt so groß als A ist, und A sich doppelt so schnell als B bewegt, und wenn ferner C nur halb so groß ist als B und nur halb so schnell als A sich bewegt, so wird B (nach Lehrsatz 21, II) eine noch einmal so große Bewegung und A (nach Lehrs. 22, II) desgleichen eine noch einmal so große Bewegung als C haben, also werden A und B (nach Gr. 15) eine gleiche Bewegung haben, da beider Bewegung die doppelte von C ist. W. z. b. w.

Zusatz 3. Hieraus ergibt sich, **daß die Bewegung von der Geschwindigkeit verschieden ist**; denn man sieht ein, daß von Körpern, die gleiche Geschwindigkeit haben, der eine mehr Bewegung als der andere haben kann (nach Lehrs. 21, II), und daß umgekehrt Körper mit ungleicher Geschwindigkeit eine gleiche Bewegung haben können (nach Zus. 2). Dies ergibt sich übrigens auch aus der bloßen Definition der Bewegung, da sie nur eine Überführung eines Körpers aus der Nachbarschaft u. s. w. ist.

Es ist indes hier zu bemerken, daß dieser Zusatz 3 dem Zusatz 1 nicht widerspricht; denn man kann die Geschwindigkeit auf zweierlei Art auffassen, entweder danach, wie ein Körper sich mehr oder weniger in gleicher Zeit von dem ihn unmittelbar berührenden Körper trennt und demnach mehr oder weniger an der Bewegung oder Ruhe teilnimmt, oder danach, wie der Körper in gleicher Zeit eine größere oder kleinere Linie beschreibt und insofern sich von der Bewegung unterscheidet.

Ich hätte hier noch andere Lehnsätze hinzufügen können, um den Lehrs. 14, II weiter zu erklären und die Kräfte der Dinge in jedem Zustande, so wie es hier in Bezug auf die Bewegung geschehen, zu erläutern; allein es wird genügen, wenn man hier § 43, T. II der Prinzipen durchliest, und wenn ich hier nur noch einen Lehrsatz anfüge, der zum Verständnis des Folgenden erforderlich ist.

Lehrsatz XXIII.

Wenn die Zustände (modi) eines Körpers eine Veränderung zu erleiden genötigt werden, so wird diese Veränderung immer die kleinstmögliche sein.

Beweis. Dieser Lehrsatz ergibt sich hinlänglich klar aus Lehrs. 14, II.

Lehrsatz XXIV.

Erste Regel. Wenn zwei Körper, z. B. A und B, einander vollständig gleich sind und sich gegen einander genau gleich schnell bewegen, so wird bei ihrer Begegnung jeder ohne Verlust an seiner Geschwindigkeit nach der entgegengesetzten Richtung zurückprallen.

Bei dieser Annahme ist klar, daß zur Aufhebung des Gegensatzes dieser beiden Körper entweder beide in entgegengesetzter Richtung zurückweichen müssen, oder daß einer den anderen mit sich fortreißen muß, da sie einander nicht in Bezug auf die Bewegung, sondern nur in Bezug auf deren Richtung *(determinatio)* entgegengesetzt sind.

Beweis. Wenn A und B auf einander treffen, so müssen sie eine Veränderung erleiden (nach Gr. 19); nun ist aber die Bewegung nicht der Bewegung entgegengesetzt (nach Zus. zu Lehrs. 19, II), und deshalb brauchen sie von ihrer Bewegung nichts einzubüßen (nach Gr. 19). Also wird die Veränderung nur die Richtung betreffen; aber man kann sich

nicht vorstellen, daß die Richtung bloß eines
dieser Körper, etwa die von B, sich ändert, wenn
nicht A, von dem sie die Veränderung erleiden müßte,
als stärker angenommen wird (nach Gr. 20). Dies
ginge aber gegen die Voraussetzung; wenn sonach
die Änderung der Richtung bei einem allein nicht
erfolgen kann, so wird sie bei beiden geschehen, indem A und B in entgegengesetzter Richtung zurückweichen (nach dem in der Dioptrik Kap. 2 Gesagten),
aber dabei ihre Bewegung unvermindert beibehalten.
W. z. b. w.

Lehrsatz XXV.

*Zweite Regel. Wenn die beiden Körper in ihrer Masse
ungleich sind, nämlich B größer als A, im übrigen alles
andere so wie früher angenommen wird, so wird A allein
zurückprallen, und beide Körper werden mit derselben Geschwindigkeit sich zu bewegen fortfahren.*

Beweis. Da A kleiner als B angenommen wird,
so hat es auch (nach Lehrs. 21, II) eine geringere
Kraft als B; da nun bei dieser Annahme ebenso wie
bei der vorhergehenden der Gegensatz bloß in den
Richtungen liegt und daher, wie im vorhergehenden
Lehrsatz gezeigt worden, die Veränderung nur die
Richtung treffen kann, so wird eine solche nur in A
und nicht in B erfolgen (nach Gr. 20), also wird
bloß A von dem stärkeren B in die entgegengesetzte
Richtung zurückgestoßen werden, ohne jedoch dabei
an seiner Geschwindigkeit etwas einzubüßen. W. z. b. w.

Lehrsatz XXVI.

*Sind die Körper sowohl ihrer Masse wie ihrer Geschwindigkeit nach verschieden, nämlich B noch einmal so groß
als A, die Bewegung von A noch einmal so schnell als die
von B, im übrigen aber alles wie vorher, so werden beide
Körper in entgegengesetzter Richtung zurückprallen und jeder
die Geschwindigkeit, die er hatte, behalten.*

Beweis. Da A und B nach der Annahme sich
gegen einander bewegen, so ist in dem einen so viel
Bewegung als in dem anderen (nach Zus. 2 zu Lehrs.
22, II). Deshalb steht die Bewegung des einen zu der

des anderen nicht im Gegensatz (nach Zus. zu Lehrs. 19, II), und die Kräfte beider sind gleich (nach Zus. 2, Lehrs. 22, II). Daher ist diese Annahme der Annahme in Lehrs. 24 ganz ähnlich, und deshalb werden gemäß dem obigen Beweis A und B in entgegengesetzter Richtung zurückprallen, und es wird dabei jeder seine ganze Geschwindigkeit behalten. W. z. b. w.

Zusatz. Aus diesen drei vorhergehenden Lehrsätzen erhellt, daß die Richtung eines Körpers zu ihrer Veränderung ebensoviel Kraft erfordert als die Veränderung seiner Bewegung. Hieraus folgt, daß ein Körper, der mehr als die Hälfte seiner Richtung und mehr als die Hälfte seiner Bewegung verliert, eine größere Veränderung erleidet als der, welcher seine ganze Richtung verliert.

Lehrsatz XXVII.

Dritte Regel. Sind beide Körper der Masse nach einander gleich, aber bewegt sich B ein wenig schneller als A, so wird nicht allein A in der entgegengesetzten Richtung zurückweichen, sondern B wird auch die Hälfte seines Mehr an Geschwindigkeit auf A übertragen, und beide werden dann mit gleicher Geschwindigkeit sich in der gleichen Richtung fortbewegen.

Beweis. A ist (nach der Annahme) dem B nicht bloß in der Richtung, sondern auch in der Langsamkeit entgegengesetzt, insoweit diese an der Ruhe teilhat (nach Zus. 1 zu Lehrs. 22, II). Deshalb wird durch das bloße Zurückweichen des A in der entgegengesetzten Richtung A nur in der Richtung verändert und daher dadurch nicht aller Gegensatz beider Körper aufgehoben. Deshalb muß (nach Gr. 19) die Veränderung sowohl in der Richtung als in der Bewegung eintreten, und da B nach der Annahme sich schneller als A bewegt, so ist B (nach Lehrs. 22, II) stärker als A, und deshalb wird (nach Gr. 20) die Veränderung in A durch B geschehen und A durch B in die entgegengesetzte Richtung zurückgetrieben werden. Dies ist das Erste.

Ferner ist A, solange es sich langsamer als B bewegt, diesem entgegengesetzt (nach Zus. 1 zu Lehr-

satz 22, II), es muß also solange eine Veränderung
eintreten (nach Gr. 19), bis A sich nicht mehr langsamer als B bewegt. Daß nun A sich schneller als
B bewegte, dazu wird A bei dieser Annahme von keiner
hinreichend starken Ursache genötigt; wenn also A
nicht langsamer als B sich bewegen kann, weil es
von B angestoßen wird, noch auch schneller als B,
so muß A sich ebenso schnell wie B bewegen. Wenn
nun B weniger als die Hälfte seines Mehr an Geschwindigkeit auf A übertrüge, so würde A sich langsamer als B zu bewegen fortfahren; und wenn B
mehr als die Hälfte seines Mehr an Geschwindigkeit
auf A übertrüge, so würde A sich schneller als B bewegen; beides ist aber, wie bereits gezeigt, widersinnig; deshalb wird die Veränderung nur so lange
eintreten, bis B die Hälfte seiner größeren Geschwindigkeit auf A übertragen hat, die B verlieren muß
(nach Lehrs. 20, II), und folglich werden beide mit
gleicher Geschwindigkeit in derselben Richtung ohne
jeden Gegensatz sich zu bewegen fortfahren. W. z. b. w.

Zusatz. Hieraus folgt, daß ein Körper, je schneller er sich bewegt, um so mehr geneigt *(determinatum)*
ist, in der Richtung, in der er sich bewegt, sich weiterzubewegen, und daß umgekehrt, je langsamer er sich
bewegt, er um so weniger dazu geneigt ist.

Erläuterung.

Damit die Leser hier nicht die Kraft der Richtung
mit der Kraft der Bewegung vermengen, will ich
einiges beifügen, wodurch der Unterschied beider deutlicher wird. Nimmt man also an, daß die Körper A
und C gleich groß sind und sich mit gleicher Geschwindigkeit geradeaus gegen einander bewegen, so
werden beide (nach Lehrs. 24, II) in der entgegengesetzten Richtung, mit Beibehaltung ihrer ganzen
Bewegung, zurückweichen. Ist aber der Körper C in
B, und bewegt er sich schief gegen A, so erhellt,
daß er schon weniger geneigt ist, sich in der Richtung BD oder CA zu bewegen; er hat deshalb zwar
gleiche Bewegung mit A, aber die Kraft der Richtung
von C, wenn es sich geradeaus gegen B bewegt, und

die dann gleich ist mit der Kraft der Richtung von A, ist größer als die Kraft der Richtung des C, wenn es sich von B gegen A bewegt, und zwar um so viel größer, als die Linie BA größer ist, als CA. Denn je größer die Linie CA ist, desto mehr Zeit (wenn nämlich B und A sich, wie hier angenommen worden, gleich schnell bewegen) verlangt B, um sich in der Richtung BD oder CA zu bewegen, durch die es der Richtung des Körpers A geradezu entgegen ist. Kommt also C dem A von B aus schief entgegen, so wird es so bestimmt werden, als wenn es in der Richtung AB nach B sich zu bewegen fortführe, was ich annehme,

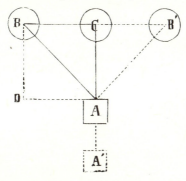

wenn C in dem Punkte ist, wo die Linie AB die verlängerte Linie BC schneidet, und welcher Punkt ebensoweit von C absteht, wie C von B. Dagegen behält A seine ganze Bewegung und Richtung und wird fortfahren, sich nach C zu bewegen und den Körper B mit sich nehmen, da B, weil es in seiner Bewegung die Richtung in der Diagonale AB hat, mehr Zeit braucht als A, um einen Teil der Linie AC mit seiner Bewegung zu durchlaufen und nur so weit der Richtung des Körpers A, die stärker ist, entgegentritt. Aber da die Kraft der Richtung von C, das sich von B aus gegen A bewegt, soweit es an der Linie CA teilhat, gleich ist mit der Kraft der Richtung von C, wenn es sich geradeaus gegen A bewegt (oder nach der Annahme mit der Kraft von

A selbst), so muß notwendig B so viel Grade der Bewegung mehr als A haben, als die Linie BA größer ist als die Linie CA, und deshalb wird, wenn C dem A schief begegnet, A in die entgegengesetzte Richtung nach A' und B nach B' zurückprallen, wobei jeder Körper seine gesamte Bewegung behält. Ist aber das Mehr von B über A größer als das Mehr der Linie BA über die CA, so wird B den Körper A nach A' zurückstoßen und ihm so viel von seiner Bewegung mitteilen, bis die Bewegung von B sich zur Bewegung von A verhält, wie die Linie BA zu CA, und B wird so viel Bewegung, als es auf A übertragen hat, verlieren und mit dem Rest sich in der früher eingenommenen Richtung zu bewegen fortfahren. Verhält sich z. B. die Linie AC zu AB wie 1 zu 2 und die Bewegung des Körpers A zur Bewegung des Körpers B wie 1 zu 5, so wird B einen Grad seiner Bewegung auf A übertragen und ihn in der entgegengesetzten Richtung zurückstoßen, und B wird mit den übrigen vier Graden fortfahren, sich in derselben Richtung wie vorher zu bewegen.

Lehrsatz XXVIII.

Vierte Regel. Wenn der Körper A ganz ruht und etwas größer ist als B, so wird B, mag seine Geschwindigkeit so groß sein, als sie will, doch den Körper A nie in Bewegung setzen, sondern B wird von ihm in der entgegengesetzten Richtung zurückgetrieben werden und dabei seine Bewegung unverändert beibehalten.

Man bemerke, daß der Gegensatz zwischen diesen Körpern auf drei Arten gehoben werden kann; entweder so, daß ein Körper den anderen mit fortreißt und beide dann mit gleicher Geschwindigkeit nach *einer* Richtung sich bewegen; oder so, daß der eine Körper in der entgegengesetzten Richtung zurückprallt und der andere seine ganze Ruhe behält; oder so, daß der eine in der entgegengesetzten Richtung zurückweicht, aber etwas von seiner Bewegung auf den anderen überträgt. Einen vierten Fall gibt es nicht (nach *Lehrs. 13, II*); ich habe also (nach *Lehrs. 23, II*) zu beweisen, daß diese Körper bei meiner Annahme die geringste Veränderung erleiden.

Beweis. Wenn B den Körper A bewegte, bis sie beide mit gleicher Geschwindigkeit sich bewegten, so müßte B (nach Lehrs. 20, II) so viel von seiner Bewegung auf A übertragen, als A erwirbt und (nach Lehrs. 21, II) demnach mehr als die Hälfte von seiner Bewegung verlieren, folglich auch (nach Zus. zu Lehrs. 27, II) mehr als die Hälfte seiner Richtung verlieren. Somit würde er (nach Zus. zu Lehrs. 26, II) mehr Veränderung erleiden, als wenn er nur seine Richtung einbüßte; und wenn A etwas von seiner Richtung verlöre, aber nicht so viel, daß es zuletzt sich in gleicher Geschwindigkeit mit B zu bewegen fortführe, so würde der Gegensatz zwischen beiden Körpern nicht beseitigt werden, da A durch seine Langsamkeit, soweit sie an der Ruhe teilhat (nach Zus. 1 zu Lehrs. 22, II), der Geschwindigkeit des B entgegenstehen würde, also B auch in der entgegengesetzten Richtung zurückstoßen müßte, mithin B seine ganze Richtung und den auf A übertragenen Teil seiner Bewegung verlieren würde; welche Veränderung ebenfalls größer ist, als wenn es bloß seine Richtung verlöre. Deshalb wird die nach meiner Voraussetzung angenommene Veränderung, da sie bloß die Richtung betrifft, die kleinste bei diesem Körper mögliche sein, und demnach kann keine andere (nach Lehrs. 23, II) geschehen. W. z. b. w.

Man bemerke an dem Beweise dieses Lehrsatzes, daß dasselbe auch bei anderen stattfindet; ich habe nämlich nicht den Lehrsatz 19, II angeführt, in dem bewiesen wird, „daß die ganze Richtung sich ändern kann, ohne daß die Bewegung selbst etwas verliert". Man muß indes hierauf acht haben, um die Kraft des Beweises richtig zu erfassen. Denn ich habe in Lehrs. 23, II nicht gesagt, „daß die Veränderung immer unbedingt die kleinste sein werde, sondern nur die kleinstmögliche". Daß es aber eine Veränderung in der Richtung allein geben kann, wie in diesem Beweise vorausgesetzt worden, ergibt sich aus Lehrs. 18 und 19, II mit Zusatz.

Lehrsatz XXIX.

Fünfte Regel. Wenn der ruhende Körper A kleiner als B ist, so wird B, mag es sich auch noch so langsam

*gegen A bewegen, A mit sich nehmen, indem es einen Teil
seiner Bewegung auf A überträgt, und zwar so viel, daß
beide nachher sich gleich schnell bewegen. (Man sehe § 50,
T. II der Prinzipien.)*

*Bei dieser Regel können, wie im vorhergehenden Falle,
auch nur drei Fälle vorgestellt werden, in denen der vorliegende Gegensatz sich aufhebt; ich werde aber zeigen, daß
bei meiner Annahme die geringste Veränderung in den Körpern vorgeht, und daß sie deshalb (nach Lehrs. 23, II) sich
auch auf diese Weise verändern müssen.*

Beweis. Nach meiner Annahme überträgt B auf
A (nach Lehrs. 21, II) weniger als die Hälfte seiner
Bewegung und (nach Zus. zu Lehrs. 17, II) weniger
als die Hälfte seiner Richtung. Wenn B nun A nicht
mit sich fortnähme, sondern nach der entgegengesetzten Richtung zurückprallte, so würde es seine
ganze Richtung einbüßen, und die Veränderung würde
größer sein (nach Zus. zu Lehrs. 26, II), und zwar bei
weitem größer, wenn B seine ganze Richtung verlöre
und dazu noch einen Teil seiner Bewegung, wie im
dritten Falle angenommen wird. Deshalb ist die von
mir angenommene Veränderung die kleinste. W. z. b. w.

Lehrsatz XXX.

*Sechste Regel. Ist der ruhende Körper A dem sich
gegen ihn bewegenden Körper B genau gleich, so wird er
teils von ihm fortgestoßen werden, teils wird B von A in
der entgegengesetzten Richtung zurückgestoßen werden.*

Auch hier kann man, wie im vorhergehenden
Falle, sich nur drei Möglichkeiten ausdenken, und ich
habe daher zu beweisen, daß hier bei meiner Annahme die möglichst kleine Veränderung gesetzt ist.

Beweis. Wenn der Körper B den Körper A mit
sich reißt, bis beide sich gleich schnell bewegen, so
wird dann in dem einen so viel Bewegung wie in dem
anderen sein (nach Lehrs. 22, II), und (nach Zus. zu
Lehrs. 27, II) B würde deshalb in diesem Falle die
Hälfte seiner Richtung und auch (nach Lehrs. 20, II)
die Hälfte seiner Bewegung einbüßen müssen. Wird
dagegen B von A in der entgegengesetzten Richtung zurückgestoßen, so wird es seine ganze Rich-

tung einbüßen, aber seine ganze Bewegung beibehalten (nach Lehrs. 18, II); diese Veränderung aber ist der vorigen gleich (nach Zus. zu Lehrs. 26, II). Allein keines von beidem kann eintreten; denn wenn A seinen Zustand behielte und die Richtung von 'B verändern könnte, so müßte A (nach Gr. 20) stärker als B sein, was gegen die Annahme wäre. Und wenn B den Körper A mit sich fortnähme, bis beide sich gleich schnell bewegten, so wäre B stärker als A, was ebenfalls gegen die Annahme ist. Da sonach keines von beidem statthaben kann, so bleibt nur das dritte übrig, nämlich, daß B den Körper A ein wenig weiterstößt und ein wenig von A zurückgestoßen wird. W. z. b. w. Man sehe § 51 T. II der Prinzipien.

Lehrsatz XXXI.

Siebente Regel. Wenn sich B und A nach einer Richtung bewegen, A langsamer und B ihm nachfolgend und schneller, sodaß der Körper B A zuletzt einholt, und wenn dabei A größer als B ist, aber der Überschuß an Geschwindigkeit in B größer ist als der Überschuß der Größe in A, so wird dann B so viel von seiner Bewegung auf A übertragen, daß beide darauf gleich schnell und in derselben Richtung sich bewegen. Wäre aber das Mehr an Größe in A größer als das Mehr an Geschwindigkeit in B, so würde B nach der entgegengesetzten Richtung von A zurückgestoßen werden, aber B dabei seine Bewegung ganz behalten.

Man lese § 52 T. II der Prinzipien. Auch hier kann man, wie bei dem Vorgehenden, nur drei Fälle annehmen.

Beweis des ersten Teiles. B kann von A nicht in entgegengesetzter Richtung zurückgestoßen werden, da B stärker als A angenommen wird (nach Lehrs. 21 und 22, II und Gr. 20), also wird B, da es stärker ist, A mit sich fortführen, und zwar so, daß beide sich in gleicher Geschwindigkeit fortbewegen. Denn dann wird die kleinstmögliche Veränderung eintreten, wie sich aus dem Obigen ohne weiteres ergibt.

Beweis des zweiten Teiles. B kann hier A nicht fortstoßen, weil es (nach Lehrs. 21 und 22, II) als schwächer angenommen wird (nach Gr. 20); und es kann ihm auch von seiner Bewegung nichts mitteilen; deshalb wird B (nach Zus. zu Lehrs. 14, II) seine ganze Bewegung behalten, aber nicht in derselben Richtung, da angenommen wird, daß es daran von A gehindert wird. Also wird B (nach dem im zweiten Kapitel der Dioptrik Gesagten) in der entgegengesetzten Richtung zurückprallen, aber dabei seine ganze Bewegung behalten (nach Lehrs. 18, II). W. z. b. w.

Man bemerke, daß ich hier und bei den vorhergehenden Lehrsätzen als erwiesen angenommen habe, daß jeder Körper, der in gerader Linie auf einen anderen trifft, der ihn unbedingt hindert, in derselben Richtung weiter fortzugehen, in der entgegengesetzten und in keiner anderen Richtung sich zurückbewegen muß. Um das einzusehen, lese man Kap. 2 der Dioptrik nach.

Erläuterung.

Bisher habe ich zur Erklärung der Veränderungen, die Körper durch gegenseitigen Stoß erleiden, nur zwei Körper in Betracht gezogen, als ob sie von allen anderen getrennt wären, und ich habe auf die sie umgebenden Körper keine Rücksicht genommen. Nunmehr will ich ihren Zustand und ihre Veränderung untersuchen unter Berücksichtigung der Körper, die sie rings umgeben.

Lehrsatz XXXII.

Wenn der Körper B ringsum von kleinen sich bewegenden Körpern umgeben ist, die ihn nach allen Richtungen mit gleicher Kraft stoßen, so wird er solange unbewegt an ein und derselben Stelle bleiben, als nicht noch eine andere Ursache hinzukommt.

Beweis. Dieser Lehrsatz ist ohne weiteres einleuchtend; denn würde B durch den Stoß der von einer Seite kommenden Körperchen in der einen Richtung bewegt, so müßten die hier antreibenden Körperchen mit stärkerer Kraft stoßen als die, welche ihn gleichzeitig in der anderen Richtung stoßen, und die in ihrer Wirkung nicht nachlassen können (nach Gr. 20); was gegen die Annahme wäre.

Lehrsatz XXXIII.

Der Körper B kann unter solchen Umständen durch die geringste hinzukommende Kraft in jeder beliebigen Richtung bewegt werden.

Beweis. Alle B unmittelbar berührenden Körper werden, weil sie (nach der Annahme) bewegt sind, aber B (nach Lehrs. 32) unbewegt bleibt, sofort bei der Berührung des B ohne Verlust ihrer Bewegung nach der anderen Seite zurückprallen (nach Lehrs. 28, II); somit wird B fortwährend von den Körpern, die ihn unmittelbar berühren, von selbst verlassen, und es ist, so groß man auch B annimmt, keine Kraft nötig, um ihn von den ihn unmittelbar berührenden Körpern zu trennen (nach dem zu Nr. 4 bei Def. VIII Bemerkten). Deshalb wird selbst die kleinste äußere Kraft, die ihn trifft, stets größer sein als die, mit der B an seiner Stelle zu bleiben strebt (denn ich habe bereits gezeigt, daß ihm selbst keine Kraft innewohnt, vermöge deren er sich etwa an die ihn unmittelbar berührenden Körper anhängen könnte), und mithin auch unter Hinzunahme der ihn in derselben Richtung stoßenden Körperchen größer als die Kraft der anderen Körperchen, die B nach der entgegengesetzten Richtung stoßen (da die Kraft jener als diesen gleich angenommen wird, wenn keine äußere Kraft hinzukommt); also wird (nach Gr. 20) der Körper B von dieser äußeren Kraft, wenn sie auch noch so klein ist, nach jeder beliebigen Richtung bewegt werden. W. z. b. w.

Lehrsatz XXXIV.

Der Körper B kann sich unter diesen Umständen nicht schneller bewegen, als er von der äußeren Kraft getrieben wird, wenn auch die ihn umgebenden Körperteilchen sich viel schneller bewegen.

Beweis. Die Körperchen, welche zugleich mit der äußeren Kraft den Körper B nach derselben Richtung stoßen, werden, wenn sie sich auch viel schneller bewegen, als die äußere Kraft B zu bewegen vermag, doch (nach der Annahme) keine größere Kraft haben als die Körperchen, welche B nach der entgegengesetzten Richtung stoßen, und ihre ganze Kraft wird deshalb zum Widerstande gegen diese verbraucht, ohne daß sie auf B (nach Lehrs. 32, II) von ihrer Geschwindigkeit etwas übertragen könnten. Da nun andere Umstände oder Ursachen nicht vorausgesetzt worden sind, so wird B nur von jener äußeren Ursache seine Geschwindigkeit erhalten, und es wird sich demnach (nach Gr. 8, I) nicht schneller bewegen, als es von der äußeren Kraft gestoßen worden ist. W. z. b. w.

Lehrsatz XXXV.

Wenn der Körper B in dieser angegebenen Weise von einem äußeren Anstoß bewegt wird, so erhält er den größten Teil seiner Bewegung von den ihn stets umgebenden Körperchen und nicht von der äußeren Kraft.

Beweis. Selbst wenn B noch so groß angenommen wird, so wird es doch von dem kleinsten Anstoß in Bewegung gesetzt werden (nach Lehrs. 33, II). Nun setze man, daß B viermal so groß ist als der äußere Körper, durch dessen Kraft es gestoßen wird, dann werden (nach dem Vorhergehenden) beide sich gleich schnell bewegen, und in B wird viermal mehr Bewegung als in dem äußeren Körper sein, von dem es gestoßen wird (nach Lehrs. 21, II); also erhält es den hauptsächlichen Teil seiner Kraft (nach Gr. 8, I) nicht von der äußeren Kraft. Da nun außer dieser keine anderen Ursachen als die ihn umgebenden Körper angenommen werden (da B selbst als unbewegt angenommen worden ist), so erhält es also (nach Gr. 7, I) allein von den es umgebenden Körperchen den hauptsächlichen Teil seiner Bewegung und nicht von der äußeren Kraft. W. z. b. w.

Ich bemerke, daß ich hier nicht, wie oben, sagen kann, daß die Bewegung der von einer Richtung kommenden Teilchen zu dem Widerstande gegen die von der anderen Richtung kommenden nötig ist; denn die (wie hier angenommen wird) mit gleicher Bewegung gegen einander gehenden Körper sind einander der Richtung*), aber nicht der Bewegung

---

*) Man sehe Lehrs. 24, II, wo gezeigt worden, daß zwei Körper, die einander Widerstand leisten, ihre Richtung, aber nicht ihre Bewegung darauf verwenden. (A. v. Sp.)

nach entgegengesetzt. (Nach Zus. zu Lehrs. 9, II.) Deshalb verwenden sie nur ihre Richtung auf ihren gegenseitigen Widerstand, nicht aber ihre Bewegung, und demnach kann der Körper B nichts von seiner Richtung und folglich (nach Zus. zu Lehrs. 27, II) auch nichts von seiner Geschwindigkeit, sofern sie von der Bewegung unterschieden wird, von den ihn umgebenden Körpern erhalten, wohl aber seine Bewegung; ja, er muß, wenn eine fremde Ursache hinzukommt, notwendig von ihnen bewegt werden, wie ich hier gezeigt habe, und wie aus der Art, wie ich den Lehrsatz 33 bewiesen habe, klar zu entnehmen ist.

Lehrsatz XXXVI.

Wenn ein Körper, z. B. unsere Hand, sich nach jeder Richtung mit gleicher Bewegung bewegen hönnte, ohne anderen Körpern irgendwie zu widerstehen, und ohne daß andere Körper ihr widerstehen, so werden notwendig in dem Raume, durch den sie sich bewegt, ebensoviele Körper sich nach der einen Richtung wie nach jeder beliebigen anderen mit gleicher Kraft der Geschwindigkeit unter sich wie mit der Hand bewegen.

Beweis. Ein Körper kann sich durch keinen Raum bewegen, der nicht voll von Körpern ist. (Nach Lehrs. 3, II.) Ich sage deshalb, daß der Raum, durch den unsere Hand sich so bewegen kann, von Körpern angefüllt ist, die sich nach den angegebenen Bedingungen bewegen werden. Bestreitet man dies, so wollen wir annehmen, daß sie ruhen oder in anderer Art sich bewegen. Ruhen sie, so werden sie notwendig der Bewegung der Hand so lange Widerstand leisten (nach Lehrs. 14, II), bis deren Bewegung sich ihnen mitteilt und sie mit ihr nach derselben Richtung mit gleicher Geschwindigkeit sich bewegen. (Nach Lehrs. 20, II.) Allein wir hatten angenommen, daß sie keinen Widerstand leisten, also bewegen sich diese Körper. Dies war das Erste.

Ferner müssen sie sich nach allen Richtungen bewegen. Bestreitet man dies, so wollen wir annehmen, daß sie nach einer Richtung, etwa von A nach B, sich nicht bewegen. Wenn sich also die Hand von A nach B bewegt, so wird sie notwendig bewegten Körpern (nach Teil I dieses Beweises), und zwar, wie wir angenommen, in anderer Richtung bewegten Körpern, als die Hand sich bewegt, begegnen; deshalb werden sie ihr (nach Lehrs. 14, II) so lange Widerstand leisten, bis sie in gleicher Richtung mit der Hand sich bewegen (nach Lehrs. 24 und nach Erl. zu Lehrs. 27, II). Nun leisten sie aber (der Annahme nach) der Hand keinen Widerstand, also werden sie sich nach allen Richtungen bewegen. Das war das Zweite.

Ferner werden diese Körper mit gleicher Geschwindigkeit unter einander sich nach jeder Richtung hin bewegen; dann nehme man an, dies geschehe nicht mit gleicher Geschwindigkeit, so setzt man damit, daß die von A nach B sich nicht mit solcher Kraft der Geschwindigkeit bewegen, wie die von A nach C.

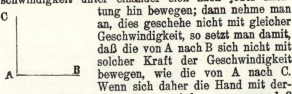

Wenn sich daher die Hand mit derselben Geschwindigkeit (denn es wird angenommen, daß sie mit gleicher Bewegung sich ohne Widerstand nach allen Richtungen bewegen kann), wie die Körper sich von A nach C bewegen, von A nach B bewegte, so würden die von A nach B bewegten Körper so lange der Hand Widerstand leisten (nach Lehrs. 14, II), bis sie sich in gleicher Geschwindigkeit mit der Hand bewegen (nach Lehrs. 31, II). Allein dies läuft wider die Annahme; deshalb werden die Körper sich mit gleicher Kraft und Geschwindigkeit in allen Richtungen bewegen; dies war das Dritte.

Wenn sich endlich die Körper nicht in gleicher Kraft der Geschwindigkeit mit der Hand bewegten, so müßte die Hand sich entweder langsamer, d. h. mit geringerer Kraft der Geschwindigkeit, oder schneller, d. h. mit größerer Kraft der Geschwindigkeit, bewegen als die Körper. Ist ersteres der Fall, so wird die Hand den Körpern Widerstand leisten, die ihr in derselben Richtung folgen (nach Lehrs. 31, II). Ist letzteres der Fall, so werden die Körper, denen die Hand folgt, und mit denen sie in gleicher Richtung sich bewegt, ihr widerstehen (nach demselben Lehrs.); welch beides gegen die Voraussetzung verstößt. Wenn sonach die Hand sich weder langsamer noch schneller bewegen kann, so muß sie sich in gleicher Kraft der Geschwindigkeit mit den Körpern bewegen. W. z. b. w.

Wenn man fragt, weshalb ich ‚mit gleicher Kraft der Geschwindigkeit' sage und nicht einfach ‚mit gleicher Geschwindigkeit', so lese man die Erläuterung zum Zusatz zu Lehrs. 27, II. Und wenn man fragt, weshalb die Hand, wenn sie sich z. B. von A nach B bewegt, nicht den Körpern widersteht, die sich gleichzeitig von B nach A mit gleicher Kraft bewegen, so lese man Lehrs. 33, II, woraus man ersehen wird, daß die Kraft dieser Körper sich ausgleicht mit der Kraft der Körper (denn diese Kraft ist nach T. 3 dieses Lehrsatzes jener gleich), die sich gleichzeitig mit der Hand von A nach B bewegen.

Lehrsatz XXXVII.

Wenn ein Körper, etwa A, von jeder noch so kleinen Kraft in jeder Richtung bewegt werden kann, so muß er notwendig von Körpern umgeben sein, die sich mit gleicher gegenseitiger Geschwindigkeit bewegen.

Beweis. Der Körper A muß von allen Seiten von Körpern umgeben sein (nach Lehrs. 6, II), die sich nach allen Richtungen gleichmäßig bewegen. Denn wenn sie ruhten, so könnte A nicht von jeder noch so kleinen Kraft nach jeder Richtung (wie angenommen ist) bewegt werden, vielmehr müßte dann die Kraft wenigstens so groß sein, daß sie die den Körper A unmittelbar berührenden Körper mit sich bewegen könnte (nach Gr. 20, II). Wenn ferner die den A umgebenden Körper in der einen Richtung sich mit größerer Kraft als nach der anderen bewegten, etwa von B nach C mit stärkerer als von C nach B, da er von allen Seiten mit Körpern umgeben ist (wie bereits bewiesen), so werden notwendig (nach dem zu Lehrs. 33 Bewiesenen) die von B nach C bewegten Körper den Körper A in derselben Richtung mit sich nehmen, und es wird also nicht jede noch so kleine Kraft genügen, um A gegen B zu bewegen, vielmehr nur eine solche, die genau so groß ist, daß sie den Überschuß der von B nach C bewegten Körper ergänzt (nach Gr. 20). Deshalb müssen sich die Körper nach allen Richtungen mit gleicher Kraft bewegen, w. z. b. w.

Erläuterung.

Da dies bei sogenannten flüssigen Körpern vor sich geht, so folgt, daß flüssige Körper solche sind, welche in viele kleine Teile geteilt sind, die sich mit gleicher Kraft nach allen Richtungen bewegen. Ob-
10 gleich diese Teile selbst von dem schärfsten Auge nicht erkannt werden können, so kann man dies doch nicht bestreiten, da ich es oben klar bewiesen habe. Denn aus den Lehrsätzen 10 und 11 ergibt sich eine solche Feinheit *(subtilitas)* der Natur, daß sie (geschweige durch die Sinne) durch keine Vorstellung bestimmt oder erfaßt werden kann. Da ferner aus dem Vorstehenden zur Genüge erhellt, daß die Körper durch ihre bloße Ruhe anderen Körpern Widerstand leisten, und da man bei der von den Sinnen ange-
20 zeigten Härte nur wahrnimmt, daß die Teile solcher harten Körper der Bewegung der Hände Widerstand leisten, so kann man offenbar schließen, daß diejenigen Körper, deren Teilchen alle neben einander in Ruhe sind, die harten sind. Man sehe §§ 54, 55, 56, T. 2 der Prinzipien.

Die

Prinzipien der Philosophie

auf

geometrische Weise begründet.

Dritter Teil.

Nachdem ich so die allgemeinsten Grundsätze über die natürlichen Dinge auseinandergesetzt habe, gehe ich nun zur Erläuterung dessen über, was sich daraus ergibt. Allein da die Folgen dieser Grundsätze zahlreicher sind, als unser Verstand je im Denken durchzugehen vermag, und man hierbei nicht zur Betrachtung gewisser bestimmter Folgen mehr als zur Betrachtung anderer veranlaßt wird, so ist zunächst eine kurze anschauliche Schilderung der Erscheinungen zu geben, deren Ursachen ich hier verfolgen will. Diese findet sich indes von § 5 bis § 15, T. 3 der Prinzipien, und von § 20 bis § 34 daselbst wird eine Annahme vorgetragen, die nach Descartes sich am besten eignet, um die Himmelserscheinungen nicht bloß zu verstehen, sondern auch deren natürliche Ursachen zu erforschen.

Da ferner der beste Weg zur Erkenntnis der Natur der Pflanzen oder des Menschen der ist, daß man beobachtet, wie sie allmählich aus dem Samen entstehen und erzeugt werden, so hat man solche Grundsätze sich auszudenken, die möglichst einfach und leicht verständlich sind, und aus denen man, wie aus den Samen, die Entstehung der Sterne, der Erde und überhaupt von allem, was man in der sicht-

baren Welt antrifft, ableiten kann, wenn man auch
niemals erweisbar machen kann, daß sie so entstanden
sind. Denn auf diese Weise wird man deren Natur
weit besser erklären, als wenn man sie bloß nach
* ihrem jetzigen Zustande beschriebe.

Ich sage, daß ich die einfachsten und am leichtesten erkennbaren Grundsätze suche; nur solcher bedarf ich; denn ich schreibe den Dingen nur deshalb
einen Samen zu, damit ihre Natur leichter erkannt
10 wird, und damit ich nach der Weise der Mathematiker von dem Bekanntesten zu dem Unbekannten
und von dem Einfachsten zu dem Verwickelteren vor-
wärtsschreite.

Ferner bemerke ich, daß ich solche Grundsätze
suche, aus denen man den Ursprung der Gestirne, der
Erde u. s. w. ableiten kann. Solche Ursachen, die
nur hinreichen, um die Himmelserscheinungen zu erklären, wie sie die Astronomen hie und da gebrauchen, suche ich nicht, sondern solche, die auch
20 zur Erkenntnis der Dinge auf der Erde führen (da alle
Ereignisse, die wir auf der Erde beobachten, meiner
Ansicht nach zu den Naturerscheinungen zu rechnen
sind). Um solche zu finden, ist für eine gute Hypothese das Folgende im Auge zu behalten:

I. Sie darf (an sich betrachtet) keinen Widerspruch enthalten.

II. Sie muß so einfach als nur möglich sein.

III. Aus dem letzten Satze folgt, daß sie möglichst
leicht erfaßbar sein muß.

30 IV. Alles, was in der ganzen Natur beobachtet
wird, muß aus ihr abgeleitet werden können.

Ich habe endlich gesagt, daß es gestattet sein
müsse, eine Hypothese aufzustellen, aus der man die
Naturerscheinungen wie aus ihrer Ursache *(tamquam
ex causa)* ableiten könne, wenn man auch bestimmt
wisse, daß die Natur nicht so entstanden ist. Um dies
zu verstehen, nehme ich folgendes Beispiel: Wenn
jemand auf einem Bogen Papier eine krumme, Parabel
genannte, Linie verzeichnet findet und ihre Natur er-
40 forschen will, so ist es gleich, ob er annimmt, daß
diese Linie zunächst aus einem Kegel ausgeschnitten
und dann auf das Papier abgedrückt worden, oder

daß sie aus der Bewegung zweier geraden Linien oder sonstwie entstanden sei, wenn er nur aus der von ihm angenommenen Entstehungsart alle Eigenschaften der Parabel beweisen kann. Ja, selbst wenn er weiß, daß diese Linie durch den Abdruck eines Kegelschnitts entstanden ist, kann er doch, um alle Eigenschaften der Parabel zu erklären, beliebig eine andere Ursache annehmen, wie sie ihm gerade am bequemsten scheint. Ebenso kann ich auch zur Erklärung der Gestalten der Natur nach Belieben irgend eine Hypothese aufstellen, wenn ich nur alle Naturerscheinungen daraus in mathematischer Beweisform abzuleiten vermag. Ja, was noch merkwürdiger ist, ich werde kaum irgend eine Hypothese aufstellen können, aus der nicht dieselben Wirkungen vermittels der oben erklärten Naturgesetze, wenn auch vielleicht umständlicher, abgeleitet werden können. Denn da der Stoff mit Hilfe jener Gesetze alle Formen, deren er fähig ist, nach und nach annimmt, so werde ich, wenn ich diese Formen der Reihe nach betrachte, endlich auch zu der Form, welche die Form dieser Welt ist, gelangen. Deshalb ist kein Irrtum infolge einer falschen Hypothese zu befürchten.

*

Postulat.

Man verlangt das Zugeständnis, erstens, daß aller Stoff, aus dem die sichtbare Welt besteht, im Anfange von Gott in Teilchen getrennt worden, die einander möglichst gleich waren, ohne kugelartig zu sein, da mehrere solcher Kügelchen verbunden nicht allen Raum ausfüllen; vielmehr sind diese Teile anders gestaltet und von mittlerer Größe gewesen oder haben die Mitte gehalten zwischen allen denen, aus denen jetzt die Himmel und die Gestirne bestehen; und zweitens, daß sie nur so viel Bewegung besessen haben, wie jetzt in der Welt angetroffen wird, und drittens, daß sie gleiche Bewegung gehabt haben, nämlich einmal die einzelnen eine Bewegung um ihren Mittelpunkt und gegenseitig von einander getrennt, sodaß sie einen flüssigen Körper bildeten, wie man den Himmel für einen solchen hält; und sodann eine gemeinsame Be-

wegung mehrerer um gewisse andere Punkte, die
so von ihnen entfernt und so verteilt waren, wie es
jetzt die Mittelpunkte der Fixsterne sind; und ferner
eine Bewegung auch um andere, etwas zahlreichere
Punkte, die der Zahl der Planeten gleich kommen.
Somit bildeten diese Teilchen so viele verschiedene
Wirbel, als es jetzt Gestirne in der Welt gibt. Man
* sehe die Figur zu § 47, T. 3 der Prinzipien.
    Diese Hypothese enthält, an und für sich be-
trachtet, keinen Widerspruch; denn sie spricht dem
Stoffe nur die Teilbarkeit und die Bewegung zu. Diese
Zustände sind, wie oben bewiesen, an dem Stoffe
wirklich vorhanden; und da ich den Stoff als unendlich und als denselben für den Himmel und die
Erde nachgewiesen habe, so kann man ohne Bedenken
vor irgend einem Widerspruch annehmen, daß diese
Zustände für den ganzen Stoff bestanden haben.
    Ferner ist diese Hypothese die einfachste, weil
sie weder eine Ungleichheit noch eine Unähnlichkeit
bei den Teilchen annimmt, in die im Anfange der
Stoff geteilt war, und ebensowenig dies für ihre Bewegung geschieht. Deshalb ist diese Hypothese auch
die am leichtesten verständliche. Dies erhellt auch
daraus, daß diese Hypothese nur das am Stoffe voraussetzt, was jedermann aus dem Begriffe des Stoffes
von selbst einleuchtet, nämlich die Teilbarkeit und die
örtliche Bewegung.
    Daß aber alle Naturerscheinungen daraus abge-
leitet werden können, will ich soweit als möglich
durch die Tat zu zeigen suchen, und zwar in folgender Ordnung. Zuerst werde ich die flüssige Natur
der Himmel aus ihr ableiten und erklären, wieso diese
die Ursache des Lichtes ist. Sodann will ich zur Natur
der Sonne übergehen und zugleich zu dem, was man
an den Fixsternen beobachtet. Alsdann werde ich über
die Kometen und zuletzt über die Planeten und deren
Erscheinungen sprechen.

Definitionen.

    I. Unter der *Ekliptik* verstehe ich den Teil
des Wirbels, der, während er sich um die Achse dreht,
einen größten Kreis beschreibt.

II. Unter den *Polen* verstehe ich die Teile des Wirbels, die von der Ekliptik am weitesten entfernt sind, oder die, welche die kleinsten Kreise beschreiben.

III. Unter dem *Streben zur Bewegung (conatus ad motum)* verstehe ich keine Art des Denkens, sondern nur, daß ein Stoffteil so gelegen und zur Bewegung geneigt *(incitata)* ist, daß er wirklich sich wohin bewegen würde, wenn ihn nicht eine andere Ursache daran verhinderte.

IV. Unter einer *Ecke* verstehe ich jede Hervorragung eines Körpers über die Kugelgestalt hinaus.

Grundsätze.

I. Mehrere mit einander verbundene Kügelchen können einen Raum nicht stetig ausfüllen.

II. Ein Stück einer in eckige Teile verteilten Materie braucht mehr Raum, wenn seine Teile sich um ihre eigenen Mittelpunkte drehen, als wenn alle seine Teile ruhen und alle Seiten derselben sich unmittelbar berühren.

III. Je kleiner ein Stück Materie ist, desto leichter wird es von ein und derselben Kraft getrennt.

IV. Materielle Teile, die sich nach ein und derselben Richtung bewegen und hierbei sich von einander nicht entfernen, sind nicht wirklich *(actu)* geteilt.

Lehrsatz I.

Die Teile der Materie, in die sie zuerst geteilt war, waren nicht rund, sondern eckig.

Beweis. Die ganze Materie war im Beginne in gleiche und ähnliche Teile getrennt (nach dem Postulat), deshalb waren diese Teile (nach Gr. I und Lehrsatz 2, II) nicht rund, mithin (nach Def. IV) eckig. W. z. b. w.

Lehrsatz II.

Diejenige Kraft, welche bewirkte, daß die materiellen Teilchen sich um ihre eigenen Mittelpunkte drehten, bewirkte auch, daß die Ecken der einzelnen Teilchen bei ihrer gegenseitigen Begegnung sich abrießen.

Beweis. Die ganze Materie war im Beginne in gleiche (nach dem Postulat) und eckige (nach Lehrsatz 1, III) Teile gesondert. Hätten sich also, als sie sich um ihre Mittelpunkte zu drehen begannen, ihre Ecken nicht abgerieben, so hätte notwendig (nach Gr. II) der ganze Stoff einen größeren Raum einnehmen müssen als bei seiner Ruhe; dies ist aber widersinnig (nach Lehrs. 4, II); also haben ihre Ecken sich abgerieben, sobald sie sich zu drehen begannen. W. z. b. w.

Das Uebrige fehlt.

Anhang,

enthaltend

metaphysische Gedanken.

Sie erörtern in Kürze die schwierigeren Fragen, die in den metaphysischen Schriften, sowohl im allgemeinen wie im speziellen Teile, in Betreff des Seins und seiner Bestimmungen, Gottes und seiner Attribute, sowie des Menschengeistes, sich finden.

Verfaßt

von

Benedict von Spinoza

aus

Amsterdam.

Des

Anhanges metaphysischer Gedanken

Erster Teil,

in dem die wichtigsten Punkte des allgemeinen Teils
der Metaphysik in Betreff des Seienden und seiner
Bestimmungen *(affectiones)* kurz erläutert werden. ✶

Erstes Kapitel.

Über die wirklichen, die eingebildeten und die Gedankendinge.

Ich sage nichts über die Definition dieser Wissenschaft oder über ihre Gegenstände, sondern ich will hier nur die dunkleren Punkte, die hin und wieder von denen behandelt werden, die über Metaphysik schreiben, kurz erläutern.

Die Definition des Dinges. Ich beginne daher mit dem Dinge (Wesen, ens), worunter ich *alles das verstehe, von dem, indem man es klar und deutlich vorstellt, man findet, daß es notwendig existiert oder wenigstens existieren kann.*

Die Chimäre, das erdichtete Ding und das Gedankending sind keine seienden Dinge. Aus dieser Definition oder, wenn man lieber will, aus dieser Beschreibung folgt, daß *die Chimäre, das erdichtete Ding* und *das Gedankending* in keiner Weise zu dem Seienden gerechnet werden können. Denn die Chimäre*) kann ihrer Natur nach

---

*) Man halte fest, daß unter der „Chimäre" hier und im Folgenden das verstanden wird, dessen Natur einen offenbaren Widerspruch einschließt, wie in Kapitel 3 ausführlicher dargelegt werden wird. (A. v. Sp.)

nicht existieren; dagegen läßt *das erdichtete Ding* keine
klare und deutliche Vorstellung zu, weil der Mensch
hier aus bloßer Willkür und nicht unwissend wie
bei dem Irrtümlichen, sondern absichtlich und wissend
das verbindet, was er verbinden will, und trennt,
was er trennen will. Das *Gedanken-Ding* ist nur ein
Zustand des Denkens, der dem besseren *Behalten, Er-*
läutern und *Vorstellen* der eingesehenen Dinge dient.
Unter einem „Zustand des Denkens" *(modus cogitandi)*
verstehe ich das, was ich schon in Erläut. zu Lehrs.15, I
erklärt habe, d. h. alle Bewußtseinsarten *(cogitationis*
affectiones), also den Verstand, die Freude, die Einbildung u. s. w.

Durch welche Zustände des Denkens man die Dinge im Gedächtnis behält.
Daß es aber gewisse Zustände des
Denkens gibt, welche dazu dienen, die
Dinge fester und leichter *zu behalten* und
sie, wenn man will, wieder in das Gedächtnis zurückzurufen oder dem Geiste
wieder gegenwärtig zu machen, ist allen
bekannt, welche die so bekannte Gedächtnisregel benutzen, wonach zu dem Behalten und Einprägen eines
neuen Gegenstandes man einen anderen bekannten
zu Hilfe nimmt, der entweder im Namen oder in der
Sache mit jenem übereinstimmt. Auf diese Weise haben
die Philosophen alle natürlichen Dinge auf gewisse
Klassen zurückgeführt, die sie *Gattungen* und *Arten*
u. s. w. nennen, und auf die sie zurückgehen, wenn
ihnen etwas Neues entgegentritt.

Durch welche Zustände des Denkens man die Dinge erklärt.
Ebenso haben wir auch Zustände des
Denkens zur *Erklärung* der Dinge, indem
man sie durch Vergleichung mit anderen
bestimmt. Die Zustände des Denkens,
durch die man dies bewirkt, heißen die
Zeit, die *Zahl,* das *Maß,* wozu vielleicht noch einige
andere kommen. Davon dient die Zeit zur Erklärung
der Dauer, die Zahl zur Erklärung der diskreten
Menge und das Maß zur Erklärung der stetigen Größe.

Durch welche Zustände des Denkens man sich die Dinge in der Einbildung vorstellt.
Endlich ist man gewohnt, allem, was
man einsieht, entsprechende Bilder in
unserer Einbildungskraft zu geben, und
daher kommt es, daß man auch das
Nicht-Seiende sich positiv, wie etwas

Seiendes, *in der Einbildung vorstellt*. Denn da der Verstand, für sich allein betrachtet, als denkendes Ding zu dem Bejahen keine größere Kraft hat als zu dem Verneinen, und da das bildliche Vorstellen nur in einem Empfinden der Spuren besteht, die in dem Gehirn durch die Bewegung der Lebensgeister, die in den Sinnen von den Gegenständen angeregt werden, sich bilden, so kann eine solche Empfindung nur eine verworrene bejahende Vorstellung sein. Daher kommt es, daß alle Weisen, deren der Verstand sich zum Verneinen bedient, wie z. B. *Blindheit, Äußerstes* oder *Ende, Grenze, Finsternis* u. s. w., als seiende Dinge vorgestellt werden.

Weshalb die Gedanken-Dinge keine Ideen wirklicher Dinge sind und doch dafür gehalten werden. Daraus ergibt sich klar, daß diese Zustände des Denkens keine Ideen wirklicher Dinge sind und in keiner Weise dazu gerechnet werden dürfen; deshalb gibt es auch bei ihnen kein Vorgestelltes *(ideatum)*, das notwendig existiert oder existieren kann. Die Ursache aber, weshalb diese Zustände des Denkens für Ideen von Dingen gehalten werden, ist, daß sie aus Ideen wirklicher Dinge so unmittelbar hervorgehen und entstehen, daß sie der Unaufmerksame leicht mit solchen verwechselt. Deshalb haben sie auch Namen erhalten, als sollten damit Dinge bezeichnet werden, die außerhalb des Verstandes existieren, und man hat deshalb diese Dinge oder vielmehr diese Nicht-Dinge Gedanken-Dinge genannt.

Die Einteilung in wirkliche und Gedanken-Dinge ist schlecht. Hieraus erhellt, wie verkehrt die Einteilung derselben in wirkliche und Gedanken-Dinge ist; denn man teilt dabei die Dinge in Dinge und Nicht-Dinge ein oder in Dinge und in Zustände des Denkens. Indes wundere ich mich nicht, daß Philosophen, die bloß an die Worte und Sprachformen sich halten, in solche Irrtümer geraten sind, weil sie die Dinge nach ihren Namen und nicht die Namen nach den Dingen beurteilen.

Inwiefern das Gedanken-Ding ein reines Nichts Ebenso verkehrt sprechen diejenigen, welche behaupten, das Gedanken-Ding sei kein reines Nichts.

und inwiefern es ein wirkliches Ding genannt werden kann. Denn wenn sie das, was mit diesem Namen bezeichnet wird, außerhalb des Verstandes suchen, so werden sie finden, daß es ein reines Nichts ist; verstehen sie aber darunter nur Zustände des Denkens, so sind sie wirkliche Dinge. Denn wenn ich frage, was eine *Art* ist, so frage ich damit nur nach der Natur dieses Zustandes des Denkens, der in Wahrheit ein Seiendes ist und sich von anderen Zuständen des Denkens unterscheidet. Indessen können diese Zustände des Denkens nicht als Ideen bezeichnet, noch auch für wahr oder falsch erklärt werden, ebensowenig wie dies bei der Liebe zulässig ist, die nur entweder gut oder schlecht ist. So hat Plato, als er den Menschen für ein zweifüßiges Tier ohne Federn erklärte, sich nicht mehr geirrt als die, welche den Menschen für ein vernünftiges Tier erklärten, da Plato, ebenso wie die anderen, wußte, daß der Mensch ein vernünftiges Tier ist; er brachte nur auf seine Weise den Menschen unter eine gewisse Klasse, um, wenn er über den Menschen nachdenken wollte, durch Zurückgehen auf diese Klasse, welcher er sich leicht erinnern konnte, sogleich auf die Vorstellung des Menschen zu kommen. Vielmehr war Aristoteles in dem größten Irrtume, wenn er glaubte, durch seine Definition das Wesen des Menschen zureichend erklärt zu haben. Ob aber Plato mit seiner Erklärung gut getan hat, das könnte man wohl fragen; doch gehört dies nicht hierher.

Bei der Erforschung der Dinge dürfen die wirklichen Dinge nicht mit den Gedanken-Dingen vermengt werden. Aus allem vorstehend Gesagten erhellt, daß zwischen den wirklichen Dingen und den Gedanken-Dingen keine Übereinstimmung besteht. Daraus ist leicht abzunehmen, wie sehr man sich in acht zu nehmen hat, daß man bei der Erforschung der Dinge nicht die wirklichen Dinge mit den Gedanken-Dingen vermengt. Denn das Erforschen der Natur der Dinge ist verschieden von dem Erforschen der Zustände, durch welche die Dinge von uns vorgestellt werden. Vermengt man beides, so kann man weder diese Zustände des Vorstellens, noch die wirkliche Natur erkennen, vielmehr gerät

Wirkliche und eingebildete Gedankendinge.

man, was die Hauptsache ist, dadurch in große Irrtümer, wie es vielen bisher ergangen ist.

Wie sich das Gedanken-Ding von dem erdichteten Dinge unterscheidet.
Viele vermengen auch die Gedanken-Dinge mit den erdichteten Dingen; sie halten letztere ebenfalls für Gedanken-Dinge, weil sie außerhalb des Verstandes keine Existenz haben. Allein wenn man auf die oben gegebenen Definitionen des Gedanken-Dinges und des erdichteten Dinges genau achthat, so wird man einen großen Unterschied zwischen beiden Klassen sowohl bezüglich ihrer Ursache, als ihrer Natur selbst, abgesehen von der Ursache, bemerken. Das erdichtete Ding habe ich nämlich nur für die rein willkürliche Verbindung zweier *Ausdrücke (termini)* erklärt, wozu die Vernunft keine Anleitung gibt; deshalb kann das erdichtete Ding durch Zufall auch einmal wahr sein. Dagegen hängt das Gedanken-Ding nicht von dem bloßen Belieben ab und besteht nicht aus der Verbindung irgend welcher *Ausdrücke,* wie sich aus seiner Definition ergibt. Wenn daher jemand fragt, ob das erdichtete Ding entweder ein wirkliches Ding oder ein Gedanken-Ding sei, so braucht man nur das von mir Gesagte zu wiederholen und zu erwidern, nämlich daß die Einteilung der Dinge in wirkliche und Gedanken-Dinge schlecht ist, und deshalb mit schlechtem Grunde gefragt wird, ob das erdichtete Ding entweder ein wirkliches oder ein Gedanken-Ding sei; denn man setzt dabei fälschlich voraus, daß alle Dinge sich in wirkliche und Gedanken-Dinge einteilen lassen.

Die Einteilung der Dinge.
Ich kehre indes zu meiner Aufgabe zurück, von der ich schon etwas abgekommen bin. Aus der Definition, oder, wenn man lieber will, aus der Beschreibung, die ich oben von dem Dinge gegeben habe, kann man leicht ersehen, daß die Dinge einzuteilen sind in Dinge, die vermöge ihrer Natur *notwendig* existieren, oder deren Wesenheit das Dasein einschließt, und in Dinge, deren Wesenheit das Dasein nur als *möglich* einschließt. Letztere teilen sich in Substanzen und in Zustände, deren Definitionen T. I § 51, 52 und 56 der Prinzipien der Philosophie gegeben sind, weshalb ich

sie hier nicht zu wiederholen brauche. Ich will über
diese Einteilung nur so viel bemerken, daß ich ausdrücklich sage, die Dinge teilen sich in Substanzen
und Zustände, nicht aber in Substanzen und Accidenzien; denn das Accidenz ist nur ein Zustand des
Denkens, da es nichts als eine Beziehung ausdrückt.
Wenn ich z. B. sage, daß ein Dreieck sich bewegt, so ist
die Bewegung nicht ein Zustand des Dreiecks, sondern
des bewegten Körpers; deshalb heißt die Bewegung
10 rücksichtlich des Dreiecks zufällig *(accidens)*, allein
mit Bezug auf den Körper ist sie ein wirkliches Ding
oder ein Zustand; denn eine Bewegung kann ohne
Körper nicht vorgestellt werden, wohl aber ohne
Dreieck.

Ferner will ich, damit man das Bisherige und
das Folgende besser verstehe, zu erklären versuchen,
was unter „*Sein des Wesens*" *(esse essentiae)*, „*Sein des
Daseins*" *(esse existentiae)*, „*Sein der Idee*" *(esse ideae)*
und endlich unter „*Sein der Möglichkeit*" *(esse potentiae)*
20 zu verstehen ist. Dazu veranlaßt mich auch die Unwissenheit mancher, die zwischen Wesen und Dasein
keinen Unterschied anerkennen, oder wenn sie es tun,
das *Sein des Wesens* mit dem *Sein der Idee* oder dem
Sein der Möglichkeit vermengen. Um diesen und der
Sache möglichst zu genügen, will ich den Gegenstand im folgenden so bestimmt, als ich vermag,
erklären.

Zweites Kapitel.

Was unter dem Sein des Wesens, dem Sein des Daseins,
30 **dem Sein der Idee und dem Sein der Möglichkeit zu**
verstehen ist.

Um klar zu verstehen, was mit diesen vier Ausdrücken gemeint ist, braucht man sich nur das vor
Augen zu halten, was ich über die unerschaffene Substanz oder über Gott gesagt habe, nämlich:

Die Geschöpfe sind in eminenter Weise in Gott.

1. daß Gott in eminenter Weise das
enthält, was formal in den geschaffenen Dingen angetroffen wird, d. h.

Sein des Wesens, Daseins, der Idee u. der Möglichkeit. 113

daß Gott solche Attribute hat, in denen alle erschaffenen Dinge in eminenter Weise enthalten sind. Darüber sehe man T. I, Gr. 8, und Zus. 1 zu Lehrs. 12. So stellt man sich z. B. die Ausdehnung deutlich ohne alles Dasein vor, und da sie somit durch sich selbst keine Kraft zum Dasein hat, so ist sie, wie ich gezeigt habe, von Gott erschaffen worden. (Letzter Lehrsatz, T. I.) Da nun in der Ursache mindestens ebensoviel an Vollkommenheit enthalten sein muß, wie in der Wirkung ist, so folgt, daß alle Vollkommenheiten der Ausdehnung in Gott enthalten sind. Indes haben wir später gesehen, daß eine ausgedehnte Sache ihrer Natur nach teilbar ist, d. h. eine Unvollkommenheit enthält, deshalb haben wir Gott diese Unvollkommenheit nicht zuteilen können (Lehrs. 16, I) und waren somit zu dem Anerkenntnis genötigt, daß in Gott ein Attribut enthalten ist, das alle Vollkommenheiten des Stoffes in eminentem Maße enthält (Erl. zu Lehrs. 9, I), und das die Stelle des Stoffes vertreten kann.

2. daß Gott sich selbst und alles andere kennt, d. h. daß er alles gegenständlich in sich hat. (Lehrsatz 9, I.)

3. daß Gott die Ursache aller Dinge ist, und daß er aus unbedingter Willensfreiheit handelt.

Was unter dem Sein des Wesens, des Daseins, der Idee und der Möglichkeit zu verstehen ist.

Hieraus ist klar zu ersehen, was unter diesen vier Bestimmungen zu verstehen ist. Zunächst ist das Sein des Wesens nur der Zustand, vermöge dessen die geschaffenen Dinge in Gottes Attributen befaßt werden; das Sein der Idee heißt, daß alles gegenständlich in der Idee Gottes enthalten ist, und das Sein der Möglichkeit bedeutet nur die Macht Gottes, vermöge deren er alles noch nicht Vorhandene aus seiner unbedingten Willensfreiheit erschaffen konnte; endlich ist das Sein des Daseins das Wesen der Dinge außerhalb Gottes und an sich betrachtet; es wird den Dingen zugeschrieben, nachdem sie von Gott geschaffen sind.

Diese vier Bestimmungen unterscheiden

Hieraus ergibt sich klar, daß diese vier Bestimmungen sich nur in den geschaffenen Dingen, aber keineswegs in *sich nur in den geschaffenen Dingen von einander.* Gott, unterscheiden. Denn von Gott kann man sich nicht vorstellen, daß er der Möglichkeit nach in einem anderen gewesen sei, und sein Dasein und sein Denken ist von seinem Wesen nicht verschieden.

Antwort auf einige Fragen in Betreff des Wesens. Hiernach kann ich leicht auf Fragen, die hin und wieder über das Wesen aufgeworfen werden, antworten. Es sind die folgenden: *Ob das Wesen sich von dem Dasein unterscheidet, und, wenn dies der Fall, ob es etwas von der Idee Verschiedenes ist, und, wenn dies der Fall, ob es alsdann ein Sein außerhalb des Verstandes hat;* welches letztere man allerdings zugestehen muß. Auf die erste Frage antworte ich mit einer Unterscheidung; nämlich bei Gott ist das Wesen vom Dasein nicht verschieden, da sein Wesen ohne Dasein nicht gedacht werden kann; dagegen unterscheidet sich in den übrigen Dingen das Wesen vom Dasein; denn es kann ohne letzteres vorgestellt werden. Auf die zweite Frage antworte ich, daß die Dinge, welche außerhalb des Verstandes klar und deutlich oder wahrhaft vorgestellt werden, etwas von der Idee Verschiedenes sind. Indes fragt man hier von neuem, *ob dieses Sein außerhalb des Verstandes durch sich selbst oder von Gott geschaffen ist.* Hierauf antworte ich, daß das formale Wesen nicht durch sich ist und auch nicht geschaffen ist; denn beides würde das wirkliche Dasein des Dinges voraussetzen; vielmehr hängt es bloß von dem göttlichen Wesen ab, in dem alles enthalten ist; in diesem Sinne stimme ich denen bei, die sagen, das Wesen der Dinge sei ewig. Man könnte ferner fragen, *wie wir vor der Erkenntnis der Natur Gottes das Wesen der Dinge erkennen können,* da sie doch, wie ich eben gesagt, nur von Gottes Natur abhängen. Hierauf antworte ich, daß dies daher kommt, daß die Dinge schon geschaffen sind; wären sie noch nicht geschaffen, so gebe ich vollständig zu, daß ihre Erkenntnis erst nach der zureichenden Erkenntnis Gottes möglich wäre, ebenso wie es unmöglich ist, ja noch unmöglicher, aus der noch nicht erkannten Natur der Parabel die Natur ihrer Abscissen und Ordinaten zu erkennen.

Ich bemerke ferner, daß allerdings das Wesen der noch nicht existierenden Zustände in ihren Substanzen begriffen ist, und daß *das Sein des Wesens* dieser Zustände in ihren Substanzen enthalten ist; indes habe ich doch auf Gott zurückgehen wollen, um das Wesen der Zustände und der Substanzen überhaupt zu erklären, und weil das Wesen der Zustände erst nach der Erschaffung ihrer Substanzen in diesen enthalten ist, ich aber nach dem ewigen *Sein des Wesens* geforscht habe.

Weshalb der Verfasser bei der Definition des Wesens auf die Attribute Gottes zurückgeht.

Hiernach halte ich es nicht für der Mühe wert, die Schriftsteller, welche anderer Ansicht sind, zu widerlegen und ihre Definitionen und Beschreibungen des Wesens und des Daseins zu prüfen. Ich würde damit eine klare Sache nur verdunkeln; denn was kann man deutlicher einsehen als das, was Wesen und Dasein ist; kann man doch keine Definition einer Sache geben, ohne zugleich ihr Wesen zu erklären.

Weshalb der Verfasser die Definition von anderen hier nicht aufführt.

Sollte ein Philosoph noch zweifeln, ob bei den geschaffenen Dingen das Wesen vom Dasein verschieden ist, so braucht er sich zur Hebung seines Zweifels nicht viel mit Definitionen von beiden zu bemühen; er braucht nur zu irgend einem Bildhauer oder Holzschneider zu gehen; diese werden ihm zeigen, wie sie eine noch nicht existierende Bildsäule in bestimmter Ordnung sich vorstellen, und nachher werden sie ihm die daseiende vorhalten.

Wie der Unterschied zwischen Wesen und Dasein leicht zu fassen ist.

Drittes Kapitel.

Über das, was notwendig, unmöglich, möglich und zufällig ist.

Was unter diesen Bestimmungen zu verstehen ist.

Nachdem ich somit die Natur des Dinges als solchen erklärt habe, wende ich mich zu der Erklärung einiger seiner Bestimmungen. Ich verstehe ibrigens unter *Bestimmungen (affectiones)* das, was Descartes anderwärts

in § 52 T. I seiner Prinzipien mit *Attributen* bezeichnet hat. Denn das Ding als solches und für sich allein, als Substanz, affiziert uns nicht; deshalb muß es durch ein Attribut erklärt werden, von dem es selbst indessen nur dem Gesichtspunkt des Denkens nach verschieden ist. Ich kann mich deshalb nicht genug über den übertriebenen Scharfsinn derer wundern, die, nicht ohne großen Nachteil für die Wahrheit, nach einem Mittleren zwischen Ding und Nichts gesucht haben.
10 Indes will ich mich mit der Widerlegung ihrer Irrtümer nicht aufhalten, da sie selbst bei ihren Versuchen, eine Definition solcher Zustände zu geben, in ihre eigenen öden Spitzfindigkeiten sich ganz verlieren.

Definition der Bestimmungen. Ich biete daher nur meine Ansicht dar und sage, daß unter ‚*Bestimmungen des Dinges*' gewisse *Attribute* zu verstehen sind, *unter denen man das Wesen oder Dasein eines Dinges auffaßt, die aber doch nur dem Gesichtspunkt des Denkens nach von ihm unterschieden werden.* Ich will versuchen, einige
20 davon (denn ich unternehme nicht, sie alle zu erörtern) hier zu erklären und von Benennungen, die keine Zustände des Dinges bezeichnen, zu sondern. Zunächst will ich über das *Notwendige* und *Unmögliche* handeln.

Auf wie viele Weisen ein Gegenstand notwendig und unmöglich genannt werden kann. Auf zwei Weisen heißt eine Sache notwendig und unmöglich: entweder in Bezug auf ihr Wesen oder in Bezug auf ihre Ursache. In Bezug auf das Wesen wissen wir, daß Gott notwendig existiert; denn
30 sein Wesen kann ohne sein Dasein nicht begriffen werden; dagegen ist eine Chimäre wegen des Widerspruchs in ihrem Wesen nicht fähig zu existieren. In Bezug auf ihre Ursache heißen Dinge, z. B. körperliche, unmöglich oder notwendig; denn achtet man nur auf ihr Wesen, so kann man dieses klar und deutlich ohne ihr Dasein begreifen; deshalb können sie niemals durch die Kraft oder Notwendigkeit ihres Wesens bestehen, sondern nur durch die Kraft ihrer Ursache, d. h. Gottes, als des Schöpfers aller Dinge. Liegt es
40 also in dem göttlichen Beschluß, daß ein Sache existiert, so existiert sie notwendig; wo nicht, so ist es unmöglich, daß sie existiert. Denn es ist selbstverständ-

lich, daß das, was weder eine innere noch eine äußere
Ursache für sein Dasein hat, unmöglich existieren
kann; nun wird aber die Sache in diesem zweiten Falle
so angenommen, daß sie weder kraft ihres Wesens,
unter dem ich ihre innere Ursache verstehe, noch
vermöge göttlichen Beschlusses, als der einzigen äußeren Ursache aller Dinge, existieren kann, woraus
folgt, daß die in diesem zweiten Falle von mir angenommenen Dinge unmöglich existieren können.

Chimären können sehr wohl Wort-Dinge genannt werden. Deshalb kann man 1. sehr wohl eine Chimäre, da sie weder dem Verstande noch der Einbildungskraft angehört, ein Wort-Ding nennen, da sie nur durch Worte ausgedrückt werden kann.
So spricht man z. B. wohl in Worten von einem vier-
eckigen Kreise, aber man kann ihn sich nicht vorstellen, noch weniger ihn erkennen. Deshalb ist die
Chimäre nur ein Wort, und so kann die Unmöglichkeit nicht zu den Bestimmungen eines Dinges gerechnet werden, da sie eine reine Verneinung ist.

Die erschaffenen Dinge hängen ihrem Wesen wie ihrem Dasein nach von Gott ab. 2. ist zu bemerken, daß nicht bloß das Dasein der geschaffenen Dinge, sondern, wie ich später im zweiten Teile klar beweisen werde, auch ihr Wesen und ihre Natur bloß von Gottes Beschluß abhängt. Hieraus erhellt, daß die geschaffenen Dinge an sich selbst keine Notwendigkeit
haben; denn sie haben von sich selbst weder ihr
Wesen noch ihr Dasein.

Die Notwendigkeit, die bei den geschaffenen Dingen von der Ursache kommt, bezieht sich entweder auf ihr Wesen oder auf ihr Dasein; aber bei Gott ist dies beides nicht verschieden. 3. bemerke ich, daß die, vermöge der Ursache, in den Dingen enthaltene Notwendigkeit sich entweder auf ihr Wesen oder auf ihr Dasein bezieht, da dies beides in den geschaffenen Dingen verschieden ist; denn jenes hängt von den ewigen Gesetzen der Natur ab, dieses aber von der Reihe und Ordnung der Ursachen. Dagegen ist in Gott Wesen und Dasein nicht verschieden und deshalb auch die Notwendigkeit seines Wesens nicht von
der seines Daseins verschieden. Könnten wir daher die
ganze Ordnung der Natur erfassen, so würden wir

finden, daß vieles, dessen Natur wir klar und deutlich auffassen, d. h. dessen Wesen notwendig derart ist, in keiner Weise Dasein haben kann; denn wir würden finden, daß das Dasein solcher Dinge in der Natur ebenso unmöglich ist, als wir es für unmöglich halten, daß ein großer Elefant durch ein Nadelöhr gehen kann, obgleich wir die Natur beider deutlich erkennen. Also würde das Dasein solcher Dinge nur eine Chimäre sein, die wir weder uns ausdenken, noch erkennen könnten.

Das Mögliche und Zufällige sind keine Bestimmungen der Dinge.

So viel über Notwendigkeit und Unmöglichkeit. Ich füge einiges über das *Zufällige* und *Mögliche* hinzu, da manche sie für Bestimmungen der Dinge halten, während sie in Wahrheit nur ein Mangel unseres Verstandes sind. Ich will das klar darlegen, nachdem ich erklärt habe, was unter beidem zu verstehen ist.

Was unter dem Möglichen und unter dem Zufälligen zu verstehen ist.

Ein *Ding* heißt *möglich, wenn man zwar seine wirkende Ursache kennt, aber nicht weiß, ob diese Ursache vollständig bestimmt (determinata) ist.* Deshalb kann man auch es selbst nur als möglich, aber nicht als notwendig oder unmöglich ansehen. Sieht man aber *einfach nur auf das Wesen eines Dinges und nicht auf seine Ursache*, so wird man *es zufällig* nennen, d. h. man wird es sozusagen als ein Mittelding zwischen Gott und der Chimäre ansehen, weil man von seiten seines Wesens keine Notwendigkeit des Daseins in ihm antrifft, wie bei dem göttlichen Wesen, noch auch einen Widerspruch oder eine Unmöglichkeit, wie bei der Chimäre. Will man das, was ich *möglich* nenne, *zufällig,* und das, was ich *zufällig* nenne, *möglich* nennen, so will ich dem nicht entgegentreten, da ich nicht gern um Worte streite. Es genügt mir, wenn man zugesteht, daß beides nur ein Mangel unserer Einsicht, aber nichts Wirkliches ist.

Das Mögliche und Zufällige ist nur ein Mangel unserer Einsicht.

Wer dies bestreiten will, dem kann sein Irrtum leicht nachgewiesen werden. Gibt er nämlich auf die Natur, und wie sie von Gott abhängt, acht, so wird er nichts *Zufälliges* an den Dingen finden, d. h. nichts, was der Sache nach existieren oder nicht existieren kann, oder was nach dem gewöhnlichen Ausdruck ein *wirkliches Zufälliges (contingens reale) ist.* Es ergibt sich dies leicht aus Gr. 10, T. I, wo ich gezeigt, daß ebensoviel Kraft zur Erschaffung eines Dinges wie zu dessen Erhaltung nötig ist. Deshalb vollbringt kein erschaffenes Ding etwas durch eigene Kraft, so wenig, wie ein erschaffenes Ding durch seine eigene Kraft zu existieren begonnen hat. Daraus folgt, daß alles nur durch die Kraft der alles erzeugenden Ursache, d. h. Gottes, geschieht, der durch seine Mitwirkung in den einzelnen Zeitpunkten alles fortgesetzt erzeugt. Wenn also alles nur vermöge der göttlichen Macht geschieht, so ist leicht einzusehen, daß alles, was geschieht, nur kraft des Beschlusses und Willens Gottes geschieht. Da nun in Gott keine Unbeständigkeit und kein Wechsel vorhanden ist, so muß er nach Lehrs. 18 und Zus. zu Lehrs. 20, I alles, was er hervorbringt, von Ewigkeit her beschlossen haben hervorzubringen, und da für kein Ding ein in höherem Grade notwendiger Grund für seine Existenz gilt, als daß Gott seine kommende Existenz beschlossen hat, so folgt, daß in allen erschaffenen Dingen die Notwendigkeit ihres Daseins von Ewigkeit vorhanden gewesen ist. Auch kann man sie nicht zufällig nennen, weil Gott es anders habe beschließen können; denn in der Ewigkeit gibt es kein Wann und kein Vor und Nach, noch irgend eine Bestimmung der Zeit, und daraus folgt, daß Gott vor diesen Beschlüssen nicht existiert hat, sodaß er es anders hätte beschließen können.

Die Vereinigung unseres freien Willens mit der Vorherbestimmung Gottes überschreitet den menschlichen Verstand.

Was aber den menschlichen Willen anlangt, den ich frei genannt habe, so wird auch dieser nach Zus. zu Lehrs. 15, T. I durch Gottes Mitwirkung erhalten, und kein Mensch will oder wirkt etwas, von dem nicht Gott von Ewigkeit her beschlossen hat, daß er es so wolle und tue. Wie dies aber ohne Aufhebung der menschlichen Freiheit möglich ist, überschreitet unser Fassungsvermögen; doch darf man deshalb das, was man klar einsieht, nicht wegen dessen, was man nicht weiß, verwerfen; denn wenn man auf seine Natur

achthat, so erkennt man klar und deutlich, daß man
in seinen Handlungen frei ist, und daß man vieles
überlegt, bloß weil man es will, und wenn man auf
Gottes Natur achthat, so erkennt man auch, wie ich
eben gezeigt, klar und deutlich, daß alles von ihm
abhängt, und daß alles nur vorhanden ist, weil es
so von Ewigkeit her von Gott beschlossen worden
ist. Aber wie der menschliche Wille von Gott in den
einzelnen Zeitpunkten so weitererschaffen wird, daß
er frei bleibt, das weiß man nicht; denn es gibt
vieles, was unsere Fassungskraft übersteigt, und von
dem man doch weiß, daß Gott es getan hat, wie
z. B. jene wirkliche Teilung des Stoffes in unendlich
viele Teilchen völlig überzeugend von mir, Lehrs. 11, II,
bewiesen worden ist, obgleich man nicht weiß, wie
sie möglich ist. Wenn man daher an Stelle der bekannten Sache zwei Begriffe, das *Mögliche* und das *Zufällige*, annimmt, so bezeichnen diese nur einen Mangel
unseres Wissens rücksichtlich der Existenz der Sache.

Viertes Kapitel.

Über die Ewigkeit, die Dauer und die Zeit.

Indem ich oben die Dinge in solche eingeteilt
habe, deren Wesen das Dasein einschließt, und in
solche, deren Wesen nur ihr mögliches Dasein einschließt, entsteht daraus der Unterschied zwischen
Ewigkeit und Dauer. Über die *Ewigkeit* werde ich
später ausführlicher sprechen.

Was die Ewigkeit, was die Dauer und die Zeit ist. Hier sage ich nur, daß sie *das Attribut ist, unter dem ich das unendliche Dasein Gottes begreife, dagegen ist die Dauer das Attribut, unter dem ich das Dasein der erschaffenen Dinge, so wie sie in ihrer Wirklichkeit beharren, begreife.* Daraus folgt klar, daß die Dauer von
dem ganzen Dasein eines Dinges nur dem Gesichts-
punkt des Denkens nach unterschieden wird, da man
das, was man der Dauer eines Dinges abzieht, auch
seinem Dasein abziehen muß. Um dies zu bestimmen,

vergleicht man es mit der Dauer der Dinge, die
eine feste und bestimmte Bewegung haben, und *nennt
diese Vergleichung die Zeit.* Daher ist die Zeit keine
Bestimmung der Dinge, sondern nur eine Art, sie
zu denken, d. h. wie ich gesagt, ein Gedanken-
Ding; sie ist eine Art zu denken, die zur Erklärung
der Dauer dient. Ich bemerke hier, was später bei
der Besprechung der Ewigkeit von Nutzen sein wird,
daß die Dauer größer und kleiner und gleichsam aus
Teilen bestehend vorgestellt wird, und daß die Dauer
nur ein Attribut des Daseins, aber nicht des Wesens ist.

Fünftes Kapitel.

Von dem Gegensatz, der Ordnung u. s. w.

Aus der Vergleichung der Dinge entstehen einige
Begriffe, die jedoch außerhalb der Dinge selbst nichts
sind als Zustände des Denkens. Dies ergibt sich
daraus, daß, wenn man sie als außerhalb des Denkens
bestehende Dinge betrachten wollte, man den klaren
Begriff, den man von ihnen hat, sofort zu einem verworrenen machen würde.

*Was der Gegen-
satz, die Ordnung,
die Überein-
stimmung, der
Unterschied, das
Subjekt, das
Prädikat u. s. w.
ist.*
Dergleichen Begriffe sind: *Gegensatz, Ordnung, Übereinstimmung, Unterschied,
Subjekt, Prädikat,* und etwaige ähnliche
mehr. Diese Begriffe werden von uns
deutlich vorgestellt, solange wir sie nicht
als etwas auffassen, was von dem Wesen
der entgegengesetzten oder geordneten
Dinge u. s. w. verschieden ist, sondern wenn wir sie nur
als Zustände des Denkens nehmen, mittels deren wir
die Dinge leichter behalten oder vorstellen. Ich halte
es deshalb nicht für nötig, hierüber noch weiter zu
sprechen, sondern ich gehe zu den sogenannten trans-
scendentalen Ausdrücken über.

Sechstes Kapitel.

Über das Eine, Wahre und Gute.

Diese Ausdrücke werden beinahe von allen Metaphysikern für die allgemeinsten Beschaffenheiten des Seienden gehalten: sie sagen, daß jedes Ding eines, wahr und gut sei, auch wenn niemand es denkt. Indes werden wir sehen, was man darunter zu verstehen hat, wenn ich jeden dieser Ausdrücke für sich untersucht haben werde.

Die Einheit. Ich beginne mit dem ersten, d. h. mit dem *Einen*. Man sagt, dieser Ausdruck bezeichne etwas Wirkliches außerhalb des Denkens; allein man kann nicht angeben, was er zu dem Dinge hinzufügt. Dies zeigt deutlich, daß man hier ein Gedanken-Ding mit einem wirklichen Dinge vermengt, und dadurch wird das, was man klar einsieht, verworren gemacht. Ich behaupte dagegen, daß *die Einheit* in keiner Weise von dem Dinge selbst verschieden ist, oder daß sie dem Dinge nichts hinzufügt, sondern daß sie nur eine Art des Denkens ist, wodurch man die Dinge von einander sondert, die einander ähnlich sind, oder die mit einander in gewisser Weise übereinstimmen.

Die Vielheit. Inwiefern Gott als einer (unus) und inwiefern er als einzig (unicus) bezeichnet werden kann. Der Einheit ist *die Vielheit* entgegengesetzt, die ebenfalls den Dingen nichts hinzufügt und nur eine Art des Denkens ist, wie man klar und deutlich erkennt. Auch sehe ich nicht, was über einen so klaren Gegenstand noch zu sagen wäre; nur bemerke ich noch, daß *Gott*, sofern man ihn von anderen Dingen sondert, *einer* genannt werden kann; daß er aber, sofern man erkennt, daß nicht mehrere gleichen Wesens bestehen können, *einzig* genannt werden kann. Wollte man aber die Sache genauer prüfen, so könnte ich vielleicht zeigen, daß Gott nur uneigentlich Einer und Einziger genannt wird; indes ist diese Frage für die, welche nur um die Sache und nicht um Worte sich kümmern, nicht von großer, ja, von gar keiner Erheblichkeit. Ich übergehe dies daher und wende mich zu dem zweiten Ausdruck, von dem ich mit gleicher Sorgfalt das, was daran falsch ist, angeben will.

Die Bedeutung der Ausdrücke „wahr" und „falsch" bei der gemeinen Menge und bei den Philosophen.

Um die beiden Ausdrücke, *das Wahre* und *das Falsche*, richtig zu verstehen, will ich mit der Wortbedeutung beginnen, woraus sich ergeben wird, daß sie nur äußerliche Bezeichnungen der Gegenstände sind und den Dingen nur in rednerischer Weise beigelegt werden. Allein da die Menge zuerst die Worte erfunden hat, die nachher der Philosoph gebraucht, so ist es für den, der nach der ersten Bedeutung eines Wortes sucht, von Interesse, zu ermitteln, was das Wort zunächst bei der Menge bezeichnet; besonders wenn andere Gründe fehlen, die zur Ermittelung dieses Sinnes aus der Natur der Sprache entnommen werden könnten. Die erste Bedeutung von *wahr* und *falsch* scheint bei Gelegenheit der Erzählungen entstanden zu sein; diejenige Erzählung wurde wahr genannt, welche eine Tatsache betraf, die sich wirklich ereignet hatte, und diejenige war falsch, die eine Tatsache betraf, die sich nirgends zugetragen hatte. Allein die Philosophen benutzten diese Bedeutung nachher zur Bezeichnung der Übereinstimmung der Idee mit ihrem Gegenstande und umgekehrt; deshalb heißt diejenige Idee wahr, welche uns die Sache so zeigt, wie sie an sich ist, und falsch die, welche uns die Sache anders darstellt, als sie wirklich ist; denn die Ideen sind eben nur geistige Erzählungen oder Geschichten der Natur. Von hier sind dann die Worte bildlich auf die stummen Gegenstände übertragen worden; so nennt man das Gold wahr (echt) oder falsch, gleich als ob das von uns vorgestellte Geld etwas von sich selbst erzählte, was an sich ist oder was nicht ist.

Das „Wahre" ist kein transscendentaler Ausdruck.

Deshalb sind die im Irrtum, die den Ausdruck „*wahr*" für transscendental oder für eine Bestimmung des Gegenstandes ansehen; vielmehr kann er von den Dingen selbst nur uneigentlich, oder, wenn man lieber will, nur rhetorisch gebraucht werden.

Über den Unterschied der

Wenn man ferner fragt, was die Wahrheit abgesehen von der wahren Idee

Wahrheit von der wahren Idee. sei, so frage man auch, was das Weiße ohne den weißen Körper sei; denn beide verhalten sich hier zu einander in gleicher Art und Weise.

Über die Ursache des Wahren und Falschen habe ich schon oben gehandelt, ich habe deshalb nichts weiter darüber zu bemerken, und selbst das hier Gesagte wäre nicht nötig gewesen, wenn nicht die Schriftsteller in dergleichen Spielereien sich so verwickelt hätten, daß sie sich nicht wieder herauswinden konnten und nutzlos Schwierigkeiten suchten.

Über die Eigenschaften der Wahrheit. Die Gewissheit liegt nicht in den Gegenständen. Die Eigenschaften der Wahrheit oder der wahren Vorstellung sind, 1. daß sie klar und deutlich ist; 2. daß sie allen Zweifel beseitigt oder, mit einem Worte, daß sie gewiß ist. Wenn man die Gewißheit in den Dingen sucht, täuscht man sich ebenso, als wenn man die Wahrheit in ihnen sucht. Man sagt allerdings: *die Sache ist noch ungewiß;* allein man nimmt dann rednerisch das Vorgestellte für die Idee, wie man auch *eine Sache* für *zweifelhaft* erklärt; ausgenommen, daß man hier unter Ungewißheit auch die Zufälligkeit versteht oder eine Sache, die in uns den Zweifel oder die Ungewißheit erweckt. Ich brauche mich nicht länger hierbei aufzuhalten, sondern gehe zu dem dritten Ausdruck über, wo ich auch erklären will, was unter seinem Gegenteil zu verstehen ist.

‚Gut‘ und ‚böse‘ sind relative Begriffe. Ein Ding für sich betrachtet, heißt weder *gut* noch *böse*, sondern nur in Rücksicht auf ein anderes, dem es hilft, das, was es liebt, zu erlangen oder umgekehrt; deshalb kann ein und dieselbe Sache je nach verschiedenen Rücksichten gut und böse genannt werden. Wenn z. B. der dem Absalon von Ahitophel gegebene Rat in der Bibel gut genannt wird, so war er doch für David der schlechteste, da er seinen Untergang beabsichtigte. Auch gibt es viele Güter, die nicht für jedermann Güter sind; so ist das Heil für die Menschen gut, aber für die unvernünftigen Tiere und Pflanzen weder gut noch schlecht, da es sich auf diese gar nicht bezieht. Gott heißt der

höchste Gute, weil er allen hilft, indem er durch seine Mitwirkung einem jeden sein Dasein erhält, was jedem das Liebste ist. Dagegen gibt es kein unbedingtes Böse, wie selbstverständlich ist.

Weshalb einige ein metaphysisches Gute verlangt haben.
Verlangt man aber nach einem metaphysischen Guten, das frei von jeder Beziehung ist, so steckt man in einer falschen Voraussetzung, indem man den Unterschied im Denken mit dem wirklichen und zuständlichen Unterschiede verwechselt. Man unterscheidet zwischen der Sache selbst und dem in jeder Sache enthaltenen Bestreben, ihr Dasein zu erhalten, obgleich man nicht weiß, was man unter „Bestreben" versteht. Beide Begriffe sind zwar im Denken oder vielmehr den Worten nach verschieden, was hauptsächlich irre geführt hat, aber keineswegs in der Sache.

Wie sich die Dinge und das Bestreben derselben, sich in ihrem Zustande zu erhalten, von einander unterscheiden.
Um dies klar zu machen, will ich das Beispiel einer höchst einfachen Sache hier vorführen. Die Bewegung hat die Kraft, in ihrem Zustande zu beharren; aber diese Kraft ist in Wahrheit nur die Bewegung selbst, d. h. die Bewegung ist von Natur so beschaffen.

Wenn ich nämlich sage, daß in diesem Körper A nur eine gewisse Menge von Bewegung enthalten ist, so folgt klar, daß, so lange ich auf diesen Körper achtgebe, ich immer sagen muß, daß er sich bewegt. Denn wenn ich sage, er verliere seine Kraft, sich zu bewegen, aus sich selbst, so erteile ich ihm notwendig etwas Weiteres zu dem in der Voraussetzung Angenommenen, und dadurch verliert er seine Natur. Sollte dieser Grund noch nicht klar genug sein, so setze man, daß sein Bestreben, sich zu bewegen, etwas Besonderes neben den Gesetzen und der Natur der Bewegung sei. Wenn man nun dieses Streben für ein metaphysisches Gutes hält, so wird auch entsprechend dieses Bestreben ein Bestreben haben, in seinem Sein zu beharren, und dieses Bestreben wird wieder ein anderes haben, und so fort ohne Ende, was zu dem Widersinnigsten führt, was man sich nur denken kann. Der Grund, weshalb man dies Bestreben des Dinges von ihm selbst unterschieden hat, ist, daß man in sich selbst das Verlangen findet, sich zu erhalten, und ein solches Verlangen in jeder Sache voraussetzt.

Ob Gott vor der Schöpfung der Dinge gut genannt werden kann.

Nun stellt man die Frage, ob Gott vor Erschaffung der Dinge gut genannt werden kann. Aus meiner Definition scheint zu folgen, daß Gott ein solches Attribut nicht gehabt hat, da ich gesagt habe, daß ein Ding, an sich betrachtet, weder gut noch schlecht genannt werden kann. Dies scheint vielen widersinnig, obgleich ich nicht weiß, warum. Denn man gibt Gott viele Attribute solcher Art, die ihm vor Erschaffung der Welt nur der Möglichkeit nach zukamen; so z. B. nennt man Gott den Schöpfer, den Richter, mitleidig u. s. w. Deshalb brauchen derartige Einwendungen uns keine Sorge zu machen.

* *In welchem Sinne das Vollkommene relativ und in welchem es absolut ausgesagt wird.*

Ebenso wie das Gute und Schlechte nur beziehungsweise ausgesagt wird, steht es auch mit der Vollkommenheit, außer wenn sie für das Wesen der Sache selbst genommen wird, in welchem Sinne ich oben gesagt habe, daß Gott eine unendliche Wesenheit oder daß er unendlich ist.

Mehr will ich hier nicht hinzufügen, da ich das, was sonst noch zu dem allgemeinen Teil der Metaphysik gehört, für hinlänglich bekannt halte und es deshalb nicht der Mühe verlohnt, dies noch weiter zu erörtern.

Des

Anhanges metaphysischer Gedanken

Zweiter Teil,

in dem hauptsächlich das kurz erläutert wird, was in dem besonderen Teile der Metaphysik über Gott, seine Attribute und den menschlichen Geist gewöhnlich gelehrt wird. ✱

Erstes Kapitel.

Über die Ewigkeit Gottes.

Einteilung der Substanzen. Ich habe schon oben gezeigt, daß es in der Natur der Dinge nur Substanzen und Zustände derselben gibt; man darf deshalb hier nicht erwarten, daß ich etwas über die substantiellen Formen und die wirklichen Accidenzien sagen werde; denn dies und anderes dieser Art sind törichte Vorstellungen. Ferner habe ich die Substanzen in zwei Hauptgattungen eingeteilt, nämlich in die Ausdehnung *(extensio)* und in das Denken *(cogitatio)*, und das letztere in das erschaffene Denken oder in den menschlichen Geist und in das unerschaffene Denken oder Gott. Das Dasein dieses habe ich mehr als zur Genüge dargelegt; teils a posteriori, d. h. aus der Idee, die wir von ihm haben, teils a priori, d. h. von seinem Wesen her, als der Ursache vom Dasein Gottes. Indes habe ich manche seiner Attribute kürzer behandelt, als es die Wichtigkeit des Gegenstandes erfordert, und deshalb will ich dies hier

nachholen und ausführlicher erklären und dabei einige
andere Fragen zur Lösung bringen.

Gott kommt keine Dauer zu. Das vornehmste Attribut, das vor allem zu betrachten ist, ist *die Ewigkeit* Gottes, womit wir dessen Dauer ausdrücken; oder wir nennen vielmehr Gott ewig, um ihm keine Dauer zuzuteilen. Denn die Dauer ist, wie ich im ersten Teil bemerkt habe, ein dem Dasein, aber nicht dem Wesen der Dinge zukommender Zustand; man kann deshalb Gott, dessen Dasein von seinem Wesen kommt, keine Dauer zusprechen. Wer dies tut, trennt sein Dasein von seinem Wesen. Dennoch stellt man die Frage, ob Gott jetzt nicht eine größere Zeit lang existiert als damals, wo er Adam erschaffen hat; man hält dies für genügend klar und meint deshalb, es dürfe Gott auf keine Weise die Dauer abgesprochen werden. Allein das ist eine unbegründete Voraussetzung, indem man dabei annimmt, daß Gottes Wesen von seinem Dasein verschieden ist. Denn man fragt, ob Gott, der bis zu Adam existiert hat, nicht von da ab bis zu unserer Zeit noch länger existiert hat. Somit gibt man Gott mit den einzelnen Tagen eine längere Dauer und nimmt an, er werde gleichsam von sich selbst fortwährend geschaffen. Sonderte man aber das Dasein Gottes nicht von seinem Wesen, so würde man Gott keine Dauer beilegen, da dem Wesen der Dinge in keiner Weise Dauer zukommen kann; denn niemand wird je behaupten, daß das Wesen des Kreises oder Dreiecks, insofern es eine ewige Wahrheit ist, jetzt länger als zu Adams Zeit existiert hat. Ferner ist die Dauer länger oder kürzer, oder man stellt sie sich gleichsam aus Teilen bestehend vor; hieraus folgt klar, daß man sie Gott nicht beilegen kann; denn sein Wesen ist ewig, d. h. es gibt darin kein Früher oder Später, und deshalb kann man ihm niemals eine Dauer beilegen, ohne gleichzeitig den wahren Begriff, den man von Gott hat, zu zerstören, d. h. ohne das seiner Natur nach Unendliche und nur als unendlich Vorstellbare in Teile zu sondern, d. h. ihm eine Dauer beizulegen.

Die Gründe, aus denen man Gott Dauer zugeschrieben hat. Der Grund zu diesem Irrtume der Schriftsteller ist: 1. daß sie, ohne auf Gott zu achten, die Ewigkeit zu erklären versucht haben; als wenn die Ewigkeit ohne die Betrachtung des göttlichen Wesens erkannt werden könnte, oder als wenn sie etwas Besonderes neben dem göttlichen Wesen wäre. Und das ist wieder daher gekommen, daß man aus Mangel an Worten sich daran gewöhnt hat, die Ewigkeit auch solchen Dingen, deren Wesen von ihrem Dasein verschieden ist, zuzusprechen (so wenn man sagt, es sei kein Widerspruch, daß die Welt von Ewigkeit existiert hat) und folglich auch dem Wesen solcher Dinge, wenngleich man sie noch nicht als seiend vorstellt; denn man nennt sie auch dann ewig. 2. weil man die Dauer nur insofern den Dingen zuspricht, als man annimmt, daß sie einem beständigen Wechsel unterliegen, und nicht insofern, wie es von mir geschieht, ihr Wesen von ihrem Dasein unterschieden wird. 3. weil man Gottes Wesen ebenso wie das der erschaffenen Dinge von seinem Dasein getrennt hat. Diese Irrtümer waren der Anlaß zu jenem. Denn der erste Irrtum, der die weiteren veranlaßte, war, daß man nicht erkannte, was die Ewigkeit ist, sondern diese selbst als eine Art von Dauer betrachtete. Der zweite Irrtum war, daß man nur schwer einen Unterschied zwischen der Dauer der erschaffenen Dinge und der Ewigkeit Gottes auffinden konnte. Der letzte Irrtum endlich war, daß man, obgleich die Dauer nur ein Zustand des Daseins ist, Gottes Dasein von seinem Wesen trennte und Gott, wie gesagt, eine Dauer zuteilte.

Der Begriff der Ewigkeit. Um indes besser einzusehen, was *die Ewigkeit* ist, und wie sie ohne das göttliche Wesen nicht begriffen werden kann, muß man bedenken, wie ich schon oben gesagt, daß die erschaffenen Dinge, d. h. alles außer Gott, immer nur durch die bloße Kraft oder durch das Wesen Gottes bestehen und nicht aus eigener Kraft. Daraus folgt, daß das gegenwärtige Sein dieser Dinge nicht die Ursache ihres künftigen Seins ist, sondern daß die Ursache nur in der Unveränderlich-

keit Gottes liegt. Deshalb müssen wir sagen, daß
Gott, nachdem er zuerst ein Ding erschaffen hat,
es auch nachher stetig erhalten wird, oder daß er
diese Tat des Erschaffens ohne Unterlaß fortsetzen
wird. Daraus folgere ich, 1. daß man von dem geschaffenen Dinge sagen kann, es erfreue sich *(frui)*
des Daseins; weil nämlich sein Dasein nicht aus seinem
Wesen stammt. Dagegen kann man von Gott nicht
sagen, er erfreue sich des Daseins, denn das Dasein Gottes ist Gott selbst, ebenso wie sein Wesen;
demnach erfreuen sich zwar die geschaffenen Dinge,
aber niemals Gott des Daseins. 2. daß alle erschaffenen Dinge, während sie an der gegenwärtigen
Dauer und dem Dasein teilnehmen, diese Dauer für
die kommende Zeit entbehren, weil diese ihnen un-
unterbrochen zugeteilt werden muß. Von ihrem Wesen
aber kann man nicht das Gleiche sagen. Dagegen
kann man Gott, weil sein Dasein von seinem Wesen
kommt, kein zukünftiges Dasein zuteilen; denn dieses
Dasein, das er dann haben würde, ist ihm auch wirklich
zuzuerteilen, oder, um mich richtiger auszudrücken,
das wirkliche unendliche Dasein gebührt Gott in
gleicher Weise, wie ihm wirklich ein unendlicher
Verstand zukommt. Dieses unendliche Dasein nenne
ich *Ewigkeit;* diese kann nur Gott zugeteilt werden,
aber keinem erschaffenen Dinge, selbst dann nicht,
wenn dessen Dauer nach beiden Seiten kein Ende
hat. — So viel über die Ewigkeit. Von der Notwendigkeit Gottes sage ich nichts, weil, nachdem ich
dessen Dasein aus seinem Wesen bewiesen habe, dies
nicht nötig ist. Ich gehe deshalb zur Einheit über.

Zweites Kapitel.

Über die Einheit Gottes.

Ich habe mich oft über die hohlen Gründe ge-
wundert, durch welche die Schriftsteller die Einheit
Gottes zu begründen suchen; z. B: *„Wenn Einer die
Welt erschaffen konnte, so waren die Übrigen nicht nötig";*

oder „*Wenn alles nach demselben Ziele strebt, so ist es von einem Begründer ausgegangen*"; und dergleichen, das ✶ man aus äußerlichen Beziehungen oder Worten abgeleitet hat. Ich will deshalb dies alles beiseite lassen und meinen Beweis hier so klar und kurz als möglich in folgender Weise aufstellen:

Gott ist einzig. Zu den Attributen Gottes habe ich die höchste Einsicht gerechnet und hinzugefügt, daß Gott all seine Vollkommenheit von sich und nicht von etwas anderem hat. Soll es nun mehrere Götter oder höchst vollkommene Wesen geben, so müssen sie alle höchst einsichtig sein, und dazu genügt nicht, daß jedes nur sich selbst erkennt, vielmehr muß es alles erkennen, also sowohl sich als auch die übrigen Götter; daraus würde aber folgen, daß die Vollkommenheit eines jeden teils von ihm selbst, teils von einem anderen abhinge. Es könnte also dann nicht jedes ein höchst vollkommenes Wesen sein, d. h., wie ich eben bemerkt, ein Wesen, das all seine Vollkommenheit von sich und nicht von einem anderen hat; während ich doch eben bewiesen habe, daß Gott das vollkommenste Wesen ist, und daß er existiert. Daraus kann man also schließen, daß nur ein Gott existiert; denn wären deren mehrere, so müßte das vollkommenste Wesen eine Unvollkommenheit an sich haben, was widersinnig ist. So viel ✶ über die Einheit Gottes.

Drittes Kapitel.

Über die Unermeßlichkeit Gottes.

Inwiefern Gott als unendlich, inwiefern er als unermeßlich bezeichnet wird. Ich habe oben gezeigt, daß ein endliches und unvollkommenes Ding, d. h. ein solches, das an dem Nichts teilhat, nicht vorgestellt werden kann, wenn man nicht vorher auf das vollkommene und unendliche Wesen achtet, d. h. auf Gott. Deshalb kann nur Gott allein unendlich genannt werden, insofern man nämlich findet, daß er in Wahrheit in unendlicher Vollkommenheit existiert. Indes kann Gott unermeßlich oder unbegrenzbar auch insofern genannt werden, als man bedenkt, daß es kein Wesen gibt, durch das die Vollkommenheit Gottes beschränkt werden könnte. Hieraus folgt, daß *die Unendlichkeit (infinitas)* Gottes, trotz des negativen Ausdrucks, etwas höchst Positives ist. Denn man nennt ihn nur insofern unendlich, als man auf sein Wesen oder auf seine höchste Vollkommenheit achtet. Dagegen wird *die Unermeßlichkeit (immensitas)* Gott nur beziehungsweise zuerkannt, denn sie gehört zu Gott nicht, insofern er an sich als das vollkommenste Wesen betrachtet wird, sondern sofern er als erste Ursache gilt, die, wenn sie auch nur in Bezug auf die untergeordneten Dinge die vollkommenste wäre, dennoch unermeßlich sein würde, da es kein Ding gäbe, folglich auch keines als vollkommener wie jene Ursache vorgestellt werden könnte, durch das sie begrenzt oder gemessen werden könnte. (Man sehe das Nähere hierüber Gr. 9, T. I.)

Was man insgemein unter Gottes Unermeßlichkeit versteht.

Indes scheinen die Schriftsteller, wenn sie von der *Unermeßlichkeit* Gottes sprechen, mitunter Gott eine Größe *(quantitas)* beizulegen; denn sie wollen aus diesem Attribut folgern, daß Gott überall gegenwärtig sein müsse, wie wenn sie sagen wollten, wenn Gott in einem Orte nicht wäre, so würde seine Größe beschränkt sein. Dies erhellt noch mehr aus einem anderen, von ihnen beigebrachten Grunde, durch den sie zeigen, daß Gott unendlich oder unermeßlich ist (denn dieses beides verwechseln sie mit einander), sodaß er also auch überall ist. Wenn Gott, sagen sie, reine Tätigkeit ist, wie es der Fall ist, so ist er notwendig überall und unendlich; denn wäre er nicht überall, so könnte er nicht überall, wo er will, sein, oder er müßte notwendig (NB.) sich bewegen — hieraus ergibt sich klar, daß sie Gott *die Unermeßlichkeit* beilegen, insofern sie ihn als *eine Größe (quantum)* ansehen; denn sie entnehmen aus den Eigenschaften der Ausdehnung diese ihre Gründe für die Bestätigung der *Unermeßlichkeit* Gottes, was durchaus widersinnig ist.

Die Unermeßlichkeit Gottes.

Der Beweis, daß Gott überall ist.
Fragt man mich, woher ich beweisen will, *daß Gott überall sei*, so antworte ich, daß ich dies schon genügend und hinreichend dargetan habe, als ich gezeigt, daß kein Ding auch nur einen Augenblick existieren kann, ohne nicht in den einzelnen Augenblicken von Gott weitererschaffen zu werden.

Die Allgegenwart Gottes kann nicht erklärt werden.
Um indes die *Allgegenwart* Gottes oder *seine Gegenwart in den einzelnen Dingen* richtig zu erkennen, müßte die innerste Natur des göttlichen Willens durchschaut werden, mittels deren er die Dinge erschaffen hat und stetig forterschafft. Dies übersteigt aber die menschliche Fassungskraft, und deshalb kann nicht erklärt werden, wieso Gott überall ist.

Mit Unrecht wird bisweilen eine dreifache Unermeßlichkeit Gottes angenommen.
Manche nehmen *eine dreifache Unermeßlichkeit* Gottes an, die des Wesens, der Macht und schließlich der Gegenwart; allein sie treiben ein leeres Spiel, da sie offenbar zwischen dem Wesen und der Macht Gottes einen Unterschied annehmen.

Gottes Macht ist von seinem Wesen nicht verschieden.
Dasselbe haben andere offener ausgesprochen, indem sie sagen, Gott sei überall, vermöge seiner Macht, nicht vermöge seines Wesens; als wenn die Macht Gottes von all seinen Attributen oder von seinem unendlichen Wesen verschieden wäre, da sie doch nur ein und dasselbe ist. Wäre dies nicht so, so wäre die Macht entweder etwas Erschaffenes, oder ein dem göttlichen Wesen nebenbei Zukommendes, ohne welches das Wesen begriffen werden könnte; was beides widersinnig ist. Denn wäre sie etwas Erschaffenes, so müßte die Macht Gottes von etwas anderem erhalten werden, und dies würde zu einer Reihe ohne Ende führen; wäre sie nur ein Nebenbei-Seiendes, so wäre Gott, gegen das oben Erwiesene, kein im höchsten Grade einfaches Wesen.

Dies gilt auch von seiner Allgegenwart.
Endlich wollen sie auch mit der *Unermeßlichkeit* der Gegenwart etwas anderes als das Wesen Gottes bezeichnen, durch das die Dinge geschaffen sind und

stetig erhalten werden. Dies ist indes ein großer Widersinn, in den sie dadurch geraten sind, daß sie den Verstand Gottes mit dem menschlichen verwechselten und seine Macht oft mit der Macht von Königen verglichen.

Viertes Kapitel.

Über die Unveränderlichkeit Gottes.

Die Begriffe der Veränderung und der Umwandlung (transformatio).

Unter *Veränderung* verstehe ich hier jeden Wechsel, der in einem Dinge vorkommen kann, während seine Substanz unvermindert bleibt. Gewöhnlich ist die Bedeutung weiter und umfaßt auch das Verderben eines Dinges, das nicht vollständig ist, sondern zugleich eine dem Verderben nachfolgende Erzeugung enthält; z. B. wenn man sagt, daß der Torf sich in Asche verändert und die Menschen in wilde Tiere. Die Philosophen benutzen indessen zur Bezeichnung dieses Vorganges das Wort: *Umwandlung;* hier spreche ich jedoch nur von der Veränderung, bei der keine Umwandlung des Dinges statthat, wie man z. B. sagt: Peter hat die Farbe oder seine Gemütsart verändert.

In Gott finden solche Umwandlungen nicht statt.

Es fragt sich nun, ob in Gott solche Veränderungen statthaben. Über *die Umwandlung* brauche ich nämlich nichts zu sagen, nachdem ich schon gezeigt, daß Gott notwendig existiert, d. h. daß Gott nicht aufhören kann, zu sein, oder sich nicht in einen anderen Gott umwandeln kann, da er dann sowohl aufhören würde zu existieren, als auch es dann mehrere Götter zugleich geben würde, was beides, wie gezeigt, widersinnig ist.

Über die Ursachen der Veränderungen.

Um das, was hier noch zu sagen ist, bestimmter einzusehen, erwäge man, daß jede Veränderung entweder von äußeren Ursachen ausgeht, ohne Rücksicht darauf, ob das betroffene Ding will oder nicht, oder von einer inneren Ursache und von einer Wahl des Dinges. So kommt das Schwarzwerden, das Erkranken, das Wachsen des Menschen u. s. w. von äußeren Ursachen, dort gegen den Willen, hier nach dem Wunsche des Menschen; dagegen kommt der Wille, zu gehen, sich zornig zu zeigen u. s. w., von inneren Ursachen.

Gott erfährt keine äußere Veränderung. Die erste Art von *Veränderungen*, die von äußeren Ursachen ausgehen, finden bei Gott nicht statt; denn er ist die alleinige Ursache aller Dinge und leidet von nichts. Dazu kommt, daß kein erschaffenes Ding in sich selbst die Kraft zu existieren hat, also noch viel weniger die Kraft, etwas außerhalb seiner selbst oder gegen seine Ursache zu bewirken. Allerdings findet man in der Bibel oft erwähnt, daß Gott über die Sünden der Menschen erzürnt und betrübt gewesen, und dergleichen; allein hier wird die Wirkung für die Ursache genommen, so wie man auch sagt, die Sonne sei im Sommer stärker und höher als im Winter, obgleich sie weder ihren Ort verändert, noch ihre Kräfte wieder erlangt hat. Daß dergleichen auch in der heiligen Schrift oft gelehrt wird, ergibt sich aus Jesaias, der in v. 2, Kap. 59 dem Volke vorhält: „*Eure Schlechtigkeit trennt euch von eurem Gotte.*"

Ebensowenig eine innere (a se ipso). Ich gehe also weiter und untersuche, ob in Gott durch Gott selbst irgend eine Veränderung statthat. Dies kann ich nun nicht zugestehen, sondern bestreite es durchaus; denn jede von dem Willen abhängende Veränderung geschieht, damit das Wesen seinen Zustand bessert, was bei einem höchst vollkommenen Wesen nicht möglich ist. Ferner geschieht eine solche Veränderung nur, wenn ein Übel vermieden oder ein fehlendes Gut erlangt werden soll, was beides bei Gott nicht stattfinden kann. Hieraus folgere ich, daß Gott ein unveränderliches Wesen ist.

Ich bemerke, daß ich die gewöhnlichen Einteilungen der Veränderung hier absichtlich nicht erwähnt habe, obgleich ich sie in gewisser Hinsicht mit einbegriffen habe, da es nicht nötig war, sie einzeln zurückzuweisen, weil ich Lehrs. 16, I bewiesen habe, daß Gott unkörperlich ist; während jene gewöhnlichen Einteilungen der Veränderung nur die Veränderungen des Stoffes betreffen.

Fünftes Kapitel.

Über die Einfachheit Gottes.

Es gibt einen dreifachen Unterschied unter den Dingen, nämlich der Wirklichkeit, dem Zustande und dem bloßen Denken nach.

Ich gehe zur Einfachheit Gottes über. Um dieses Attribut Gottes recht zu verstehen, hat man sich an das zu erinnern, was Descartes § 48, 49, T. I seiner Prinzipien der Philosophie sagt, nämlich daß es in der Welt nur Substanzen und deren Zustände gibt; er leitet daraus in § 60, 61 und 62 einen dreifachen Unterschied ab, nämlich einen *wirklichen*, einen *den Zustand betreffenden* und einen *im Denken*. *Wirklich* heißt der Unterschied, durch den zwei Substanzen unterschieden sind, mögen sie nun verschiedene oder dieselben Attribute haben; z. B. das Denken und die Ausdehnung, oder die Teile des Stoffes. Dies ergibt sich auch daraus, daß jedes ohne des anderen Hilfe vorgestellt werden und also existieren kann. *Der auf den Zustand bezügliche Unterschied* ist ein zwiefacher: einmal der zwischen der Substanz selbst und ihrem Zustande und dann der zwischen zwei Zuständen derselben Substanz. Letzteren Unterschied erkennt man daraus, daß zwar jeder Zustand ohne den anderen vorgestellt werden kann, aber keiner ohne die Hilfe der Substanz, deren Zustände sie sind. Jenen Unterschied erkennt man dagegen daraus, daß zwar die Substanz ohne ihren Zustand vorgestellt werden kann, aber nicht der Zustand ohne die Substanz. *Der Unterschied im Denken* ist der, welcher zwischen der Substanz und ihrem Attribute entsteht, z. B. wenn die Dauer von der Ausdehnung unterschieden wird. Man erkennt ihn auch daraus, daß eine solche Substanz nicht ohne dieses Attribut erkannt werden kann.

Die Einfachheit Gottes.

Woraus alle Verbindung entsteht und wievielfach sie ist.
Aus diesen drei Unterschieden entsteht alle Verbindung *(compositio).* Die erste Verbindung ist die, welche sich aus zwei oder mehreren Substanzen mit demselben Attribut bildet, z. B. jede Verbindung von zwei oder mehr Körpern; oder aus Substanzen mit verschiedenen Attributen, wie bei den Menschen. Die zweite Verbindung erfolgt durch die Vereinigung verschiedener Zustände. Die dritte wird nicht, sondern man stellt sich deren Werden nur vor, um die Sache besser einzusehen. Was nicht nach einer der beiden ersten Arten zusammengesetzt ist, ist einfach zu nennen.

Gott ist das allereinfachste Wesen.
Ich habe also zu zeigen, daß Gott kein Zusammengesetztes ist, woraus man dann den Schluß ziehen kann, daß er das einfachste Wesen ist. Dies wird leicht geschehen können, denn es ist an sich klar, daß die Teile einer Zusammensetzung ihrer Natur nach mindestens früher sind als die zusammengesetzte Sache; mithin müßten die Substanzen, aus deren Verbindung und Vereinigung Gott entsteht, von Natur vor Gott selbst sein, und jede könnte für sich vorgestellt werden, ohne daß man sie Gott zuzuteilen brauchte. Da nun jene Substanzen notwendig unter sich verschieden sind, so muß auch jede für sich ohne Hilfe der anderen existieren können. Somit könnte es, wie ich eben gesagt, so viel Götter geben als Substanzen, aus denen Gott zusammengesetzt vorgestellt wird. Denn da jede durch sich existieren könnte, so müßte sie auch durch sich existieren, und sie würde deshalb auch die Kraft haben, sich alle jene Vollkommenheiten zu geben, welche, wie gezeigt, Gott einwohnen, u. s. w.; wie ich schon bei Gelegenheit des Beweises von dem Dasein Gottes in Lehrs. 7, Teil I ausführlich dargelegt habe. Da man nun nichts Widersinnigeres aufstellen kann, so folgt, daß Gott nicht aus einer Verbindung und Vereinigung von Substanzen zusammengesetzt sein kann. Ebenso kann es in Gott keine Zusammensetzung verschiedener Zustände geben, wie sich daraus zur Genüge ergibt, daß es in Gott überhaupt keine Zu-

stände gibt; denn diese entstehen aus einer Veränderung der Substanz. Man sehe § 56, Teil I der Prinzipien. Will endlich jemand noch eine andere Verbindung zwischen dem Wesen und dem Dasein der Dinge sich ausdenken, so trete ich dem nicht entgegen; allein er möge bedenken, daß ich schon zur Genüge bewiesen habe, daß in Gott beides nicht verschieden ist.

Gottes Attribute sind nur dem Gesichtspunkt des Denkens nach verschieden.

Hieraus kann ich nun klar folgern, daß alle Unterschiede, die man zwischen den Attributen Gottes macht, nur Unterschiede im Denken sind, denen kein wirklicher Unterschied entspricht; ich meine solche Unterschiede im Denken, wie ich sie eben erörtert habe; nämlich die daraus erkannt werden, daß eine solche Substanz nicht ohne ein solches Attribut bestehen kann. Somit schließe ich, daß Gott das einfachste Wesen ist. Im übrigen kann ich mich um den Mischmasch der Unterschiede, welche von den Peripatetikern aufgestellt werden, nicht kümmern und wende mich zu dem Leben Gottes.

Sechstes Kapitel.

Von dem Leben Gottes.

Was insgemein von den Philosophen unter „Leben" verstanden wird.

Um dieses Attribut, nämlich *das Leben* Gottes recht zu verstehen, muß ich im allgemeinen erklären, was in jedem Dinge überhaupt mit dessen Leben bezeichnet wird. Ich will 1. die Ansicht der Peripatetiker prüfen, welche unter Leben *das Einwohnen der ernährenden Seele mit der Wärme* verstehen. Man sehe Aristoteles, Buch I, Kap. 8: „Über das Atemholen". Da diese Leute drei Seelen annehmen, die ernährende, die wahrnehmende und die denkende, welche sie so den Pflanzen, den Tieren und den Menschen zusprechen, so sind, nach ihrer eigenen Angabe, die übrigen Dinge ohne Leben. Indes wagten sie nicht zu sagen, daß die Seelen und Gott des Lebens entbehren; wahrscheinlich fürchteten sie, damit in das Gegenteil zu geraten, nämlich daß diese, wenn sie kein Leben hätten, dem Tode verfallen seien. Deshalb gibt Aristoteles in seiner Metaphysik Buch 11, Kap. 7 noch eine andere ✶ Definition vom Leben, wie es nur der Seele eigentümlich ist; danach ist *das Leben die Tätigkeit des Verstandes (intellectus operatio vita est)*, und in diesem Sinne spricht er Gott das Leben zu, da Gott einsieht und reine Tätigkeit ist. Ich will mich mit Widerlegung dieser Behauptungen nicht aufhalten; denn in Bezug auf jene drei den Pflanzen, Tieren und Menschen zugeschriebenen Seelen habe ich schon genügend dargetan, daß dies nur Geschöpfe der Einbildungskraft sind; denn ich habe gezeigt, daß es in dem Stoffe nichts als mechanische Gewebe und Tätigkeiten gibt. Was aber das Leben Gottes anlangt, so sehe ich nicht ein, weshalb die Verstandestätigkeit bei ihm mehr als die des Willens und ähnlicher Kräfte Tätigkeit sein soll. Da ich indes hierauf keine Antwort erwarte, so wende ich mich, wie versprochen, zur Erklärung dessen, was Leben ist.

Welchen Dingen man Leben zuschreiben kann. Allerdings wird dieses Wort mittels bildlicher Übertragung oft zur Bezeichnung des Verhaltens eines Menschen benutzt; indes will ich nur das kurz erklären, was man in der Philosophie darunter versteht. Wenn das Leben auch den körperlichen Dingen zugesprochen wird, so ist nichts ohne Leben; wird es aber nur bei denen angenommen, mit deren Körper eine Seele verbunden ist, so kann das Leben nur den Menschen und vielleicht auch den Tieren zugesprochen werden; aber nicht der Seele allein, oder Gott. Allein gewöhnlich hat das Wort „Leben" einen weiteren Sinn, und deshalb muß es unzweifelhaft auch den körperlichen Dingen, die mit keiner Seele verbunden sind, und den vom Körper getrennten Seelen zugesprochen werden.

Was das Leben ist und inwiefern es in Gott vorhanden ist. Deshalb verstehe ich unter *Leben die Kraft, durch welche die Dinge in ihrem Sein beharren.* Da diese Kraft von den Dingen selbst verschieden ist, so sagt man passend, daß die Dinge selbst Leben haben. Dagegen ist die Kraft, mit der Gott in seinem Sein beharrt, nur sein eigenes Wesen, und deshalb drücken sich die am besten aus, welche Gott das Leben nennen. Deshalb haben nach Ansicht mancher Theologen die Juden bei ihrem Schwören gesagt *Chaj Jehovah*, d. h. beim lebendigen Jehovah, weil Gott das Leben ist und von dem Leben nicht verschieden ist; und sie haben dabei nicht gesagt *Che Jehovah*, d. h. beim Leben Jehovahs. Auch Joseph sagte, als er bei dem Leben Pharaos schwur, *Che Pharao*, d. h. beim Leben Pharaos.

Siebentes Kapitel.

Über den Verstand (intellectus) Gottes.

Gott ist allwissend. Zu den Attributen Gottes habe ich oben die Allwissenheit gerechnet, die bekanntlich Gott zukommt, weil das Wissen an sich eine Vollkommenheit enthält und Gott als das vollkommenste Wesen keine Vollkommenheit entbehren darf; demnach muß Gott das Wissen im höchsten Maße zugeteilt werden, d. h. ein solches, welches keine Unwissenheit oder keine Beraubung des Wissens im voraus setzt oder annimmt; denn dann gäbe es eine Unvollkommenheit in dem Attribute, und damit in Gott. Daraus erhellt, daß Gott niemals nur dem Vermögen nach *(potentia)* Einsicht gehabt hat, und daß er auch nichts durch Schlüsse folgert.

Der Gegenstand von Gottes Wissen sind nicht die Dinge außerhalb Gottes. Es folgt ferner aus der Vollkommenheit Gottes auch, daß seine Ideen nicht, wie die unsrigen, durch die Gegenstände außerhalb Gottes begrenzt werden, vielmehr werden die von Gott außerhalb seiner erschaffenen Dinge durch seinen Verstand bestimmt*); denn sonst würden die Gegen-

---

*) Hieraus ergibt sich klar, daß der Verstand Gottes, mit dem er die geschaffenen Dinge erkennt und sein Wille und seine Macht, wodurch er sie bestimmt hat, ein und dasselbe sind. (A. v. Sp.)

stände durch sich selbst ihre Natur und ihr Wesen besitzen und damit der göttlichen Einsicht, wenigstens der Natur nach, vorhergehen, was widersinnig ist. Da dies manche nicht gehörig beachtet haben, so sind sie in große Irrtümer geraten. Denn manche nehmen an, es gebe neben Gott den Stoff, der gleich ewig sei, wie Gott, der von sich selbst existiert, und den Gott nach Einigen nur vermöge seines Verstandes in Ordnung gebracht hat, während er ihm nach anderen noch außerdem die Form aufgedrückt hat. Andere haben dann angenommen, daß die Dinge ihrer Natur nach entweder notwendig oder unmöglich oder zufällig sind, und daß deshalb Gott die zufälligen auch nur als solche wisse, mithin durchaus nicht wisse, ob sie existieren oder nicht. Endlich haben andere gesagt, daß Gott das Zufällige aus den Umständen wisse, vielleicht vermöge seiner langen Erfahrung. Ich könnte außer diesen noch mehr Irrtümer der Art anführen, wenn es nicht überflüssig wäre, da aus dem oben Gesagten sich deren Falschheit ganz von selbst ergibt.

Gott ist sich selbst Gegenstand des Wissens.
Ich kehre deshalb zu meinem Vorhaben zurück und stelle fest, daß es außer Gott keinen Gegenstand seines Wissens gibt, sondern daß er selbst der Gegenstand seines Wissens, ja sein Wissen selbst ist. Die, welche die Welt auch für einen Gegenstand des Wissens Gottes halten, sind weniger verständig als die, welche ein von einem ausgezeichneten Baumeister hingestelltes Gebäude zum Gegenstand seines, d. h. des Baumeisters, Wissen machen wollen; denn der Erbauer muß wenigstens außerhalb seiner selbst den passenden Stoff suchen, während Gott keinen Stoff außerhalb seiner selbst gesucht, sondern die Dinge nach ihrem Wesen und ihrem Dasein durch seinen Verstand oder seinen Willen hergestellt hat.

Wieso Gott ein Wissen von der Sünde, den bloßen Vernunft-Dingen u. dgl. hat.
Man fragt auch, ob Gott das Böse oder die Sünden und die Gedanken-Dinge und dergleichen wisse. Ich antworte, daß Gott das, dessen Ursache er ist, notwendig kennen muß, zumal es nicht einen Augenblick ohne Beihilfe der göttlichen Erhaltung

bestehen könnte. Nun sind aber das Böse und
die Sünden nichts in den Dingen, sondern sie bestehen nur innerhalb der menschlichen Seele, welche die
Dinge mit einander vergleicht, und deshalb kann Gott
sie außerhalb der menschlichen Seelen nicht kennen.
Die Gedanken-Dinge habe ich als bloße Zustände des
Denkens aufgezeigt, und in diesem Sinne muß Gott
sie kennen, d. h. insofern wir wissen, daß er die
menschliche Seele, wie sie auch beschaffen ist, erhält und fortgesetzt erzeugt; aber nicht in dem Sinne,
daß Gott solche Zustände des Denkens in sich selbst
hat, um das, was er einsieht, leichter zu behalten.
Gegen dieses Wenige, was ich hier gesagt, wird
man, wenn man recht darauf achthat, hinsichtlich
der Einsicht Gottes nichts vorbringen können, was
nicht sehr leicht gelöst werden könnte.

Inwiefern Gott die Einzeldinge und die Allgemeindinge kennt.

Doch darf ich deshalb den Irrtum
mancher nicht übergehen, welche annehmen, Gott kenne nur die ewigen
Dinge, also z. B. die Engel und die
Himmel, von welchen sie sich eingebildet,
daß sie ihrer Natur nach unerzeugbar und unvergänglich seien; dagegen wisse Gott nichts von dieser
Welt, mit Ausnahme der Arten, die auch als unerzeugbar und unvergänglich anzusehen seien. Es
scheint fürwahr, daß diese Männer gleichsam absichtlich haben irren und sich das Widersinnigste
ausdenken wollen. Denn was ist widersinniger, als
das Wissen Gottes von dem Einzelnen, was ohne
Gottes Beihilfe auch nicht einen Augenblick bestehen
kann, fern zu halten! Ferner nehmen sie an, daß
Gott die wirklichen Dinge nicht kennt, dagegen legen
sie ihm die Kenntnis der Allgemeinbegriffe bei, die
kein Sein und außerhalb der einzelnen Dinge kein
Wesen haben. Ich dagegen schreibe Gott die Kenntnis
des Einzelnen zu und bestreite sie bei den Allgemeinbegriffen, außer sofern er Einsicht in den menschlichen Geist hat.

In Gott gibt es nur eine einzige (una) und zwar eine einfache Idee.

Ehe ich diesen Gegenstand verlasse,
habe ich noch die Frage zu beantworten,
ob in Gott mehrere Ideen oder nur eine
und die einfachste vorhanden sind. Hier-

auf antworte ich, daß Gottes Idee, vermöge deren
er allwissend heißt, einzig und die einfachste ist;
denn Gott wird in Wahrheit nur deshalb allwissend genannt, weil er die Idee seiner selbst
hat, welche Idee oder Erkenntnis immer zugleich
mit Gott bestanden hat; denn es gibt nichts außer
seinem Wesen, und dieses hat nicht in anderer Weise
sein können.

Über Gottes Wissen von den geschaffenen Dingen.

Dagegen kann die Kenntnis Gottes
von den erschaffenen Dingen nicht so
eigentlich auf das Wissen Gottes bezogen
werden; denn wenn Gott gewollt hätte,
so würden die erschaffenen Dinge ein
anderes Wesen gehabt haben, welches keine Stelle
in der Kenntnis einnimmt, die Gott von sich selbst
hat. Indes wird man fragen, ob jene eigentlich oder
uneigentlich sogenannte Kenntnis der erschaffenen
Dinge vielfach oder einfach sei. Da kann ich nun
hier nur antworten, daß diese Frage dieselbe ist wie
die, ob die Entschlüsse und das Wollen Gottes mehrfach oder nicht sind, und ob die Allgegenwart Gottes
oder die Mitwirkung, durch die Gott die einzelnen
Dinge erhält, nur eine und dieselbe in allen ist,
worüber, wie schon gesagt, wir keine bestimmte Erkenntnis haben können. Aber trotzdem wissen wir
genau, daß in derselben Weise, wie Gottes Mitwirkung
in Bezug auf die Allmacht Gottes einzig sein muß,
obgleich sie sich in dem Bewirkten verschiedenartig
kundgibt, so auch das Wollen und die Beschlüsse
Gottes (denn so möchte ich seine Kenntnis der einzelnen Dinge nennen), in Gott betrachtet, nicht ein
Mehrfaches sind, obgleich sie durch die erschaffenen
Dinge oder besser in den erschaffenen Dingen verschiedenartig ausgedrückt sind. Betrachtet man endlich die Ähnlichkeit der ganzen Natur, so kann man
sie wie ein Ding ansehen, und folglich wird auch
die Vorstellung oder der Beschluß Gottes über die er-
zeugte Natur nur einer sein.

Achtes Kapitel.

Über den Willen Gottes.

Wir wissen nicht, wie Gottes Wesen und sein Verstand, womit er sich erkennt, und sein Wille, womit er sich liebt, sich unterscheiden.

Der Wille Gottes, mit dem er sich lieben will, folgt notwendig aus seinem unendlichen Verstand, womit er sich erkennt. Aber die Kenntnis, wie diese drei, nämlich sein Wesen und sein Verstand, womit er sich erkennt, und sein Wille, womit er sich lieben will, sich unterscheiden, gehört zu den unerreichbaren Wünschen. Mir ist das Wort (nämlich *die Persönlichkeit*) nicht unbekannt, das die Theologen mitunter zur Erklärung hiervon benutzen; allein wenn ich auch das Wort kenne, so kenne ich doch seine Bedeutung nicht und kann mir keinen klaren und deutlichen Begriff davon machen, obgleich ich fest glaube, daß in dem seligen Anschauen Gottes, das den Frommen verheißen ist, Gott dies den Seinigen offenbaren wird.

Der Wille und die Macht Gottes unterscheiden sich in Bezug auf das Äußere nicht von seinem Verstande.

Der Wille und die Macht Gottes unterscheiden sich in Bezug auf das Äußere nicht von Gottes Verstand, wie schon aus dem Vorhergehenden sich zur Genüge ergibt; denn ich habe gezeigt, daß Gott nicht bloß das Dasein der Dinge beschlossen hat, sondern auch ihr Dasein mit einer solchen Natur. Das heißt ihr Wesen und ihr Dasein hat von dem Willen und der Macht Gottes abhängen sollen, und daraus erkennen wir klar und deutlich, daß der Verstand und die Macht und der Wille Gottes, wodurch er die erschaffenen Dinge erschaffen und eingesehen hat und erhält oder liebt, sich in keiner Weise unter sich, sondern nur in Bezug auf unser Denken unterscheiden.

Nur uneigentlich kann man sagen, daß Gott Einiges haßt, anderes liebt.

Wenn man aber sagt, daß Gott manches haßt und manches liebt, so wird dies in demselben Sinne gesagt, in dem die Bibel sagt, die Erde werde die Menschen ausspeien und ähnliches. Daß aber Gott auf niemand erzürnt ist und die Dinge nicht so liebt, wie die Menge sich einredet, kann man zur Genüge aus der Schrift entnehmen; denn es sagen Jesaias und noch deutlicher der Apostel Kap. 9, Brief an die Römer: „*Obgleich sie (nämlich die Söhne Isaaks) noch nicht geboren waren und weder Gutes noch Böses schon getan hatten, ist ihm doch, damit der Beschluß Gottes nach seiner Wahl bleibe, nicht aus den Werken, sondern aus Gottes Berufung gesagt worden, daß der Ältere dem Jüngeren dienen werde*" *u. s. w.* Und weiterhin: „*Deshalb erbarmt er sich Dieses und verhärtet den Anderen, wie er will. Du wirst mir daher sagen: Was beklagt man sich noch, denn wer kann Gottes Willen widerstehen? Aber du, o Mensch, wer bist du, daß du mit Gott rechtest? Spricht wohl das Werk zu seinem Meister: Weshalb hast du mich so gemacht? Hat nicht ein Töpfer Macht über den Ton, daß er aus derselben Masse, aus dem einen ein Gefäß zu Ehren und aus dem anderen zu Unehren mache?*" *u. s. w.*

Warum Gott die Menschen ermahnt, warum er sie nicht ohne Ermahnung rettet, und warum die Ruchlosen bestraft werden.

Fragt man aber, weshalb Gott die Menschen ermahnt, so ist darauf leicht zu antworten. Gott hat nämlich von Ewigkeit beschlossen, zu dieser Zeit diejenigen Menschen zu ermahnen, daß sie sich ihm zuwendeten, welche er erretten wollte. Fragt man aber, ob Gott nicht auch ohne jene Ermahnung sie habe erretten können, so antworte ich: Ja. Aber warum errettet er sie denn nicht? fragt man vielleicht weiter. Darauf will ich antworten, wenn man mir erst gesagt haben wird, weshalb Gott das rote Meer nicht ohne den Morgenwind durchschreitbar gemacht habe, und weshalb er alle einzelnen Bewegungen nicht ohne andere vollzieht, und anderes Zahllose, was Gott durch Mittel-Ursachen bewirkt. Man kann von neuem fragen, weshalb dann die Gottlosen bestraft werden, da sie doch nach ihrer Natur und nach dem göttlichen Ratschluß handeln. Darauf antworte ich, daß auch ihre Strafe infolge göttlichen Ratschlusses erfolgt. Wenn nur die, von denen wir uns einbilden, daß sie aus Freiheit sündigen, gestraft werden sollten, weshalb bestreben sich da die Menschen, die giftigen Schlangen zu vertilgen? Denn diese sündigen auch nur nach ihrer Natur und können nicht anders.

Die Heilige Schrift lehrt nichts, was der natürlichen Vernunft widerspricht.

Wenn endlich in der Heiligen Schrift noch manches andere Bedenkliche vorkommt, so ist hier nicht der Ort, es zu erklären; denn die Untersuchung geht hier nur auf das, was mit der natürlichen Vernunft in voller Gewißheit erreicht werden kann, und es genügt, dies klar zu erweisen, damit wir wissen, daß auch die Heilige Schrift dasselbe lehren muß; denn die Wahrheit steht nicht mit der Wahrheit in Widerspruch, und die Schrift kann keine Torheiten, wie die Menge sich einbildet, lehren. Sollten wir in ihr etwas finden, was dem natürlichen Licht widerspräche, so würden wir es mit derselben Freiheit widerlegen, mit der man den Alkoran und den Talmud widerlegt. Indes sei es ferne von mir, zu meinen, daß in der Heiligen Schrift sich etwas findet, was mit dem natürlichen Licht in Widerspruch stände.

Neuntes Kapitel.

Über die Macht Gottes.

Wie die Allmacht Gottes zu verstehen ist.

Daß Gott allmächtig ist, habe ich bereits zur Genüge bewiesen. Hier will ich nur kurz erklären, wie dieses Attribut zu verstehen ist, da viele nicht fromm genug und nicht nach der Wahrheit darüber sprechen. Sie sagen nämlich, manche Dinge seien durch ihre Natur und nicht durch den Beschluß Gottes möglich und andere unmöglich und andere endlich notwendig; deshalb habe die Allmacht Gottes nur bei den möglichen Dingen Platz. Ich habe indes bereits gezeigt, daß alles unbedingt von Gott abhängt, und sage deshalb, daß Gott allmächtig ist. Nachdem man aber erkannt hat, daß Gott manches aus der reinen Freiheit seines Willens beschlossen hat, und daß er unveränderlich ist, so sagt man, daß Gott gegen seine Beschlüsse nichts vornehmen könne; dies sei unmöglich, bloß deshalb, weil es mit der Vollkommenheit Gottes sich nicht vertrage.

Über die Macht Gottes.

Alles ist notwendig mit Bezug auf den Beschluß Gottes, nicht aber einiges an sich, anderes mit Bezug auf seinen Beschluß.

Allein es dürfte sich nicht beweisen lassen, daß man das Notwendige nur findet, wenn man auf Gottes Beschluß achtet und das Entgegengesetzte nur, wenn man darauf nicht achtet; z. B. daß Josia die Gebeine der Götzendiener auf dem Altar Jerobeams verbrannte. Gibt man nur auf den Willen Josias hierbei acht, so erscheint die Sache als eine mögliche, und man wird sie in keiner Weise als eine notwendig eintretende erklären, ausgenommen, daß der Prophet dies nach Gottes Beschluß vorausgesagt hatte; dagegen daß die drei Winkel eines Dreiecks zwei rechten gleich sind, ergibt die Sache selbst. Indes bildet man sich nur durch eigene Unwissenheit Unterschiede in den Dingen ein. Wenn die Menschen die ganze Ordnung der Natur klar erkennen könnten, so würden sie alles ebenso notwendig finden wie das, was in der Mathematik gelehrt wird; allein da dies die menschliche Einsicht überschreitet, so hält man einiges für möglich, anderes für notwendig. Deshalb muß man entweder sagen, daß Gott nichts vermag, weil in Wahrheit alles notwendig ist, oder daß Gott alles vermag, und daß die Notwendigkeit, die man in den Dingen trifft, nur aus Gottes Ratschluß hervorgegangen ist.

Hätte Gott eine andere Natur der Dinge gemacht, so hätte er uns auch einen anderen Verstand geben müssen.

Wenn man nun fragt, ob, wenn Gott es anders beschlossen gehabt und das, was jetzt wahr ist, zu dem Falschen gemacht hätte, wir nicht dennoch jenes für das allein Wahre anerkennen würden, so antworte ich: Gewiß, wenn Gott uns die jetzt gegebene Natur belassen hätte; aber auch dann hätte er, wenn er gewollt, uns eine solche Natur geben können, wie er jetzt getan hat, wodurch wir die Natur und die Gesetze der Dinge, wie sie von Gott bestimmt worden, erkennen; ja, wenn man Gottes Wahrhaftigkeit bedenkt, so mußte er dies tun. Dies erhellt auch aus dem, was ich oben gesagt, nämlich daß die ganze erschaffene Natur nur ein einziges Ding ist. Deshalb muß der Mensch ein Teil dieser Natur sein, der mit den übrigen zusammenhängt; deshalb würde aus der Einfachheit des göttlichen Beschlusses auch folgen, daß, wenn Gott die Dinge anders geschaffen hätte, er zugleich unsere Natur so eingerichtet haben würde, daß wir die Dinge so erkennten, wie sie Gott geschaffen hätte. Deshalb will ich die Unterscheidung in der Macht Gottes, welche die Philosophen gewöhnlich aufstellen, gern beibehalten, aber ich muß sie anders auslegen.

Wievielfach Gottes Macht ist. Ich teile daher *die Macht Gottes* in eine *geordnete* und in eine *unbedingte* ein. *Unbedingt* nenne ich die Macht Gottes, wenn man seine Allmacht ohne Rücksicht auf seine Beschlüsse betrachtet; *geordnet* nenne ich sie, wenn man auf diese Beschlüsse Rücksicht nimmt.

Was unter dem Unbedingten und unter dem Geordneten, was unter der ordentlichen und unter der außerordentlichen Macht zu verstehen ist.

Ferner gibt es eine *ordentliche* und eine *außerordentliche* Macht Gottes. Die *ordentliche* erhält die Welt in einer gewissen Ordnung; die *außerordentliche* ist die, wobei Gott etwas außerhalb der Ordnung der Natur tut, z. B. alle Wunder, wie das Sprechen der Eselin, die Erscheinung der Engel und dergleichen, obgleich man über diese Erscheinung billig in Zweifel sein könnte, da es ein größeres Wunder sein dürfte, wenn Gott die Welt immer nach einer und derselben festen und unveränderlichen Ordnung Gottes regiert, als wenn er die Gesetze, die er für die Natur als die besten und aus reiner Freiheit gegeben hat (was nur von einem ganz Verblendeten geleugnet werden kann), wegen der Torheit der Menschen aufhöbe. Doch hierüber überlasse ich den Theologen die Entscheidung.

Die sonstigen Fragen, die man in Bezug auf die Macht Gottes zu stellen pflegt, wie: *ob diese Macht sich auch auf Vergangenes erstrecke; ob Gott das, was er getan, besser machen könne; ob er noch mehr tun könne, als er getan habe,* lasse ich beiseite, da sie nach dem Obigen leicht beantwortet werden können.

Zehntes Kapitel.

Über die Schöpfung.

Schon oben ist Gott als der Schöpfer aller Dinge erklärt worden; hier will ich versuchen, zu erklären, was unter Schöpfung zu verstehen ist. Dann werde ich nach Kräften untersuchen, was über die Schöpfung gewöhnlich gelehrt wird. Ich beginne mit ersterem.

Was die Schöpfung ist. Ich sage also: *die Schöpfung ist eine Tätigkeit, wobei keine anderen Ursachen neben der wirkenden mit eintreten (concurrere),* oder: *eine erschaffene Sache ist die, welche außer Gott nichts zu ihrem Dasein voraussetzt.*

Die gewöhnliche Definition der Schöpfung wird zurückgewiesen. Ich bemerke hier: erstens daß ich die Worte vermeide, welche die Philosophen gewöhnlich gebrauchen, nämlich: *aus nichts,* als wenn das Nichts der Stoff gewesen wäre, aus dem die Dinge hervorgebracht worden. Man spricht so, weil man, wo Dinge erzeugt werden, gewohnt ist, etwas vor ihnen anzunehmen, aus dem sie entstehen, und deshalb konnte man auch bei der Schöpfung dieses Wörtchen „aus" nicht weglassen. Dasselbe begegnete ihnen bei der Materie; sie sahen, daß alle Körper an einem Orte sind und wieder von anderen Körpern umgeben sind, und deshalb fragten sie sich, wo der ganze Stoff sich befinde, und antworteten: in einem imaginären Raume. Deshalb ist es klar, daß jene *das Nichts* nicht als eine Verneinung aller Realität angesehen, sondern es selbst sich als etwas Wirkliches gedacht oder eingebildet haben.

Welches die richtige ist. Zweitens sage ich, daß bei der Schöpfung neben der wirkenden Ursache keine anderen mit eintreten. Ich hätte zwar sagen können, daß die Schöpfung alle anderen Ursachen, neben der wirkenden, *verneine* oder *ausschließe*. Ich habe aber das Wort: *mit eintreten* vorgezogen, damit ich denen nicht zu antworten brauche, welche fragen, ob Gott sich bei der Schöpfung nicht ein Ziel vorgesetzt habe, weshalb er die Dinge geschaffen habe. Ich habe ferner, um die

Sache besser zu erläutern, die zweite Definition beigefügt, nämlich, daß das erschaffene Ding nichts außer Gott voraussetzt. Denn hat Gott sich ein Ziel vorgesetzt, so ist dasselbe keinesfalls außerhalb Gottes gewesen; denn es gibt nichts außerhalb Gottes, von dem er zum Handeln bestimmt werden könnte.

Accidensien und Zustände (modi) werden nicht geschaffen.

Drittens folgt aus dieser Definition zur Genüge, daß es keine Schöpfung der Accidentien und Zustände gibt. Denn sie haben neben Gott noch eine erschaffene Substanz zur Voraussetzung.

Vor der Schöpfung hat es weder Zeit noch Dauer gegeben.

Viertens können wir uns vor der Schöpfung keine Zeit und keine Dauer vorstellen; vielmehr hat diese erst mit den Dingen begonnen. Denn die Zeit ist das Maß der Dauer, oder sie ist vielmehr nur ein Zustand des Denkens. Sie setzt deshalb nicht nur irgend eine erschaffene Sache, sondern auch denkende Menschen voraus. Die Dauer hört aber auf, wenn die geschaffenen Dinge aufhören zu sein, und sie beginnt, wenn die erschaffenen Dinge zu existieren anfangen; ich sage: *die erschaffenen Dinge;* denn Gott kommt keine Dauer zu, sondern nur die Ewigkeit, wie ich bereits zur Genüge dargelegt habe. Deshalb müssen erschaffene Dinge der Dauer vorausgehen oder wenigstens zugleich mit ihr angenommen werden. Wer dagegen sich einbildet, es sei die Dauer und die Zeit den erschaffenen Dingen vorgegangen, der leidet an demselben Vorurteil wie die, welche einen Raum außerhalb der Materie sich einbilden, wie sich klar von selbst ergibt. So viel über die Definition der Schöpfung.

Dieselbe Wirksamkeit Gottes ist bei der Erschaffung wie bei der Erhaltung der Welt vorhanden.

Ich brauche ferner nicht das zu Gr. 10, I Bewiesene zu wiederholen, nämlich, daß zur Erschaffung eines Dinges ebensoviel Kraft wie zu dessen Erhaltung erforderlich ist, d. h. daß dieselbe Wirksamkeit Gottes die Welt erschafft und erhält.

Nach diesen Bemerkungen gehe ich zum zweiten Punkt über. 1. habe ich also zu untersuchen, was geschaffen und was ungeschaffen ist; 2. ob das,

Über die Schöpfung.

was geschaffen ist, von Ewigkeit her hätte geschaffen sein können.

Über die geschaffenen Dinge. Auf den ersten Punkt antworte ich kurz, daß alles das geschaffen ist, dessen Wesen klar ohne irgend ein Dasein vorgestellt wird, und das doch durch sich selbst vorgestellt wird, z. B. die Materie, deren klaren und deutlichen Begriff wir haben, da man ihn unter dem Attribute der Ausdehnung auffaßt und ihn also klar und deutlich vorstellen kann, mag ihm nun Existenz zukommen oder nicht.

Inwiefern Gottes Art zu denken (cogitatio) von der unseren abweicht. Vielleicht sagt jemand, daß man ja das Denken klar und deutlich ohne Dasein vorstellt und es dennoch Gott zuteilt. Indes ist hierauf zu antworten, daß man Gott nicht ein solches Denken wie das unsrige zuteilt, d. h. ein leidendes, das von der Natur der Gegenstände begrenzt wird, sondern ein solches, das eine Tätigkeit ist, und das deshalb das Dasein enthält, wie ich oben ausführlich dargelegt habe. Denn ich habe gezeigt, daß Gottes Verstand und Wille von seiner Macht und seinem Wesen, welches das Dasein einschließt, sich nicht unterscheiden.

Außerhalb Gottes gibt es nichts, das in gleicher Weise wie er ewig wäre. Wenn sonach alles, dessen Wesen sein Dasein nicht einschließt, zu seinem Bestehen notwendig von Gott hat erschaffen werden müssen und von dem Schöpfer, wie ich vielfach erklärt, stetig erhalten werden muß, so brauche ich mich bei der Widerlegung der Ansicht nicht aufzuhalten, welche die Welt oder das Chaos oder den von aller Form losgelösten Stoff als mit Gott gleich ewig und gleich unabhängig annimmt. Ich gehe deshalb zu dem zweiten Punkt und zu der Frage über, ob das, was erschaffen ist, von Ewigkeit her hätte erschaffen werden können.

Was unter dem Ausdruck: „von Ewigkeit" zu verstehen ist. Um diese Frage richtig zu verstehen, ist auf den Ausdruck: *von Ewigkeit* zu achten. Man will damit hier etwas ganz anderes bezeichnen als das oben Erklärte, wo ich von der Ewigkeit gesprochen habe. Hier wird darunter nur eine Dauer ohne Anfang verstanden, aber eine solche Dauer, die man, wenn man sie auch um viele Jahre oder tausende von Jahren vervielfachen wollte, und wenn man dieses Produkt wieder mit tausenden vervielfachte, doch durch keine Zahl, sei sie auch noch so groß, ausdrücken könnte.

Beweis, daß nichts von Ewigkeit geschaffen werden kann. Daß es eine solche Dauer nicht geben kann, erhellt deutlich; denn wenn die Welt von diesem Punkte wiederum zurückschritte, so könnte sie niemals solche Dauer haben, und daher hätte auch die Welt von einem solchen Anfange aus nie bis zu diesem Punkte gelangen können. Man sagt vielleicht, daß Gott nichts unmöglich sei; da er allmächtig sei, werde er auch eine Dauer bewirken können, über die hinaus es keine größere gebe. Ich antworte, daß Gott, gerade weil er allmächtig ist, niemals eine Dauer schaffen kann, über die hinaus er nicht eine größere erschaffen könnte. Denn die Natur der Dauer ist derart, daß immer eine größere oder kleinere, als die gegebene, gedacht werden kann, wie bei der Zahl. Man kann vielleicht geltend machen, daß Gott von Ewigkeit existiert, mithin bis zur Gegenwart gedauert habe, und daß es daher bei ihm eine Dauer gebe, über die keine längere gedacht werden könne. Allein auf diese Weise erteilt man Gott eine aus Teilen bestehende Dauer, die schon übergenug von mir widerlegt worden ist, indem ich gezeigt, daß Gott nicht die Dauer, sondern nur die Ewigkeit zukommt. Hätte man das nur immer gehörig betrachtet, so hätte man sich aus vielen Beweisführungen und Verkehrtheiten leicht herausziehen können, und man würde mit dem größten Genuß in der seligsten Betrachtung dieses Wesens verweilt haben.

Indes gehe ich weiter zur Widerlegung der Gründe, die von manchem vorgebracht werden, und mit denen man die Möglichkeit einer solchen unendlichen Dauer direkt beweisen will.

Daraus, daß Gott ewig ist, folgt nicht, daß auch Man sagt zuerst, *„daß die hervorgebrachte Sache der Zeit nach zugleich mit ihrer Ursache sein könne. Da nun Gott von*

Über die Schöpfung.

seine Wirkungen von Ewigkeit her sein können. Ewigkeit gewesen sei, so hätten auch seine Wirkungen von Ewigkeit hervorgebracht sein können." Und das bestätigt man überdem durch das Beispiel von dem Sohne Gottes, der von Ewigkeit von dem Vater hervorgebracht sei. Indes kann man nach dem früher Gesagten leicht sehen, daß dabei *die Ewigkeit* mit der Dauer verwechselt und Gott nur eine Dauer von Ewigkeit her zugeteilt wird, wie auch aus dem angeführten Beispiel klar erhellt, da die Gegner annehmen, daß dieselbe Ewigkeit, die sie dem Sohne zuteilen, auch für die Geschöpfe möglich sei. Sodann bilden sie sich ein, daß die Zeit und die Dauer vor der Welt vorhanden gewesen sei, und sie nehmen eine Dauer ohne geschaffene Dinge an, wie andere eine Ewigkeit außerhalb Gottes, was beides von der Wahrheit weit abliegt. Ich antworte also, daß es durchaus falsch ist, anzunehmen, Gott könne seine Ewigkeit den Geschöpfen mitteilen, und daß der Sohn Gottes nicht geschaffen, sondern ewig wie der Vater ist. Sagt man also, der Vater habe den Sohn von Ewigkeit her erzeugt, so will man damit nur sagen, daß der Vater dem Sohne seine Ewigkeit immer mitgeteilt hat.

Wenn Gott aus Notwendigkeit handelte, so besäße er keine unendliche Tugend. Sie behaupten zweitens, *daß Gott, wenn er frei handle, nicht geringer an Macht sei, als wenn er notwendig handle. Wenn aber Gott aus Notwendigkeit handle, so hätte er, da er unendliche Tugend besitze, die Welt von Ewigkeit her erschaffen müssen.*

Indes kann auf diese Ausführung leicht geantwortet werden, wenn man auf ihre Grundlage achtet. Diese guten Leute nehmen an, daß sie verschiedene Ideen von einem Wesen von unendlicher Tugend haben können; denn sie fassen Gott sowohl, wenn er aus der Notwendigkeit seiner Natur handelt, wie wenn er frei handelt, als mit unendlicher Tugend begabt auf. Ich bestreite aber, daß Gott, wenn er aus der Notwendigkeit seiner Natur handelt, eine unendliche Tugend besitzt, was ich nicht bloß bestreiten darf, sondern was auch jene Männer mir zugeben müssen, wenn ich bewiesen habe, daß das vollkommenste Wesen frei handelt und nur als ein einziges aufgefaßt werden kann. Wenn jene erwidern, daß man doch, wenn es auch unmöglich sei, annehmen könne, daß Gott, wenn er aus der Notwendigkeit seiner Natur handle, unendliche Tugenden haben könne, so antworte ich, daß dies ebensowenig zulässig ist als die Annahme eines viereckigen Kreises, um daraus zu folgern, daß nicht alle von dem Mittelpunkt nach dem Umring gezogenen Linien einander gleich sind. Und dies steht nach dem oben Gesagten hinlänglich fest; ich brauche also das früher Gesagte nicht noch einmal zu wiederholen. Ich habe eben gezeigt, daß es keine Dauer gibt, über die man nicht eine noch einmal so lange oder eine sonst längere oder kürzere sich vorstellen kann, und deshalb kann sie von Gott, der in seiner unendlichen Tugend frei handelt, immer größer oder kleiner als die gegebenen vorgestellt werden. Handelte aber Gott der Notwendigkeit seiner Natur gemäß, so würde dies keineswegs folgen; denn dann konnte er nur die Dauer, welche aus seiner Natur sich ergab, hervorbringen, aber nicht zahllose andere größere. Um dies also kurz zusammenzufassen: wenn Gott die größte Dauer erschüfe, über die hinaus er eine noch größere nicht erschaffen könnte, so verminderte er damit notwendig seine Natur. Von diesem Satze ist aber der letzte Teil falsch, da Gottes Macht nicht von seinem Wesen verschieden ist. Also u. s. w. — Wenn ferner Gott aus der Notwendigkeit seiner Natur handelte, so müßte er eine Dauer erschaffen, über die hinaus er selbst eine größere nicht erschaffen könnte; aber wenn Gott eine solche Dauer erschüfe, wäre er nicht von unendlicher Machtvollkommenheit, da wir immer eine noch größere als die gegebene Dauer vorstellen können. Handelte also Gott aus der Notwendigkeit seiner Natur, so wäre er nicht von unendlicher Machtvollkommenheit.

Woher wir den Begriff einer größeren Dauer, als die unserer Welt, haben. Wenn jemand hier das Bedenken hätte, woher wir, da die Welt vor 5000 und einigen Jahren geschaffen worden ist (wenn die Rechnung der Zeitkundigen richtig ist), dennoch uns eine größere Dauer vorstellen können, da ich doch behauptet habe, daß die Dauer nicht ohne erschaffene

Dinge vorgestellt werden könne, so läßt sich dieses
Bedenken leicht heben, wenn man festhält, daß ich
diese Dauer nicht bloß aus den Betrachtungen der erschaffenen
Dinge, sondern aus der Betrachtung von
Gottes unendlicher Macht zu schaffen erkenne. Denn
Geschöpfe können nicht als für sich, sondern nur als
durch die unendliche Macht Gottes existierend oder
fortdauernd vorgestellt werden, von der allein sie
ihre Dauer haben. Man sehe Lehrs. 12, I mit Zusatz.

Damit ich schließlich mit der Beantwortung verkehrter
Gründe nicht unnütz Zeit verschwende, möge
man nur folgendes festhalten, nämlich den Unterschied
zwischen Ewigkeit und Dauer, und daß die
Dauer ohne erschaffene Dinge und die Ewigkeit ohne
Gott auf keine Weise erkennbar sind. Hat man das
richtig erfaßt, so kann man leicht auf alle diese
Einwände antworten, und ich brauche mich nicht
weiter damit aufzuhalten.

Elftes Kapitel.

Über die Mitwirkung Gottes.

Über dieses Attribut bleibt wenig oder nichts
zu sagen übrig, nachdem ich gezeigt habe, daß Gott
in den einzelnen Zeitpunkten ohne Unterlaß die Dinge
gleichsam von neuem erschafft. Ich habe daraus
abgeleitet, daß die Dinge durch sich selbst keine
Macht haben, etwas zu wirken oder sich zu einer
Handlung zu bestimmen, und daß dies nicht bloß bei
den Dingen außerhalb des Menschen, sondern auch
bei dem menschlichen Willen stattfindet. Ich antworte
ferner auf einige hierauf bezügliche Einwendungen;
denn wenngleich man noch viele andere
beizubringen pflegt, so will ich doch diese mir ersparen,
da sie hauptsächlich zur Theologie gehören.

Indessen lassen viele zwar eine Mitwirkung Gottes
zu, aber in einem ganz anderen als dem von mir
angenommenen Sinne; man beachte deshalb, um deren
Irrtum am leichtesten aufzudecken, das, was ich vor-

her dargelegt, nämlich, daß die gegenwärtige Zeit mit der kommenden keine Verbindung hat (Gr. 10, Teil I), und daß man dies klar und deutlich erkennt. Wenn man hieran nur gehörig festhält, wird man ohne Schwierigkeit alle Gründe, welche jene nur aus der Philosophie entnehmen mögen, zurückweisen können.

Wie es mit der Erhaltung durch Gott steht, um die Dinge zur Tätigkeit zu bestimmen.

Um aber diese Frage nicht vergebens berührt zu haben, will ich nebenbei auf die Frage antworten, „ob zu der von Gott ausgehenden Erhaltung etwas hinzutritt, wenn er das Ding zum Handeln bestimmt". Da, wo ich von der Bewegung gesprochen, habe ich die Antwort hierauf schon berührt. Ich habe dort gesagt, daß Gott die gleiche Menge Bewegung in der Natur erhält. Beachtet man daher die ganze Natur der Materie, so tritt zu ihr nichts Neues hinzu; dagegen kann in Beziehung auf die einzelnen Dinge gewissermaßen gesagt werden, daß zu ihnen etwas Neues hinzutritt. Daß dies auch bei den spirituellen Dingen statthat, scheint nicht der Fall zu sein, da sie nicht derart von einander abhängig zu sein scheinen. Da endlich die Teile der Dauer unter sich keine Verbindung haben, kann ich sagen, daß Gott die Dinge nicht sowohl erhält, als forterzeugt; ist daher die Freiheit des Menschen schon zu einer Handlung bestimmt, so muß man sagen, daß Gott ihn zu dieser Zeit so geschaffen habe. Dem steht nicht entgegen, daß der menschliche Wille erst von äußeren Dingen bestimmt wird, und daß alles in der Natur wechselseitig zur Wirkung auf einander bestimmt wird; denn auch das ist so von Gott bestimmt; denn kein Ding kann den Willen bestimmen und ebenso kein Wille bestimmt werden, als nur durch die Macht Gottes. Wie dies aber sich mit der menschlichen Freiheit verträgt, oder wie Gott dies mit Bewahrung der menschlichen Freiheit bewirken kann, das gestehe ich nicht zu wissen, wie ich schon mehrfach gesagt habe.

Die gewöhnliche Einteilung der Attribute Gottes ist mehr eine

Dies ist es, was ich über die Attribute Gottes sagen wollte, von denen ich bisher noch keine Einteilung gegeben habe. Jene von den Schriftstel-

Wort- als eine Sach-Einteilung. lern hin und wieder geschehene Einteilung in Attribute Gottes, welche nicht mitteilbar sind, und in mitteilbare, scheint mir, wie ich gestehen muß, mehr eine Wort- als Sach-Einteilung zu sein. Denn die Wissenschaft Gottes stimmt ebensowenig mit der Wissenschaft des Menschen überein, wie das Sternbild des Hundes mit dem Hunde als bellendem Tier, ja vielleicht ist der Unterschied noch größer.

Die Einteilung des Verfassers. Ich mache folgende Einteilung: Einmal hat Gott Attribute, die sein tätiges Wesen ausdrücken, und dann hat er solche, welche nichts von Tätigkeit, sondern seinen Zustand des Daseins ausdrücken; dazu gehört die Einheit, die Ewigkeit, die Notwendigkeit u. s. w.; zu jenen gehören die Einsicht, der Wille, das Leben, die Allmacht u. s. w. Diese Einteilung ist klar und verständlich und umfaßt alle Attribute Gottes.

Zwölftes Kapitel.

Über den menschlichen Geist.

Ich gehe nun zu der erschaffenen Substanz über, die ich in die ausgedehnte und in die denkende eingeteilt habe. Unter der ausgedehnten verstehe ich die Materie oder die körperliche Substanz, unter der denkenden nur den menschlichen Geist.

Die Engel gehören nicht ins Gebiet der Metaphysik, sondern der Theologie. Allerdings gehören auch die Engel zu den erschaffenen Wesen; allein sie sind durch das natürliche Licht nicht zu erkennen und gehören deshalb nicht in die Metaphysik; ihr Wesen und ihr Dasein ist nur durch Offenbarung bekannt; sie gehören deshalb nur zur Theologie, deren Erkenntnisart eine ganz andere ist, die ihrer ganzen Art nach von der natürlichen Erkenntnis verschieden ist und deshalb mit letzterer nicht vermengt werden darf. Deshalb erwarte niemand, daß ich etwas über die Engel sagen werde.

Der menschliche Geist entsteht nicht durch Abzweigung, sondern ist von Gott geschaffen und niemand weiß, wann er geschaffen wird.

Ich kehre daher zum menschlichen Geist zurück, über den ich noch einiges zu sagen habe; doch erinnere ich, daß ich über die Zeit der Erschaffung des menschlichen Geistes nichts gesagt habe, weil nicht genügend feststeht, zu welcher Zeit Gott ihn erschafft, da er ohne Körper existieren kann. So viel steht fest, daß er nicht durch Abzweigung entsteht, da diese nur bei Dingen statthat, welche erzeugt werden, also bei den Zuständen einer Substanz, während die Substanz selbst nicht erzeugt werden kann, wie ich oben zur Genüge bewiesen habe.

In welchem Sinne die menschliche Seele (anima) sterblich ist.

Um über die Unsterblichkeit der Seele etwas beizufügen, so ist es sicher, daß man von keinem Dinge sagen kann, seine Natur enthalte, daß es von der Macht Gottes zerstört werde; denn wer die Macht gehabt hat, ein Ding zu erschaffen, hat auch die Macht, es zu zerstören. Auch habe ich bereits hinlänglich dargelegt, daß kein erschaffenes Ding seiner Natur nach auch nur einen Augenblick existieren kann, sondern daß es ohne Unterlaß von Gott forterschaffen wird.

In welchem Sinne unsterblich.

Wenn indes auch die Sache sich so verhält, so sieht man doch klar und deutlich, daß man keine Idee von dem Untergange einer Substanz in der Weise hat, wie man die Ideen von dem Verderben und dem Erzeugen der Zustände hat. Denn wenn man den Bau des menschlichen Körpers betrachtet, so hat man die klare Vorstellung, daß ein solcher Bau zerstört werden kann; aber dies ist nicht ebenso bei der körperlichen Substanz der Fall, wo man nicht in gleicher Weise sich deren Vernichtung vorstellen kann. Endlich fragt der Philosoph nicht nach dem, was Gott in seiner Allmacht tun kann, sondern er urteilt über die Natur der Dinge nach den Gesetzen, die Gott ihnen gegeben hat. Deshalb hält er das für fest und richtig, was er als fest und richtig aus diesen Gesetzen folgern kann; aber dabei bestreitet er nicht, daß Gott diese Gesetze und alles Übrige verändern kann. Deshalb frage ich auch bei Besprechung der Seele nicht danach, was Gott machen kann, sondern nur, was aus den Gesetzen der Natur folgt.

Ihre Unsterblichkeit wird bewiesen. Da nun aus diesem sich klar ergibt, daß eine Substanz weder durch sich, noch durch eine andere erschaffene zerstört werden kann, wie ich schon früher, wenn ich nicht irre, genügend dargelegt habe, so muß man annehmen, daß nach den Naturgesetzen die menschliche Seele unsterblich ist. Will man die Sache noch genauer betrachten, so wird man auf das überzeugendste beweisen können, daß sie unsterblich ist; denn dies folgt, wie ich eben gezeigt habe, klar aus den Naturgesetzen. Diese Naturgesetze sind aber die durch das natürliche Licht offenbarten Beschlüsse Gottes, wie auch aus dem Obigen sich klar ergibt. Nun sind die Beschlüsse Gottes unabänderlich, wie ich schon gezeigt habe, und daraus ergibt sich klar, daß Gott seinen unabänderlichen Willen in Bezug auf die Dauer der Menschenseelen nicht bloß durch Offenbarung, sondern auch durch das natürliche Licht kundgetan hat.

Gott handelt nicht gegen die Natur, sondern ist über sie erhaben; was darunter nach unserem Verfasser zu verstehen ist. Man kann auch nicht einwenden, daß Gott diese Naturgesetze mitunter behufs Bewirkung von Wundern vernichte; denn die meisten der einsichtigen Theologen erkennen an, daß Gott nichts gegen die Natur tut, sondern nur über die Natur, d. h., daß Gott, wie ich es erkläre, auch viele Gesetze des Wirkens hat, welche er dem menschlichen Verstande nicht mitgeteilt hat. Wäre dies geschehen, so würden sie uns ebenso natürlich vorkommen, wie die übrigen.

Daher steht es auf das überzeugendste fest, daß die Seelen unsterblich sind, und ich sehe nicht, was über die menschliche Seele im allgemeinen hier noch zu sagen wäre. Auch über ihre besonderen Verrichtungen wäre hier nichts Besonderes zu sagen übrig, wenn nicht die Gründe gewisser Schriftsteller, mit denen sie bewirken wollen, daß sie das, was sie sehen und fühlen, nicht sehen und nicht fühlen, mich darauf zu antworten nötigten.

Warum manche die Freiheit des Willens bestreiten.

Einige meinen, zeigen zu können, daß der Wille nicht frei ist, sondern immer von etwas bestimmt wird. Sie behaupten dies deshalb, weil sie unter Willen etwas von der Seele Verschiedenes verstehen, was sie als eine Substanz betrachten, deren Natur nur darin besteht, daß sie sich gleichgültig verhält. Um indes alle Verwirrung zu beseitigen, will ich die Sache vorher erläutern; dann wird das Irreführende ihrer Gründe sich leichter zeigen lassen.

Was der Wille ist.

Ich habe den menschlichen Geist ein denkendes Ding genannt. Daraus folgt, daß er vermöge seiner Natur allein, an sich betrachtet, etwas zu tun vermag, nämlich zu denken, d. h. zu bejahen und zu verneinen. Diese Gedanken werden entweder von den Dingen außerhalb des Geistes oder von ihm allein bestimmt, da er selbst eine Substanz ist, aus deren denkendem Wesen viele denkende Tätigkeiten folgen können und müssen. Diejenigen von diesen denkenden Tätigkeiten, welche nur den menschlichen Geist als ihre Ursache anerkennen, heißen das Wollen, und der menschliche Geist, insofern er als die zureichende Ursache zur Hervorbringung solcher Tätigkeiten aufgefaßt wird, heißt Wille.

Es gibt einen Willen.

Daß nun die Seele eine solche Macht hat, ohne daß sie von äußeren Gegenständen bestimmt wird, kann am besten an dem Beispiel des Buridanschen Esels erklärt werden. Setzt man statt des Esels einen Menschen in ein solches Gleichgewicht, so wäre der Mensch kein denkendes Wesen, sondern der schlechteste Esel, wenn er vor Hunger oder Durst umkäme. Auch ergibt sich dies daraus, daß wir, wie früher bemerkt worden, an allen Dingen zweifeln können und nicht bloß das Zweifelhafte als solches betrachten, sondern auch als solches verwerfen können. Man sehe § 39 des I. Teiles der Prinzipien von Descartes.

Der Wille ist frei.

Ferner bemerke ich, daß, wenn auch die Seele von äußeren Dingen zu einem Bejahen oder Verneinen bestimmt wird, dies doch

nicht so geschieht, als ob sie von den äußeren
Dingen gezwungen würde; vielmehr bleibt sie immer
frei, da kein Ding die Macht hat, ihr Wesen zu zerstören. Was sie daher bejaht oder verneint, geschieht
immer freiwillig von ihr, wie in der vierten Meditation genügend dargelegt ist. Fragt also jemand,
weshalb die Seele dies oder jenes wolle, und dies oder
jenes nicht wolle, so antworte ich, weil sie ein denkendes Wesen ist, d. h. ein Wesen, das nach seiner
Natur die Macht hat, zu wollen und nicht zu wollen, 10
zu bejahen und zu verneinen; denn dies heißt es, ein
denkendes Wesen zu sein.

Der Wille ist nicht mit dem Begehren zu verwechseln. Nach diesen Vorausbemerkungen will
ich die Gründe der Gegner betrachten.
Der erste Grund ist: „*Wenn der Wille
gegen das letzte Gebot des Verstandes wollen
könnte, wenn er das dem Guten Entgegengesetzte bejahen
könnte, was von dem letzten Gebote des Verstandes verworfen
wird, so könnte er das Schlechte begehren, und zwar als
Schlechtes; dies ist aber widersinnig; folglich auch das* 20
Erste." Aus diesem Einwand ist klar zu ersehen, daß
die Gegner selbst nicht wissen, was der Wille ist.
Sie verwechseln ihn mit dem Begehren, das die Seele
hat, wenn sie etwas bejaht oder verneint hat; sie
haben dies von ihren Lehrern gelernt, die den Willen
als *ein Begehren um des Guten willen* definiert haben.
Ich aber sage, daß der Wille *das Bejahen* ist, *daß etwas
gut oder nicht gut sei;* ich habe dies schon früher vollständig in Bezug auf die Ursache des Irrtums auseinandergesetzt, von dem ich gezeigt habe, daß er 30
daraus entsteht, daß der Wille sich weiter als der
Verstand erstreckt. Hätte aber der Geist vermöge
seiner Freiheit etwas nicht für gut behauptet, so
würde er auch nichts begehren. In Antwort auf diesen
Einwand räume ich also ein, daß der Geist gegen das
letzte Gebot des Verstandes nichts vermag, d. h. daß
er nichts wollen kann, soweit er als nicht wollend
vorausgesetzt wird, wie hier geschieht, wo man sagt,
daß er eine Sache für schlecht erklärt hat, d. h.
etwas nicht gewollt hat. Dagegen bestreite ich, daß 40
der Geist unbedingt nicht imstande gewesen wäre, das
zu wollen, was schlecht ist, d. h. es für gut halten;

denn dies stritte selbst gegen die Erfahrung, da man vieles, was schlecht ist, für gut, und umgekehrt, was gut ist, für schlecht hält.

Er ist nichts anderes, als der Verstand selbst (mens ipsa).

Der zweite, oder, wenn man will, der erste Grund (da ja der vorige keiner war) ist: „*Wenn der Wille von dem letzten praktischen Urteil des Verstandes zum Wollen nicht bestimmt wird, so muß er also sich selbst bestimmen; aber dies geschieht nicht, weil er an sich und vermöge seiner*
10 *Natur sich gleichgültig verhält.*" Von hier aus fahren sie in ihrem Beweise so fort: „*Wenn der Wille an sich und seiner Natur nach unbestimmt ist in Bezug auf Wollen oder Nicht-Wollen, so kann er sich nicht selbst zum Wollen bestimmen; denn das Bestimmende muß ebenso bestimmt sein, wie das Sich-Bestimmenlassende unbestimmt ist. Allein der Wille, wenn er als sich selbst bestimmend betrachtet wird, ist so unbestimmt, wie wenn er als bestimmt betrachtet wird. Denn die Gegner setzten in den bestimmenden Willen nur dasselbe, was in dem zu bestimmenden oder*
20 *bestimmten Willen ist, und es kann hier nichts anderes gesetzt werden. Deshalb kann sich der Wille nicht selbst zum Wollen bestimmen, und wenn dies so ist, so muß er von anderwärts her dazu bestimmt werden.*" Dies sind die
* eigenen Worte des Professors Heerebord zu Leyden, womit er zeigt, daß er unter dem Willen nicht den Verstand selbst versteht, sondern etwas außerhalb oder innerhalb des Verstandes, was wie eine abgewischte Tafel alles Denkens entbehrt und fähig ist, jedes Bild aufzunehmen; oder was vielmehr, gleich
30 einer im Gleichgewicht befindlichen Last, von jedem hinzukommenden Gewicht auf eine Seite getrieben wird, je nachdem dies hinzukommende Gewicht gerichtet ist; oder daß er unter Willen etwas versteht, was weder der Herr Professor selbst, noch ein anderer Sterblicher durch irgend ein Denken erfassen kann. Ich habe dagegen gesagt und klar erwiesen, daß der Wille nur der denkende, d. h. der bejahende oder verneinende Verstand selbst ist; hieraus folgere ich klar, daß er die Macht zu bejahen und zu verneinen hat;
40 wozu braucht man da noch nach Ursachen von außerhalb zur Bewirkung dessen zu suchen, was schon aus der Natur der Sache folgt? Allein man sagt vielleicht,

daß der Verstand selbst nicht mehr zu dem Bejahen
wie zu dem Verneinen bestimmt sei, und man folgert
dann, daß man notwendig nach einer Ursache suchen
müsse, wodurch er bestimmt wird. Ich sage aber,
daß, wenn der Verstand nach sich und nach seiner
Natur nur zur Bejahung bestimmt wäre (obgleich
man sich dies nicht vorstellen kann, solange man
ihn sich als ein denkendes Wesen denkt), er dann nach
seiner Natur auch nur bejahen würde und niemals
verneinen könnte, wenn auch noch so viele Ursachen 10
dafür einträten; und wäre er weder zu dem Bejahen
noch zu dem Verneinen bestimmt, so würde er auch
keines von beiden tun können. Wenn er aber, wie
eben gezeigt, die Macht zu beidem hat, so wird er
auch beides durch seine Natur allein bewirken können,
ohne daß eine andere Ursache mithilft. Dies wird
allen denen klar sein, die ein denkendes Wesen als
Denkendes ansehen, d. h. die das Attribut des Denkens
von dem denkenden Wesen, von dem es nur im Verstande unterschieden wird, durchaus nicht trennen, 20
wie die Gegner tun, welche das denkende Wesen alles
Denkens entkleiden und es in ihren Erdichtungen
zu jenem ersten Stoff der Peripatetiker machen. Ich
antworte deshalb auf jenen Beweisgrund, und zwar
auf den bedeutenderen, so: Wenn man unter Willen
ein von allem Denken losgelöstes Etwas versteht, so
gestehe ich, daß der Wille seiner Natur nach unbestimmt ist. Allein ich bestreite, daß der Wille etwas
von allem Denken Losgelöstes ist, behaupte vielmehr,
daß er das Denken ist, d. h. die Fähigkeit zu 30
beidem, zum Bejahen und zum Verneinen, worunter
sicherlich nichts anderes verstanden werden kann,
als eine zu beidem hinreichende Ursache. Ferner
bestreite ich auch, daß, wenn der Wille unbestimmt, d. h. wenn er alles Denkens beraubt wäre,
eine andere hinzukommende Ursache, ausgenommen
Gott und seine unendliche Macht zu erschaffen, ihn
bestimmen könnte. Denn ein denkendes Wesen ohne
Denken vorstellen, ist ebenso, wie wenn man ein ausgedehntes Ding ohne Ausdehnung vorstellen wollte. 40

Warum die Philosophen den Um mir endlich hier die Aufzählung
anderer Einwendungen zu ersparen, er-

Geist mit den körperlichen Dingen vermengt haben. innere ich nur daran, daß die Gegner den Geist mit den körperlichen Dingen vermengt haben, weil sie den Willen nicht erkannt und keinen klaren und deutlichen Begriff von dem Geiste gehabt haben. Dies ist daher gekommen, daß sie Worte, welche für körperliche Dinge gebraucht zu werden pflegen, zur Bezeichnung geistiger Dinge, die sie nicht kannten, benutzten. Sie waren gewohnt, Körper, die von gleich starken, äußeren und einander ganz entgegengesetzten Ursachen nach entgegengesetzten Richtungen gestoßen werden, und die deshalb im Gleichgewicht sind, unbestimmt zu nennen. Indem sie nun den Willen als unbestimmt annahmen, schienen sie ihn auch wie einen im Gleichgewicht befindlichen Körper aufzufassen, und da jene Körper nur das in sich haben, was sie von den äußeren Ursachen empfangen haben (woraus folgt, daß sie immer von einer äußeren Ursache bestimmt werden müssen), so meinten sie, daß dasselbe auch bei dem Willen stattfinde. Wie sich indes die Sache verhält, habe ich schon zur Genüge erklärt, weshalb ich hier schließe.

Was aber die ausgedehnte Substanz betrifft, so habe ich schon oben zur Genüge über sie gehandelt, und außer diesen beiden erkenne ich keine andere Substanzen an. Was die realen Accidenzien und andere Qualitäten angeht, so sind sie schon zur Genüge beseitigt, und ich brauche meine Zeit daher nicht auf ihre Widerlegung zu verwenden und hebe deshalb meine Hand von der Tafel hinweg.

Ende.

ANMERKUNGEN

1, 2. Die niederländische Ausgabe hat: „wünscht Kenntnis der Wahrheit".

1, 3. Lodewijk Meyer (1630—1681), zunächst Dichter, 1654 Student der Philosophie, 1658 der Medizin, 1660 Dr. med. Philosophisch zuerst Anhänger Descartes', dann Spinozas. Zu Meyers Herausgeberschaft vgl. Briefe 13 und 15.

4, 2. Über die Einschätzung von analytischer und synthetischer Methode bei Descartes vgl. meine Einleitung S. XXVIII f.

4, 37. Johannes Casearius. Über ihn Brief 9.

6, 10. Spinozas Wunsch, in diesem Zusammenhang zu erwähnen, aus der kurzen Abfassungszeit ergäbe sich eine mangelnde Klarheit, die sich noch verbessern ließe (Brief 15), ist Meyer nicht nachgekommen.

6, 16. Dazu ist es nicht gekommen, wohl aber zu einer Übersetzung ins Niederländische ein Jahr später, die von der lateinischen Vorlage teilweise abweicht.

6, 34. Auf ausdrücklichen Wunsch Spinozas von Meyer in der Vorrede aufgenommen (vgl. Brief 15).

7, 28. Vgl. meine Einleitung S. XXXI f.

8, 18. Spinoza, der Meyers Vorrede redigiert hat (vgl. Brief 15), hatte gegen dieses Referat seiner Philosophie offenbar keine Einwände.

9, 2. Diese Einfügung geschah auf Spinozas Wunsch (vgl. Brief 15). Während Spinoza aber schreibt, Zweck der Veröffentlichung solle es sein, die Wahrheit zu verbreiten (propagare), setzt Meyer diesem „verbreiten" ein „finden" (indigare) voraus. Er erweist sich hier als ein scharfsinniger Interpret von Spinozas geometrischem Demonstrationsverfahren, wie es sich im Wandel vom „ordine geometrico disposita" zum „ordine geometrico demonstrata" ausdrückt.

9, 10. Es folgt ein mit I.B.M.D. unterzeichnetes Gedicht, das in Buchenaus wortgetreuer Übertragung lautet: „An das Buch. — Soll ich nun sagen, Du seiest aus einem besseren Geiste entsprungen, oder sollst Du dahingehen, wiedergeboren aus der Quelle Descartes, so ist doch, kleines Buch, was Du verbreitest, Dein Verdienst allein; kein Vorbild hat Dir Dein Lob geebnet. Mag ich nun den Geist, der Dich erfüllt, oder die in Dir enthaltenen Lehrsätze betrachten, so muß ich Deinen Verfasser lobend zu den Sternen erheben. Bisher hat es an einem Beispiel gefehlt, was er zu leisten vermöchte, möge es Dir, kleines Buch, an einem Beispiele nicht fehlen; damit soviel als Descartes dem einen Spinoza verdankt, so viel Spinoza sich selbst verdanken möge."

11, 17. Die mathematische Form würde die cartesische Verfahrensweise des Meditierens in deren spezifischen Intention verdunkeln. Vgl. meine Einleitung S. XXXI.

11, 24. Dies entspricht nicht Descartes' Schrittfolge. Punkt 2 ist das Ziel des Unternehmens; es zu erreichen dient u. a. Punkt 1; sein Kriterium ist Punkt 4; von ihm aus ist erst Punkt 3 zu klären.

13, 18. Descartes, 1. Meditation.

14, 13. Descartes, 2. Meditation, Abschn. 1–3.

14, 18. Descartes, 3. Meditation, Abschn. 2.

14, 35. In dem Text der Meditationen ist dies nicht so deutlich. In der Antwort auf die zweiten Einwände heißt es aber: „Wenn jemand sagt: ‚ich denke, also bin ich, oder existiere ich', so leitet er nicht die Existenz aus dem Denken durch einen Syllogismus ab, sondern erkennt etwas durch sich selbst Bekanntes durch einen einfachen Einblick des Geistes an" (Phil. Bibl. Bd. 27, S. 127/28).

15, 35. Descartes, 2. Meditation, Abschn. 7–9.

16, 20. Descartes, 3. Meditation.

16, 32. Descartes, 4. Meditation.

17, 40. Das Ungenügende des cartesischen Beweises liegt in dem unklaren Status dessen, der klar und deutlich erkennt, zu der Idee Gottes. Für Spinoza können wir, wie er im Folgenden zeigt, darin Gedanken der etwa gleichzeitig erarbeiteten „Abhandlung über die Verbesserung des Verstandes" aufnehmend, einen klaren und deutlichen Begriff Gottes bilden, weil uns die wahre Idee Gottes gegeben ist, d. h. unserem Denken schon zu Grunde liegt. Sofern wir diesen Begriff haben, können wir nicht zweifeln, sondern werden durch ihn gezwungen, die Wahrhaftigkeit Gottes zuzugestehen. Zweifeln wir doch, dann haben wir den Begriff nicht. Das Haben des Begriffs, d. h. daß dieser, der gegeben ist, etwas *für uns* ist, erlangen wir nicht über den Zweifel, also nicht in einer von der Idee Gottes getrennten Position, sondern in der Reflexion auf die Bedingung, die unserem Denken immer schon zugrundeliegt und darin dieses bestimmt.

Auf diese Passage verweist Spinoza in einer Anmerkung des 6. Kapitels seines Theologisch-Politischen Traktats (vgl. Phil. Bibl. Bd. 93, S. 97), allerdings ohne den Verfasser der „Prinzipien der Philosophie nach geometrischer Methode dargestellt" beim Namen zu nennen. Der Hinweis auf sein früheres Buch hat hier die Funktion der Erläuterung einer wichtigen These Spinozas, daß das Dasein Gottes mit Notwendigkeit aus dem richtigen Begriff Gottes folgt und aller

Zweifel an der Existenz Gottes sich aus einem unklaren Begriff Gottes herleitet. Hiermit wird deutlich, daß Spinoza auch später an den in dieser Einleitung entwickelten Gedanken festgehalten hat.

19, 27. Vgl. die ,,Abhandlung über die Verbesserung des Verstandes" (Phil. Bibl. Bd. 95, S. 38).

20, 19. Für Descartes ist das Meditieren die Sache selbst.

20, 29. Wörtlich übernommen aus Descartes' Anhang zu den Erwiderungen auf die zweiten Einwände gegen die Meditationen (Def. 1). Alle folgenden Definitionen sind ebenfalls wörtliche Zitate Descartes'. Nur der Zusatz zur 4. Definition stammt von Spinoza.

22, 25. Descartes hat 7 Postulate. Es sind Forderungen an den Leser zur Anspannung seiner Aufmerksamkeit, die ein falsches Schlußfolgern vermeiden sollen. Als bloß in die Psychologie fallend, stellen sie für Spinoza keinen Beitrag zum objektiven Deduktionsgang der Sache dar und sind deshalb entbehrlich.

22, 26. In der Aufstellung der Grundsätze weicht Spinoza von Descartes ab. Descartes hat 10 Grundsätze, Spinoza reduziert sie auf 3, die sich bei Descartes nicht finden. Unter Eliminierung des 8. und 9. Grundsatzes läßt Spinoza die verbleibenden 8 cartesischen Grundsätze auf Lehrsätze folgen, macht sie also von schon Bewiesenem abhängig.

23, 3. Die Grundsätze beziehen sich auf die bloße Form des Denkens. Das ,,außerhalb unserer selbst" (extra nos) bezeichnet eine von dieser Form verschiedene Sache. Eine solche Sache ist das *Sein* dessen, der denkt, das *sum* des cogito. Dieses ist, weil es eine Sache ist, demonstrierbar. Das zeigt, unter Verwendung der 3 Axiome, Spinoza in den folgenden 4 Lehrsätzen, die Descartes nicht hat. Aus ihnen vermag Spinoza wiederum das, was bei Descartes als unbeweisbare Axiome auftritt, herzuleiten und damit dem rationalen Programm einer Verringerung der unbeweisbaren Grundsätze näherzukommen. Vgl. dazu M. Gueroult, Le Cogito et l'ordre des axiomes métaphysiques dans les Principia philosophiae cartesianae de Spinoza.

25, 41. Der Nachweis der Dependenz nimmt den cartesischen Grundsätzen gerade den Charakter, Grundsätze zu sein.

26, 9. Bei Descartes Grundsatz 6.

26, 22. Bei Descartes Grundsatz 7, jedoch unter Elimination der cartesischen Begründung, derzufolge der freie Wille der Grund des Sichgebens der Vollkommenheit ist.

26, 40 Bei Descartes Grundsatz 3.

27, 5. Bei Descartes Grundsatz 4.

27, 24. Bei Descartes Grundsatz 5.

29, 28. Bei Descartes Grundsatz 2.

30, 23. Spinoza endet mit dem, womit Descartes beginnt

(Grundsatz 1). Die Frage nach dem Grund des Daseins eröffnet den Übergang zu den folgenden Lehrsätzen, die Gott zum Gegenstand haben.

30, 36. Wörtlich Descartes' Lehrsatz 1.

31, 8. Die Erläuterung geht über Descartes hinaus. Sie läßt als Attribute Gottes nur Wesensbestimmungen zu, die, analog zur Erkennbarkeit eines geometrischen Gebildes, von uns erkannt werden können; damit wird die Dunkelheit eines unbegreifbaren Schöpfungsvermögens vom Begriff Gottes ferngehalten.

32, 5. Wörtlich Descartes' Lehrsatz 2.

32, 20. Die Erläuterung macht klar, daß der aposteriorische Gottesbeweis, im Ausgang von der Idee Gottes in uns, für Spinoza kein psychologischer Beweis ist. Das Haben der Idee Gottes setzt die Kenntnis der Attribute Gottes voraus, deren eines, wie die „Ethik" später zeigt, Denken ist, das darin der Grund dafür ist, daß wir die Idee Gottes überhaupt haben können.

33, 3. Wörtlich Descartes' Lehrsatz 3.

33, 25. So Descartes im Beweis zu diesem Lehrsatz.

34, 18. Nach Spinoza ist das Attribut eine Wesensbestimmung der Substanz.

34, 34. Descartes, 3. Meditation, Abschn. 30.

37, 6. Der Lehnsatz 1 ist unklar, weil er mit einem unklaren Begriff von Notwendigkeit operiert. Es ist weder klar, was Notwendigkeit einer Sache ohne Rücksicht auf deren Ursache, noch was eine Steigerung innerhalb der Notwendigkeit (magis necessarius) ist.

38, 5. Die Identifizierung von Vollkommenheit mit Realität ist ein wichtiges Lehrstück der „Ethik" (vgl. II, Def. 6). Es nimmt der teleologischen Betrachtungsweise der Dinge die ontologische Dignität und billigt ihr lediglich den Status eines subjektiven Verstehens zu (IV, Vorrede).

38, 15. Der Lehnsatz 2 verdeutlicht, daß der Beweis Gottes im Ausgang von der Gewißheit meiner Existenz vom ontologischen Gottesbeweis getragen wird, der Gott als notwendiges Wesen (ens necessarium) faßt.

39, 25. Zusatz und Beweis referieren Descartes.

40, 14. Wörtlich Descartes' Lehrsatz 4 und Beweis dazu.

40, 20. Dieser und die folgenden Lehrsätze finden sich im Anhang zu den Erwiderungen auf die zweiten Einwände bei Descartes nicht. Descartes schließt den Anhang mit dem vorigen Lehrsatz ab.

40, 34. Dies ist ein fundamentales Lehrstück der „Ethik". Wissen, das wir haben, ist hervorgebrachtes Wissen und muß als hervorgebrachtes aus der Struktur der hervorbringenden einen göttlichen Substanz verständlich gemacht werden. Gott kommt deshalb das Attribut Wissen resp. Denken zu. Das göttliche Attribut Denken unterscheidet sich dabei von unserem Denken grundsätzlich (vgl. Eth. I, Lehrs. 17, Anm.). Das wird hier nicht ausgeführt (vgl. aber den 2. Teil der Cogitata Metaphysica, insbesondere auch den Zusatz der niederländischen Übersetzung zu Beginn dieses Teiles), jedoch durch die unterschiedliche Terminologie angedeutet. Das göttliche Wissen nennt Spinoza „intellectio", das hervorgebrachte, also unser Wissen, „intellectus".

41, 6. Die Erläuterung zieht eine — vorsichtig formulierte — gegenüber Descartes' Gottesbegriff revolutionäre Konsequenz. Gott muß auch das Attribut Ausdehnung zugesprochen werden, weil körperliche Dinge in ihrem Geschaffensein zu erklären sind und hierfür, in ihrer Verschiedenheit von geistigen Dingen, ein göttliches Attribut fordern, das von dem Attribut Denken verschieden ist. Körperliche Dinge haben ihren Grund nicht in einem schöpferischen Verstand Gottes, so wenig, wie die geistigen Dinge darin ihren Grund haben. Zugleich enthält dieser Lehrsatz die Korrektur des vorhergehenden. Die Differenz zweier Substanzen (Geist und Körper) wird in die eine Substanz (Gott) zurückgenommen.

41, 31. Dieser Lehrsatz ist in seiner knappen Form unklar. Versteht man unter Vollkommenheiten die Attribute, so kann nicht gesagt werden, daß sie von Gott sind, denn Gott wäre dann noch ein anderes hinter seinen Attributen. Versteht man unter Vollkommenheiten die Modi, also das Geschaffene, die in der Tat in Gott sind, müßte geklärt werden, inwiefern sie, die ja, anders als die Attribute, von Gott verschieden sind, vollkommen sein können.

42, 17. Vgl. Eth. I, Lehrs. 14.

42, 27. Die Kraft Gottes ist für Spinoza gleich seinem Wesen. Vgl. Erläuterung zu Lehrsatz 7 (S. 36).

42, 28. Vgl. Eth. I, Lehrs. 16.

42, 34. Vgl. Eth. I, Lehrs. 25. „Gottes Erkenntnis" ist genetivus obiectivus. Darin impliziert ist eine deutliche Kritik an Descartes. Das erkennende Ich kann nicht als Substanz Grund der Erkenntnis Gottes sein. Es ist sowohl hinsichtlich seiner Existenz wie Essenz ein von Gott dependierender Modus.

43, 13. Zusatz 3 macht klar, daß Gott kein Vermögen zukommt, das unserem Verstand analog ist, ist er doch auf keinen ihm äußeren Gegenstand gerichtet (vgl. Cog. Met. Teil II, Kap. 7, S. 140). In vorsichtiger Formulierung wird ihm neben dem „sentire" das „percipere" im eigentlichen Sinne (proprie) abgesprochen. Aus der Erläuterung zu Lehrsatz 15 (S. 45) ist zu entnehmen, daß für Spinoza auch das reine Erkennen (pure intelligere) ein modus percipiendi ist.

44, 3. Vgl. auch Descartes, Prinzipien 1. Teil, Abschn. 29.

44, 37. Vgl. Eth. II, Lehrs. 33.

45, 38. Vgl. hingegen die Darstellung dieses Sachverhaltes in Eth. II, Lehrs. 35, Anm., wo die Funktion des Willens gerade negiert wird.

47, 41. Form (forma) des Irrtums ist das Wesen des Irrtums.

49, 15. Auf diesen Beweis verweist Spinoza noch in seiner „Ethik" (I, Lehrs. 19, Anm.).

50, 29. Mit diesem Lehrsatz geht Spinoza von der Erörterung wesentlicher Eigentümlichkeiten (propria) der göttlichen Substanz über zur Erörterung der Relation Gottes zu den Dingen, die er schafft gemäß den Bestimmungen seiner Essenz, der Notwendigkeit seiner Natur. Diese Abfolge entspricht dem Aufbau der Lehrsätze des 1. Buches der „Ethik".

51, 8. Bei Descartes zu Beginn des 2. Teils der Prinzipien (über die Prinzipien der körperlichen Dinge) dargelegt.

53, 5. Hier referiert Spinoza weitgehend Descartes.

53, 10. Definitionen in dieser Form finden sich bei Descartes nicht. Man vergleiche zu Def. 1 Prinz. I, Abschn. 53 und II, Abschn. 1; zu Def. 2 Prinz. I, 51; zu Def. 3 Prinz. II, 20; zu Def. 4 Prinz. I, 26 u. 27; zu Def. 5 Prinz II, 16; zu Def. 6 Prinz. II, 10; zu Def. 7 Prinz. I, 26 u. II, 34; zu Def. 8 Prinz. II, 25–31; zu Def. 9 Prinz. II, 33.

56, 8. Auch die Grundsätze finden sich in dieser Form nicht bei Descartes. Man vergleiche zu Gr. 1 Prinz. II, 17 u. 18; zu Gr. 3 Prinz. II, 4 u. 54; zu Gr. 4 u. 5 Prinz. II, 45; zu Gr. 6 u. 7 Prinz. I, 53, 65 u. 68–70; zu Gr. 10 u. 11 Prinz. II, 22; zu Gr. 12 Prinz. II, 54–63; zu Gr. 14–16 Prinz. II, 34.

57, 24. Von Spinoza übernommen aus Euklid, Elemente, Axiom 1 und 5.

57, 24. Die „Errata" zur 1. Ausgabe vermerken, daß für „motus" (Bewegungen) „modos" (Weisen) zu lesen ist. Buchenau hat das nicht berücksichtigt. Zu lesen ist also: „Wenn Körper von verschiedener Beschaffenheit sich bewegen".

58, 12. Vgl. Descartes, Prinzipien II, Abschn. 1.

58, 23. Vgl. Descartes, Prinzipien II, Abschn. 5 u. 6.

59, 15. Der 2. Teil der Prinzipien Descartes' hat nicht Lehrsätze in dieser Gestalt; in ihnen referiert Spinoza fortlaufend den Inhalt dieses 2. Teils.

60, 18. Im Lateinischen „potentia sive essentia divina", d. h. die Macht *ist* die göttliche Wesenheit. Das folgende „gemeinsam" (communis) kann sich also nicht auf die Differenz von Macht und Wesen, die zusammenwirkten, beziehen, sondern nur auf eine, hier unausgesprochen bleibende, Differenzierung innerhalb des Wesens, nämlich auf die verschiedenen Attribute cogitatio und extensio, durch die die denkenden und ausgedehnten Dinge in ihrer Unterschiedenheit

Anmerkungen

zueinander hervorgebracht und erhalten werden. Die Lösung dieses Problems ist die Lösung des Problems der Einheit Gottes in Hinsicht auf seine in sich differenten Attribute. Sie muß, wie auch aus dieser Stelle schon zu entnehmen ist, in der Relation Gottes zu den von ihm produzierten Dingen gefunden werden, d. h. im Begriff der göttlichen Kausalität.

64, 33. Spinozas Quelle ist unklar. Bei Zenon findet sich das Argument nicht.

73, 29. Betrachtet man das Ding nicht an sich allein, sondern in der Relation zu anderen Dingen, wird aus dem Beharren (perseverare) ein nach Beharren Streben (perseverare conari). Vgl. Eth. III, Lehrs. 6. Descartes führt das Streben (conatus) in Prinzipien II, Abschn. 43 ein.

77, 8. Dieser Beweis findet sich bei Descartes nicht.

80, 17. Hinter „bewegen" ist nach den Errata zu ergänzen: „nicht aber in einer anderen".

84, 9. Wie in 80, 17 ist hinter „zurückweichen" zu ergänzen: „nicht aber in einer anderen".

92, 8. Wie in 80, 17 und 84, 9 ist hinter „Richtung" zu ergänzen: „nicht aber in einer anderen".

99, 15. Vgl. Descartes, Prinzipien III (Von der sichtbaren Welt), Abschn. 4.

100, 5. Vgl. Descartes, Prinzipien III, Absch. 45, dort mit christlich-theologischer Komponente.

101, 23. Die Bemerkungen zur Funktion der Hypothese sind ein Zusatz Spinozas.

102, 8. Bei Descartes, Prinzipien III, Abschn. 46 (nicht 47).

107, 6. Die niederländische Ausgabe hat hier eingefügt: „Ziel und Absicht dieses Kapitels ist es, aufzuzeigen, daß die allgemeine Logik und Philosophie ausschließlich dazu dienen, das Gedächtnis zu üben und zu stärken, damit wir die Dinge, die uns dahingleitend und ohne Ordnung oder Zusammenhang dargeboten werden und insofern wir nur von ihnen durch die Sinne affiziert werden können, gut behalten; aber nicht, daß sie dazu dienen, den Verstand zu üben".

108, 8. Nicht der modus cogitandi selber ist ein ens rationis, sondern der Gegenstand dieses modus, sofern er nur relativ auf unser Denken ist, ohne eine Bestimmung des Seienden zu enthalten. Vgl. S. 109, Zeile 14 ff.

109, 39. Zur Kritik am traditionellen Sprachgebrauch vgl. die „Abhandlung über die Verbesserung des Verstandes" (Phil. Bibl. Bd. 95, S. 42).

110, 27. Es ist die Definition, daß der Mensch ein vernünftiges Tier ist. Platon habe die Willkürlichkeit der Definition als eines bloßen Hilfsmittels durchschaut, Aristoteles aber nicht. Deshalb, meint Spinoza, irrte Aristoteles; er verwechselte eine rein gedankliche Bestimmung mit einer Definition, die auf Seiendes geht.

111, 40. Nach Spinoza vermag kraft seiner Natur nur *ein* Ding zu existieren, die göttliche Substanz; alle anderen Dinge sind Modi. Descartes' Einteilung, auf die Spinoza verweist, ist für ihn, ohne daß er es hier ausdrücklich macht, inkonsequent.

112, 38. Zu „eminent" und „formal" vgl. Grundsatz 8 des 1. Teils der Prinzipien (S. 27).

113, 25. Hier ist Spinoza weit von seiner eigenen Theorie entfernt. Wird Gottes Handeln aus dessen Natur und nicht aus einer absoluten Willensfreiheit begriffen, dann wird die Unterscheidung zwischen Wirklichkeit und Möglichkeit nicht nur in Gott, sondern auch in den geschaffenen Dingen hinfällig. Sie wird zu einem bloßen ens rationis, relativ auf unsere mangelnde Erkenntnis des Grundes des Entstehens der Dinge (vgl. Eth. I, Lehrs. 33, Anm.). S. 118, Zeile 20 ff., nimmt Spinoza diesen Gedanken auf.

119, 30. Wenn Gott nicht vor seinen Beschlüssen existiert hat, heißt das, daß er gar nichts beschließt, daß der Akt des Beschließens unsinnig ist. Die niederländische Übersetzung macht dies deutlicher: Statt „so daß er es anders hätte beschließen können", heißt es dort: „und darum auch nicht anders hat beschließen können".

119, 40. Schon Meyer macht in seiner Vorrede darauf aufmerksam, daß es sich hier um ein bloßes Referat Descartes' handelt. Das asylum ignorantiae ist für Spinoza kein Zufluchtsort. Vgl. besonders den Einschub in der niederländischen Fassung in dem Kapitel 7 des 2. Teils der Cog. Met.

120, 21. „Über die Ewigkeit" Zusatz des Übersetzers Buchenau.

121, 1. Korrekte Übersetzung: „mit der Dauer *anderer* Dinge".

121, 33. Die Transzendentalien der scholastischen Metaphysik, das unum, verum und bonum, werden im folgenden jeder ontologischen Bedeutung entkleidet und als entia rationis hingestellt.

125, 17. Das Bestreben (conatus) wird mit der Sache identifiziert; dies ist eine Zentralbestimmung der „Ethik" (vgl. bes. III, Lehrs. 7). Das Ding strebt nicht über sich hinaus auf ein Telos hin, in dem es sich erst erfüllt, wie die mittelalterliche Metaphysik annahm.

126, 19. Hinter den vorsichtigen Formulierungen verbirgt sich Spinozas Kritik an dem anthropomorphen Begriff Gottes, die ihm alle Prädikate eines persönlichen Gottes nimmt.

127, 7. Gegenstand des besonderen Teils der Metaphysik, der metaphysica specialis, sind nach scholastischer Tradition Gott, Engel und menschliche Seele. Spinoza verweist die Erörterung der Theorie der Engel ins Feld der Theologie. Erst in der speziellen Metaphysik kommt Spinoza zu positiven Bestimmungen. Das Referat zur allgemeinen Metaphysik, die vom Seienden als solchem und dessen allgemeinen Bestimmungen handelt, ist weitgehend destruktiv und dient dazu, traditionelle Allgemeinbegriffe des Seienden als subjektive Denkbestimmungen ohne ontologische Dignität zu erweisen.

Die niederländische Fassung hat hier als Einschub: „In diesem Kapitel wird Gottes Existenz ganz anders erklärt, als die Menschen sie gewöhnlich verstehen, die nämlich die Existenz Gottes mit ihrer Existenz verwirren. Daher ergibt sich, daß sie ein Bild von Gott haben, als wäre er so etwas wie ein Mensch, und daß sie nicht auf den wahren Begriff Gottes, der in ihnen ist, achten oder daß sie gänzlich unwissend sind, daß sie einen solchen Begriff haben. Daher kommt es auch, daß sie Gottes Existenz weder a priori, d. h. aus dessen wahrer Definition oder Wesen, noch a posteriori aus dessen Begriff, so weit er in uns ist, beweisen und deshalb auch nicht begreifen können. Wir werden deshalb in diesem Kapitel versuchen, so klar wie es uns möglich sein wird, herauszustellen, daß Gottes Existenz sich von der Existenz der geschaffenen Dinge völlig unterscheidet".

Wesen (Essenz) ist im Niederländischen wezentheid, Existenz ist wezentlijkheid. Vgl. Madeleine Francès, in: Spinoza, Oeuvres complètes, Paris 1954 (Bibl. de la Pléiade), S. 1367.

128, 2. In der Terminologie der „Ethik" sind diese Bestimmungen keine Attribute Gottes. Schon in der „Abhandlung über die Verbesserung des Verstandes" (Phil. Bibl. Bd. 95, S. 36) weist Spinoza darauf hin. Sie sind allenfalls Eigentümlichkeiten Gottes (propria), denn sie konstituieren dessen Wesen nicht. Der Terminus „Attribut" ist jedoch traditionell. Von den folgenden 11 Attributen finden sich alle mit Ausnahme der „Mitwirkung" (concursus) in der 30. Disputation der einflußreichen „Disputationes metaphysicae" (1597) von Suarez. Burgersdijk und Heereboord haben auch concursus.

130, 33. Gehandelt wird nicht von der Einheit (unitas) Gottes, sondern von seiner Einzigkeit. Deus est unicus.

131, 2. Vgl. Burgersdijk, Institutiones metaphysicae, Buch1.

131, 26. Die niederländische Fassung hat hier eingefügt: „Aber obwohl dieser Beweis durchaus überzeugt, erklärt er doch die Einzigkeit Gottes nicht; deshalb weise ich den Leser daraufhin, daß wir Gottes Einzigkeit direkt aus der Natur seiner Existenz schließen, die nämlich von dem Wesen Gottes nicht unterschieden wird oder die notwendig aus seinem Wesen folgt". Diesen Beweis hat Spinoza in der „Ethik" geliefert (I, Lehrs. 14).

133, 15. Die „Ethik" zeigt, daß die Präsenz Gottes in *einem* Ding sehr wohl erkannt werden kann, nämlich in der der Reflexion fähigen Seele, die Gott als ihren Grund weiß (II, Lehrs. 47; V, Lehrs. 21 ff.).

133, 16. Petrus Lombardus, Libri quattuor Sententiarum (um 1150), Sent. I, 37. In seinem Gefolge bei vielen mittelalterlichen Autoren.

133, 38. Prinzipien 1. Teil, Lehrs. 18, Zusatz (S. 50).

135, 37. Die niederländische Ausgabe hat hier eingefügt: „Man bemerke, daß dies klarer erwiesen werden kann, wenn wir auf die Natur des Willens Gottes und seiner Beschlüsse achten. Wie ich im folgenden erweisen werde, unterscheidet sich Gottes Wille, durch den er die Dinge geschaffen hat, nicht von seinem Verstand, durch den er sie erkennt. Und darum ist es dasselbe zu sagen, daß Gott erkennt, daß die drei Winkel des Dreiecks gleich zwei rechten sind, als zu sagen, daß Gott gewollt oder beschlossen hat, daß die drei Winkel des Dreiecks gleich zwei rechten sein sollen; deshalb wird es uns ebenso unmöglich sein zu begreifen, daß Gott seine Beschlüsse ändern kann, als zu denken, daß die drei Winkel des Dreiecks nicht gleich zwei rechten sind".

138, 21. Den Begriff der „Einfachheit" (simplicitas) Gottes gibt Spinoza in der „Ethik" auf. Er gilt zwar, sofern er bedeutet, nicht aus Teilen zusammengesetzt zu sein (vgl. Brief 35); er gilt aber nicht, sofern er keine realen Distinktionen in Gott zuläßt. In der „Ethik" ist Gott ein komplexes Wesen, nämlich konstituiert durch real und nicht nur dem Denken nach verschiedene Attribute. Die Komplexität Gottes ist eine Voraussetzung für seine Begreifbarkeit, Grundthese Spinozas. Zur Differenz zwischen den „Prinzipien" und der „Ethik" in diesem Punkt vgl. M. Gueroult, Spinoza I, Paris 1968, S. 233 ff.

139, 4. Nach heutiger Zählung Buch XII der Metaphysik (1072 b). Das Referat zu Aristoteles läßt nicht darauf schließen, daß Spinoza den aristotelischen Originaltext gelesen hat.

140, 14. Die niederländische Fassung hat hier eingefügt; „Aus dem, was in diesen drei folgenden Kapiteln, in denen wir über Gottes Verstand, Wille und Macht handeln, dargelegt wird, folgt sehr deutlich, daß die Wesenheit der Dinge und die Notwendigkeit ihrer Existenz aus der gegebenen Ursache nichts anderes ist als Gottes bestimmter Wille oder Beschluß. Deshalb ist uns Gottes Wille im höchsten Maße einsichtig, insofern wir die Dinge klar und deutlich erfassen. Und daher ist es lächerlich, daß die Philosophen, wenn sie der Ursachen der Dinge unkundig sind, ihre Zuflucht zu Gottes Willen nehmen, wie wir das oft geschehen sehen, sagen sie doch, daß die Dinge, deren Ursachen ihnen unbekannt sind, aus Gottes Wohlgefallen allein und aus seinem unbeschränkten Beschluß geschehen sind. Auch die Menge hat keine stärkeren Beweise für Gottes Vorsehung und Regierung gefunden, als jene, die sie aus der Unkenntnis der Ursachen entnimmt, was gewiß klar darauf weist, daß sie die Natur des Willens Gottes überhaupt nicht gekannt und ihm einen menschlichen Willen zugesprochen haben, der, bei uns, als vom Verstand unterschieden gefaßt wird. Ich bin der Ansicht, daß dies die einzige Quelle des Aberglaubens und vielleicht von vielen Niederträchtigkeiten gewesen ist".

141, 28. Die Welt als Ganzes ist Gegenstand des unendlichen Verstandes (intellectus infinitus), den Gott schafft, der also, wie der unsrige, ein Modus ist, nicht aber Gott attributiv zukommt.

142, 38. Es handelt sich um Begriffe vom Allgemeinen, die nur in unserem Verstand sind. In der „Ethik" unterscheidet Spinoza, stärker differenzierend, zwischen Allgemeinem, das wir bilden, und Allgemeinem, das Gott hervorbringt (die unendlichen Modi) und in dessen Erfassung wir zu einer Form der adäquaten Erkenntnis gelangen (Eth. II, Lehrs. 40, Anm. 1 u. 2).

143, 8. Vgl. Ethik II, Lehrs. 3 u. 4.

144, 34 Die niederländische Ausgabe hat (sachlich wohl richtig-): „mit Rücksicht auf unseren *Verstand*".

146, 18. Dies zu zeigen, ist u. a. Gegenstand des Theologisch-Politischen Traktats.

148, 37. Vgl. Heereboord, Meletemata, S. 354—57.

150, 9. „modus" im Sinne von „accidens", nicht im Sinne der „Ethik", in der modus für das geschaffene reale Seiende steht.

157, 9. Diese Wendung hat Spinoza in der „Ethik" wiederholt (I, Lehrs. 17, Anm.). Sie besagt, daß Gottes Verstand mit dem unsrigen nichts als den Namen gemein hat.

157, 18. Diese Einteilung findet sich nach Freudenthal in den „Exercitationum metaphysicarum libri duo" (1615) von Jac. Martini. Für Spinoza dürfte sie keineswegs klar sein, sofern die Attribute des Zustandes bloße propria sind, die der Tätigkeit aber anthropomorphe Gebilde. Aus ihnen kann die Notwendigkeit des Folgens der geistigen und körperlichen Dinge der Welt nicht verständlich gemacht werden. Will Spinoza bei der These von der Unverständlichkeit des Verhältnisses Gott — Modi nicht stehenbleiben, muß er das Wesen Gottes anders bestimmen. Dies geschieht in der Attributenlehre der „Ethik".

158, 12. Buchenaus Übersetzung dieser Stelle ist unvollständig. Es muß heißen: „die Substanz selbst aber kann nicht erzeugt (generari), sondern nur von der einzigen Allmacht hervorgebracht (creari) werden". Als creata ist sie aber schon nicht mehr Substanz im Sinne Spinozas.

159, 22. In der „Ethik" beweist Spinoza die Unsterblichkeit der

Seele über die Theorie der Ewigkeit der Essenzen, die aus der Ewigkeit des Wesens Gottes resultieren (V, Lehrs. 21 ff.).

160, 31. In der „Ethik" taucht das Beispiel von Buridans Esel im Zusammenhang gerade der Leugnung der Willensfreiheit auf (II, Lehrs. 49, Anm.).

162, 24. Heereboord, Meletemata, S. 713.

164, 24. Im 2. Teil der Prinzipien.

René Descartes
in der Philosophischen Bibliothek

Regulae ad directionem ingenii
(Regeln zur Ausrichtung der Erkenntniskraft). Lt.-dtsch.
PhB 262a. 1973. LII, 223 S.
Kart. 32,–

Daraus einzeln:

Regeln zur Ausrichtung der Erkenntniskraft.
Nur der deutsche Text.
PhB 262b. 1979. XXVII, 125 S.
Kart. 20,–

Regulae ad directionem ingenii
Das lateinische Fragment.
Mit den Varianten der Textquellen und einer Einleitung über die Texttradition.
PhB 262c. 1973. XX, 99 S.
Kart. 20,–

Discours de la Méthode
(Von der Methode des richtigen Vernunftgebrauchs und der wissenschaftlichen Forschung).
Französisch-deutsch.
PhB 261. 1969. VI, 129 S.
Kart. 12,–

Von der Methode des richtigen Vernunftgebrauchs und der wissenschaftlichen Forschung.
Nur der deutsche Text.
PhB 26a. 1978. VI, 66 S.
Kart. 8,–

Meditationes
de prima philosophia
(Meditationen über die Grundlagen der Philosophie). Lt.-dtsch.
PhB 250a. 1977. XIII, 166 S.
Kart. 22,–

Meditationen über die Grundlagen der Philosophie
Nur der deutsche Text.
PhB 271. 1976. VII, 85 S.
Kart. 8,80

Meditationen über die Grundlagen der Philosophie
mit den sämtlichen Einwänden (von Caterus, Mersenne, Hobbes, Antoine Arnauld, Gassendi, Bourdin u.a.) und Erwiderungen (Descartes'). PhB 27. 1972. XVI, 493 S. Kart. 38,–

Prinzipien der Philosophie
Mit Anhang: Bemerkungen René Descartes' über ein gewisses in den Niederlanden gegen Ende 1647 gedrucktes Programm.
PhB 28. 1965. XLVII, 310 S.
Kart. 32,–

Gespräch mit Burman
Lateinisch-deutsch. PhB 325.
1982. XXXIII, 188 S. Kart. 32,–

Die Leidenschaften der Seele
Französisch-deutsch. PhB 345.
1984. XCVIII, 369 S. Kart. 48,–

Stand: 1.4.1987

FELIX MEINER VERLAG · HAMBURG

Baruch de Spinoza
in der Philosophischen Bibliothek

Sämtliche Werke in sieben Bänden u. einem Ergänzungsband
PhB 91-96a/b; 350.

Band 1: Kurze Abhandlung von Gott, dem Menschen
und seinem Glück
PhB 91. Nachdr. 1965. XXVIII, 156 S. Kart. DM 20,–

Band 2: Die Ethik, nach geometrischer Methode dargestellt
PhB 92. Nachdr. 1976. XXXVI, 337 S. Kart. DM 24,–

Band 3: Theologisch-politischer Traktat
PhB 93. 2., durchges. Aufl. 1984. XXXVI, 369 S. Kart. DM 38,–

Band 4: Descartes' Prinzipien der Philosophie
auf geometrische Weise begründet
mit dem »Anhang, enthaltend metaphysische Gedanken«.
PhB 94. 6. Aufl. 1987. XXXVIII, 176 S. Kart. DM 28,–

Band 5: Abhandlung über die Verbesserung des Verstandes –
Abhandlung vom Staate
PhB 95. 5. Aufl. 1977. XLVIII, 217 S. Kart. DM 32,–

Band 6: Briefwechsel
PhB 96a. 3., verb. Aufl. 1986. LXVII, 464 S. Kart. DM 54,–

Band 7: Lebensbeschreibungen und Dokumente
PhB 96b. 3., erw. Aufl. 1987. Ca. XII, 200 S. Kart. ca. DM 28,–

Ergänzungsband: Algebraische Berechnung des Regenbogens. Berechnung von Wahrscheinlichkeiten
PhB 350. 1982. XLII, 83 S. Kart. DM 28,–

FELIX MEINER VERLAG · HAMBURG